LINKA NEUMANN

Einfach nordisch stricken

Lieblingspullover für
Outdoor-Fans und Abenteuerlustige

südwest

ISBN 978-3-517-09963-7

7. Auflage 2025

Neumarkter Straße 28, 81673 München
produktsicherheit@penguinrandomhouse.de
(Vorstehende Angaben sind zugleich
Pflichtinformationen nach GPSR)

Das Buch ist eine Übersetzung aus dem Norwegischen.
Originaltitel: Villmarksgensere. Varme gensere til
friluftsfolk & eventyrere

Bildnachweis: @stineogjarlen / Stine Mette
Fjerdingstad und Halvdan Jarl Laugerud;
@valleyknits / Linka Neumann S. 4, 8, 10,
24, 47, 100, 103, 114, 115, 126, 127, 144;
Aslaug Håvardsrud S. 27; Bodil Gilje S. 46;
Mathias Rose S. 102
Models: Stine Mette Fjerdingstad, Halvdan Jarl Laugerud,
Caroline Marie Rosenberg, Line Victoria Sverdrup, Ivar Lien,
Luise Engesvik
Musterdesign: Linka Neumann
Layout und Umschlag der norwegischen Originalausgabe:
Kitty Ensby

Projektleitung: Nina Sahm, Vanessa Silbermann
Übersetzung: Regina Sidabras, Berlin
Redaktion: trans texas publishing services GmbH, Köln
Herstellung: Elke Cramer
Satz: Satzwerk Huber, Germering
Umschlaggestaltung für die deutschsprachige Ausgabe:
Veruschkamia, München, www.veruschkamia.de
Druck und Bindung: Alföldi Druckerei AG
Printed in Hungary

MIX
Papier | Fördert gute Waldnutzung
FSC® C010328

Penguin Random House Verlagsgruppe FSC® N 001967

www.suedwest-verlag.de

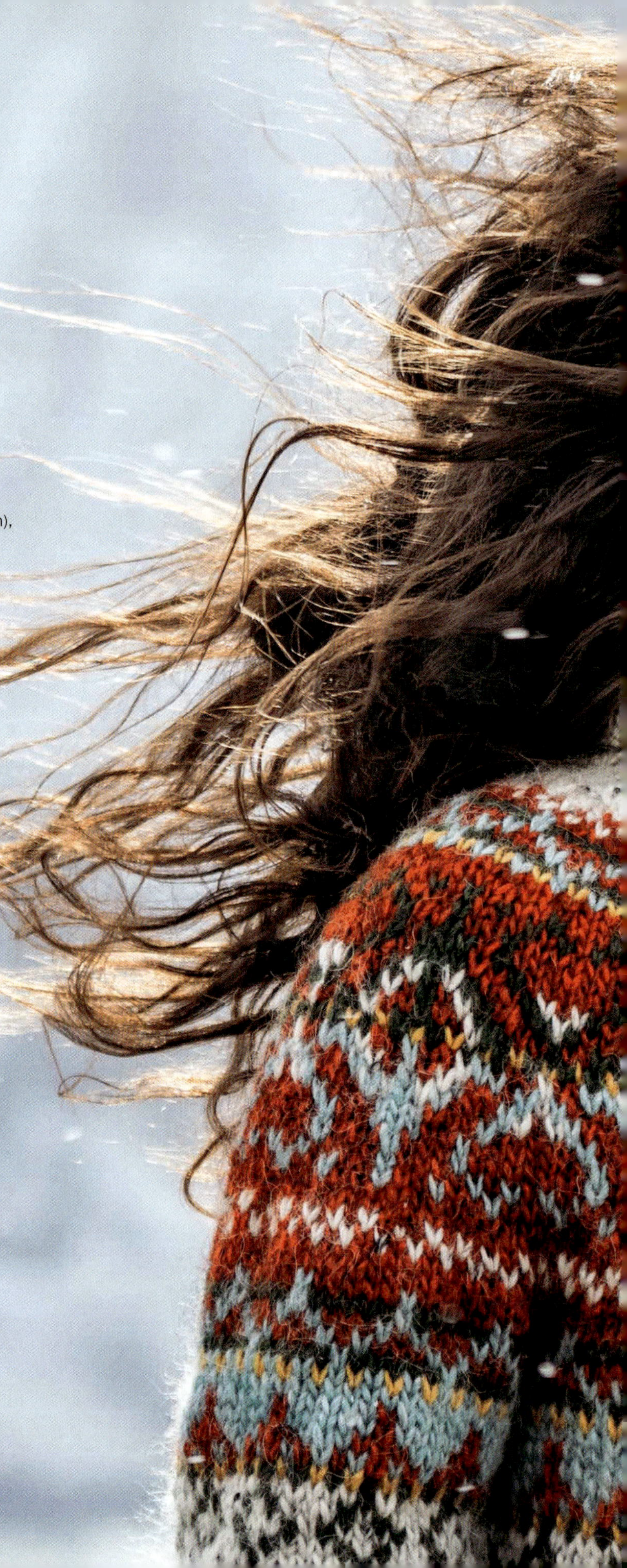

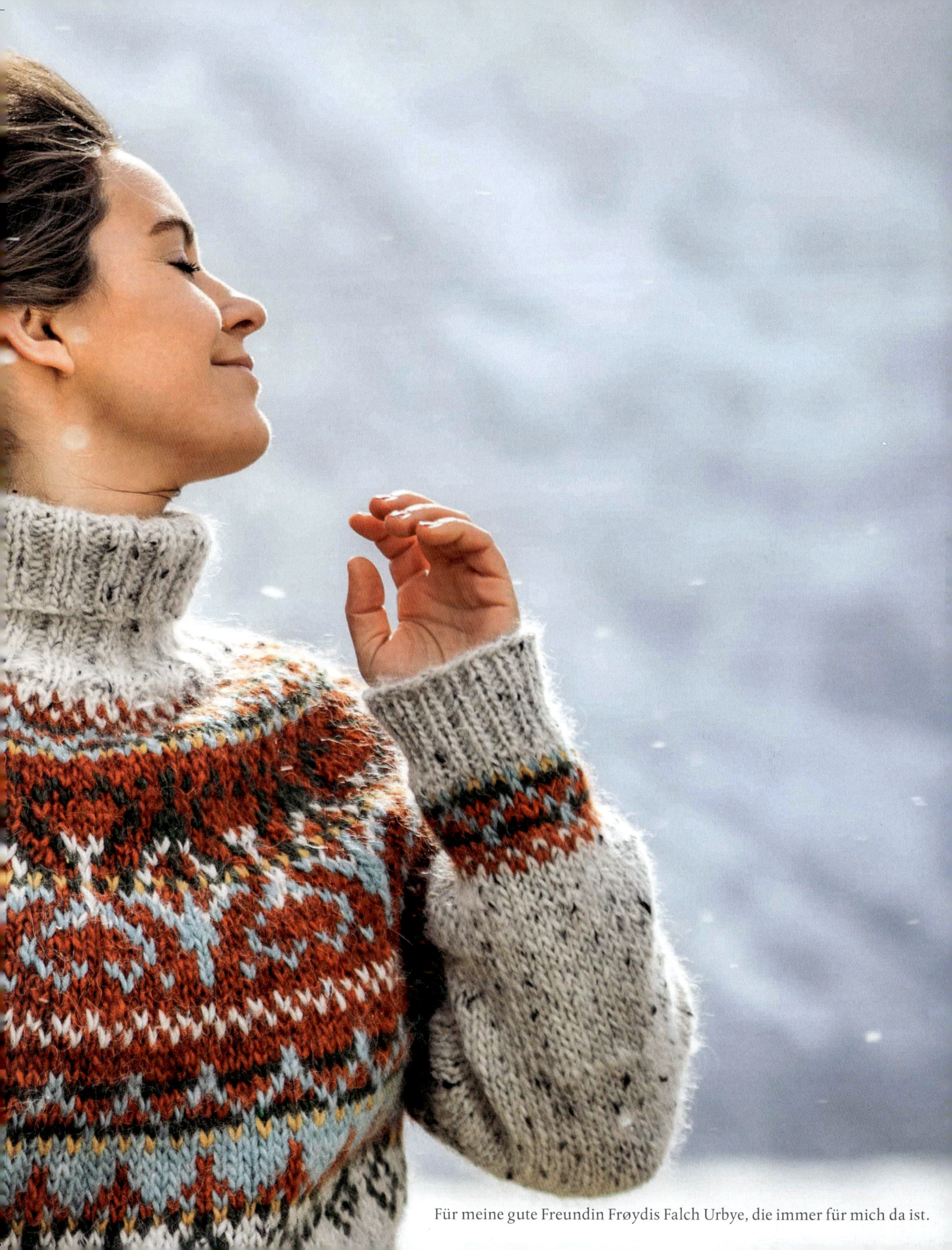

Für meine gute Freundin Frøydis Falch Urbye, die immer für mich da ist.

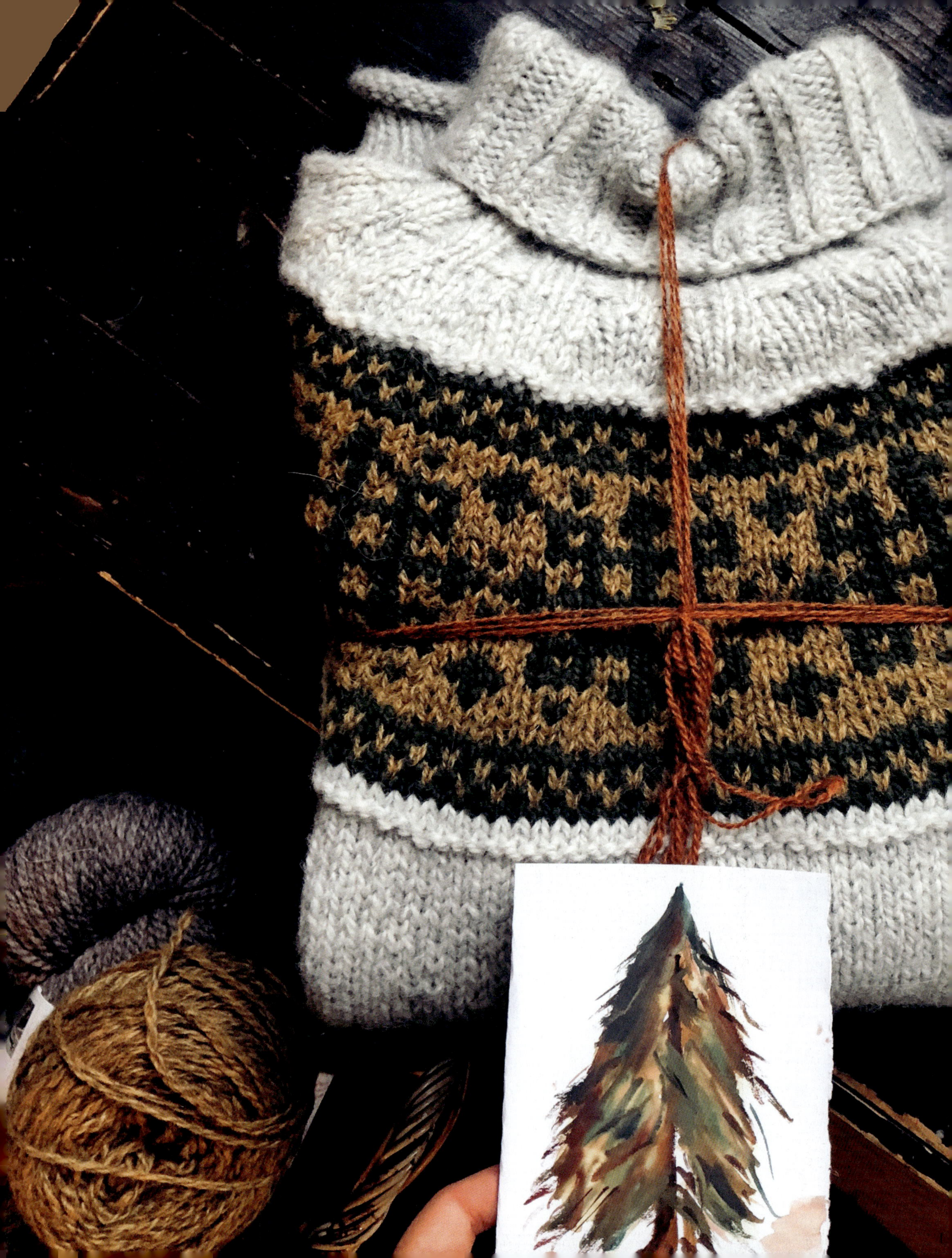

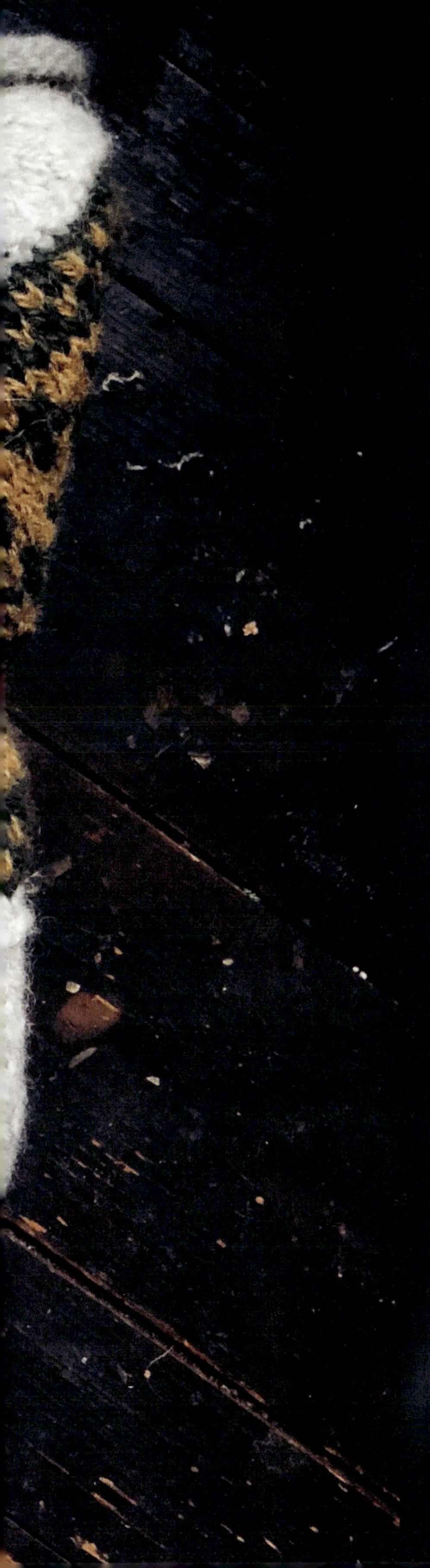

Inhalt

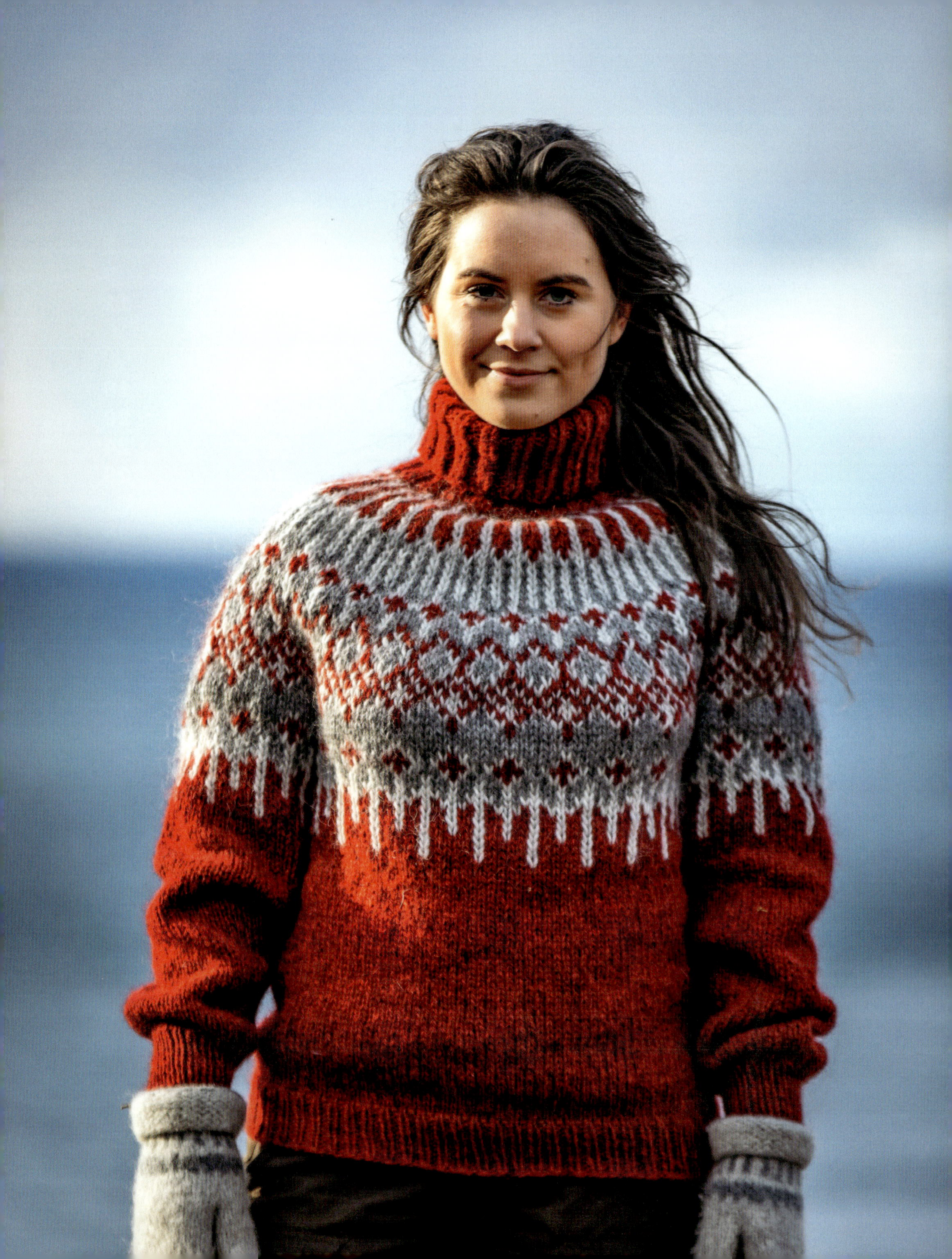

Vorwort

Vor vier Jahren zog ich auf der Suche nach neuen Abenteuern mit meinen beiden Hunden nach Røros. Ich machte mir keine Vorstellung davon, wie sehr diese Entscheidung mein Leben verändern sollte.

In dem Pflegeheim, in dem ich arbeitete, strickten wirklich alle – sowohl die Bewohner als auch die Belegschaft. Bis auf einen Schal, den ich als Kind gestrickt hatte, hatte ich keinerlei Erfahrung damit. Als ich all die schönen Stricksachen sah, war ich motiviert. Ich entschloss mich, einen traditionellen Wollpullover in den norwegischen Nationalfarben Blau, Rot und Weiß, genannt Mariuspullover, zu stricken. Damit war meine Leidenschaft für das Stricken geweckt.

Hunde und Outdooraktivitäten waren seit meiner Kindheit ein wichtiger Teil meines Lebens. Ich bekam meinen ersten Husky mit neun Jahren. Aufgewachsen bin ich in der Nachbarschaft des bekannten Abenteurers und Hundeschlittenführers Helge Ingstad. Wenn ich nicht in der Schule war, verbrachte ich dort die meiste Zeit. Neben dem Umgang mit Schlittenhunden lernte ich die norwegischen Wälder kennen. Heute ist die Natur meine größte Inspirationsquelle. Wald, Feld und Tiere begeistern mich jeden Tag aufs Neue. Logisch, dass ich Kleidung entwerfe, die wind- und wettertauglich ist.

Mein erster Pullover war der Wildnispullover. Und es scheint, als würde dieser wohl stets der beliebteste bleiben, was immer ich noch entwerfen werde. Ich bin sehr stolz und fühle mich gut, wenn ich sehe, dass jemand meine Modelle strickt!

Menschen, die viel draußen sind, brauchen strapazierfähige Qualitätskleidung – und Qualität ist mir sehr wichtig. Ich habe viel Zeit damit verbracht, unterschiedliche Garnqualitäten auszuprobieren. Die Garne in diesem Buch stammen von norwegischen und isländischen Schafen. Haltbares, robustes Garn, das harte Winter und frische Sommer verträgt.

Nachdem ich schon zwei Jahre gestrickt hatte, legte ich mein Instagramprofil (@linka.neumann) an, weil ich gern teilen wollte, was ich machte. Im August 2018 fragte der Verlag bei mir an, ob ich ein Buch herausgeben wolle. Natürlich stimmte ich zu, auch wenn ich es zunächst etwas seltsam fand, mich bei der Arbeit an meinen Entwürfen mit jemandem abzustimmen. Es zeigte sich schnell, dass das in mich gesetzte Vertrauen mir mehr Selbstvertrauen gab, und bald war meine Kreativität vollends entfesselt.

Hinter jedem Entwurf steckt viel Arbeit. Unzählige Stunden des Strickens und des Grübelns über Farbkombinationen und die Auswahl des Garns. Und nicht zuletzt wurden dabei eine ganze Menge Maschen wieder aufgeribbelt.

Ich bin stolz darauf, meine Designs mit euch teilen zu dürfen. Ich hoffe, ihr mögt meine Stricksachen und werdet zum Stricken angeregt.

Vielen Dank!

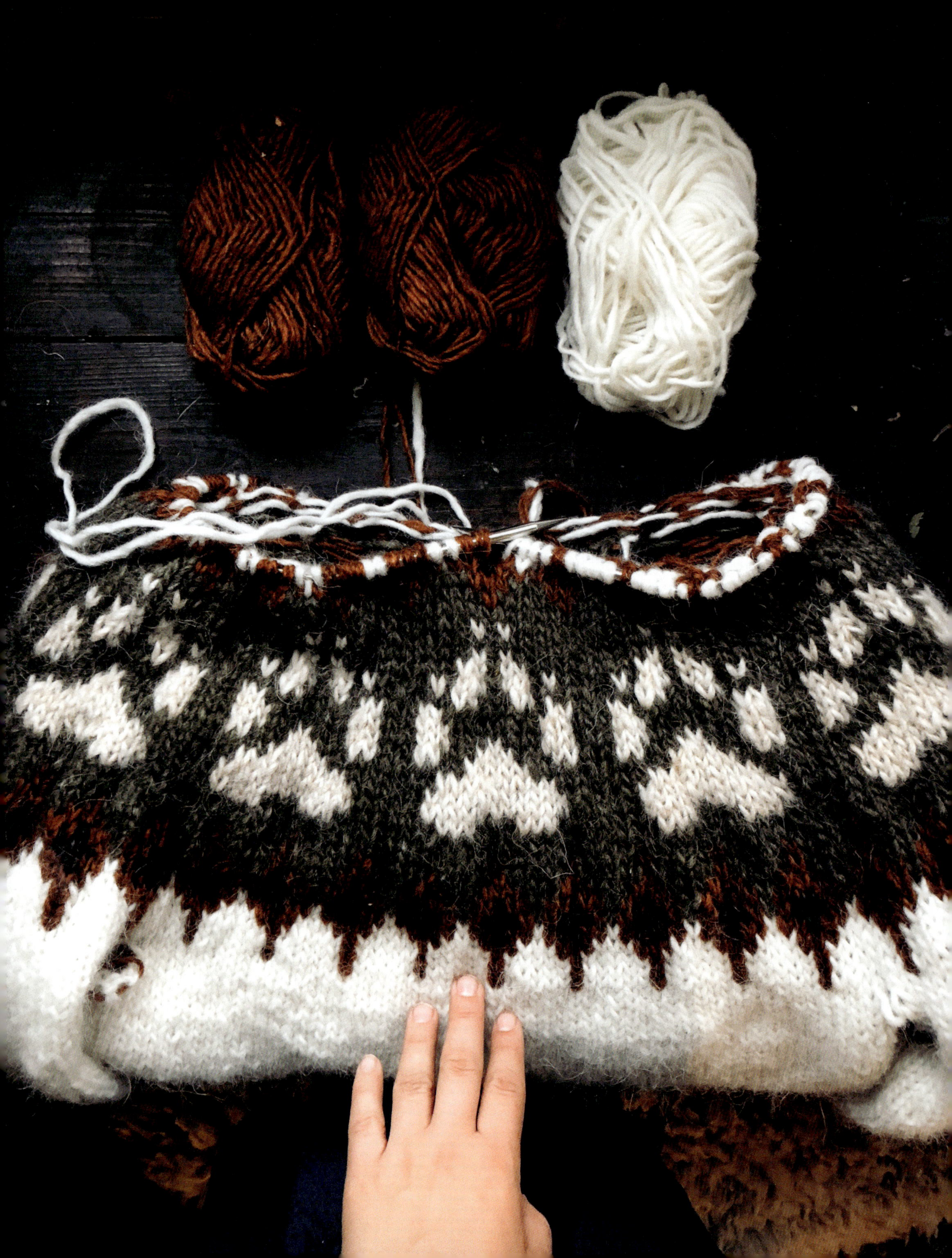

Die Garne

Da meine Strickkleidung wind- und wettertauglich sein soll, verwende ich ausnahmslos Garn aus unbehandelter norwegischer und isländischer Schafwolle. Nordische Wolle ist robust und strapazierfähig – und regional. Die isländischen Garne Álafosslopi und Léttlopi enthalten sowohl Deckhaar als auch Unterwolle und sind deshalb wasserabweisend und unglaublich warm. Die anderen von mir verwendeten Garne stammen von norwegischen Schafen. Die meisten dieser Garne enthalten nur Unterwolle und bestehen aus langen, stabilen Fasern, die viel aushalten. Ich mag ganz besonders das Pelzschafwollgarn der Ullvarefabrikk Hillesvåg (Wollwarenfabrik Hillesvåg). Alle Farben der Garne vom Pelzschaf (Blåne, Tinde und Sølje) werden auf das natürliche Grau der Schafwolle gefärbt, sie erscheinen deshalb meliert und bekommen einen feinen Glanz. Die Wolle vom Pelzschaf ist zudem sehr weich und schön!

Norwegische Garne, die für die Modelle in diesem Buch verwendet wurden:

3-tråds Strikkegarn von Rauma (Lauflänge 108 m/50 g)
Vamsegarn (Vams Pt3) von Rauma (Lauflänge 83 m/50 g)
Finull Pt2 von Rauma (Lauflänge ca. 175 m/50 g)
Peer Gynt von Sandnes Garn (Lauflänge 91 m/50 g)
Troll von der Ullvarefabrikk Hillesvåg (Lauflänge 114 m/100 g)
Das Pelzschaf-Wollgarn der Ullvarefabrikk Hillesvåg; dieses gibt es in drei Garnstärken:
Blåne (Lauflänge 114 m/100 g), Tinde (Lauflänge 260 m/100 g) und Sølje (Lauflänge 350 m/100 g)

Isländische Garne, die für die Modelle in diesem Buch verwendet wurden:

Álafosslopi (Lauflänge ca. 100 m/100 g)
Léttlopi (Lauflänge ca. 100 m/50 g). Wenn du es mit doppeltem Faden verstrickst, entspricht es Álafosslopi; das ist gut zu wissen, wenn du eine Farbe von Léttlopi verwenden möchtest, die es von Álafosslopi nicht gibt.

Hinweis
Natürlich kann auch je nach Vorlieben und Verfügbarkeit jedes andere Garn verstrickt werden. Orientiere dich am besten an Lauflänge und Material der Wolle sowie an der Maschenprobe. Komplette Wollpakete für meine Modelle mit internationalem Versand, und auch viele weitere Infos zu verschiedenen Garnen, biete ich in meinem Online-Shop www.linkaneumann.com (in englischer und norwegischer Sprache) an.

Du hast empfindliche Haut?
Ich weiß, dass einige meinen, Wolle kratzt. Wolle wird nach dem Waschen und nach dem Tragen immer weicher – also verdamme Wolle nicht, bevor du das Kleidungsstück ausgespült hast (denke nur daran, das Strickstück zum Trocknen flach ausgebreitet hinzulegen, damit es nicht ausleiert). Von den norwegischen Garnsorten, die ich im Buch verwendet habe, ist die Pelzschafwolle die weichste, sie kratzt am wenigsten.

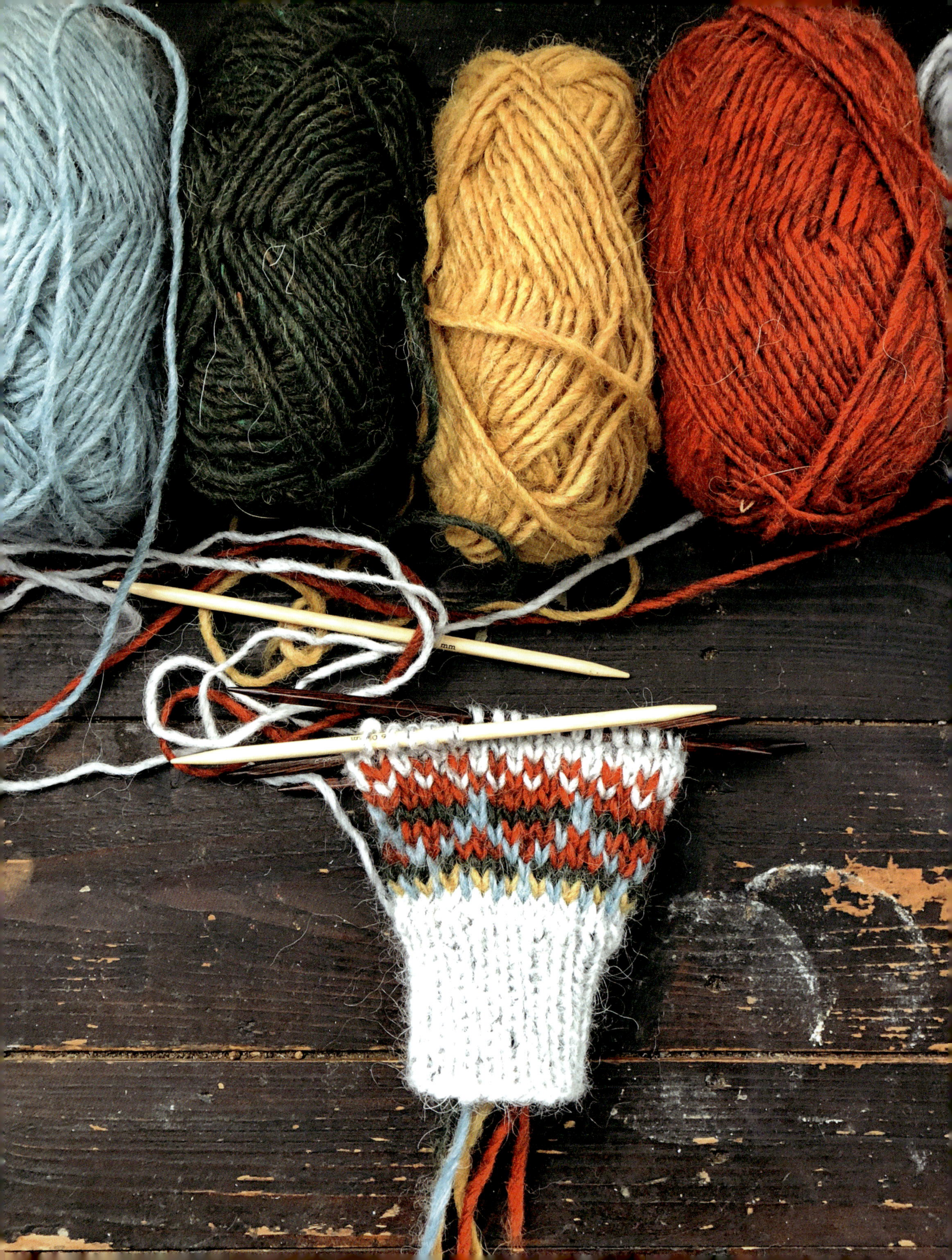

Bevor du beginnst

- Such das Hashtag zu den einzelnen Kleidungsstücken auf Instagram – dort findest du viele gute Ideen und Anregungen zur Farb- und Garnauswahl.
- Im Netz gibt es viele gute Anleitungsvideos zu unterschiedlichen Techniken und Vorgehensweisen.

Maß nehmen

Achte beim Maßnehmen darauf, dass du das **Maßband** nicht stramm ziehst.
Der **Brustumfang** wird über der breitesten Stelle der Brust gemessen.
Die **Ärmellänge** wird von unter dem Arm bis zu der Stelle gemessen, wo der Ärmel enden soll.
Die **Gesamtlänge** wird von der Schulter bis zum Saumende des Pullovers gemessen.

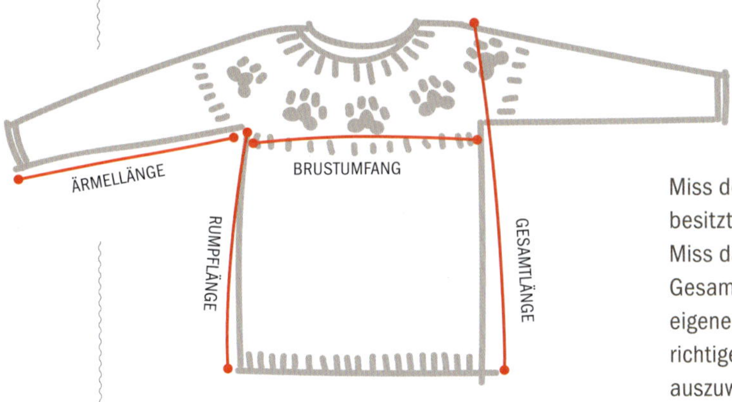

Miss deinen Lieblingspullover. Sicher besitzt du einen Pullover, der perfekt passt. Miss daran Brustumfang, Ärmellänge und Gesamtlänge. Diese Maße und deine eigenen Körpermaße helfen dir dabei, die richtige Größe für deinen Strickpullover auszuwählen.

Maschenprobe

Fertige immer eine Maschenprobe an. Zähle die Anzahl der Maschen auf 10 cm. Hast du mehr Maschen als angegeben, wähle dickere Nadeln. Hast du weniger Maschen als angegeben, wechsle zu dünneren Nadeln.

Gut ausgestattet

Gute Stricknadeln, Stecknadeln, Maßband, Maschenmarkierer, Stopfnadel und Schere sind nützliche Werkzeuge, die stets beim Stricken bereitliegen sollten.

Abkürzungen

abk: abketten
Abn: Abnahme(n)
abn: abnehmen
herausstr: herausstricken
M: Masche(n)
Rd: Runde(n)
str: stricken
weiterstr: weiterstricken
Zun: Zunahme(n)
zun: zunehmen
zusstr: zusammenstricken

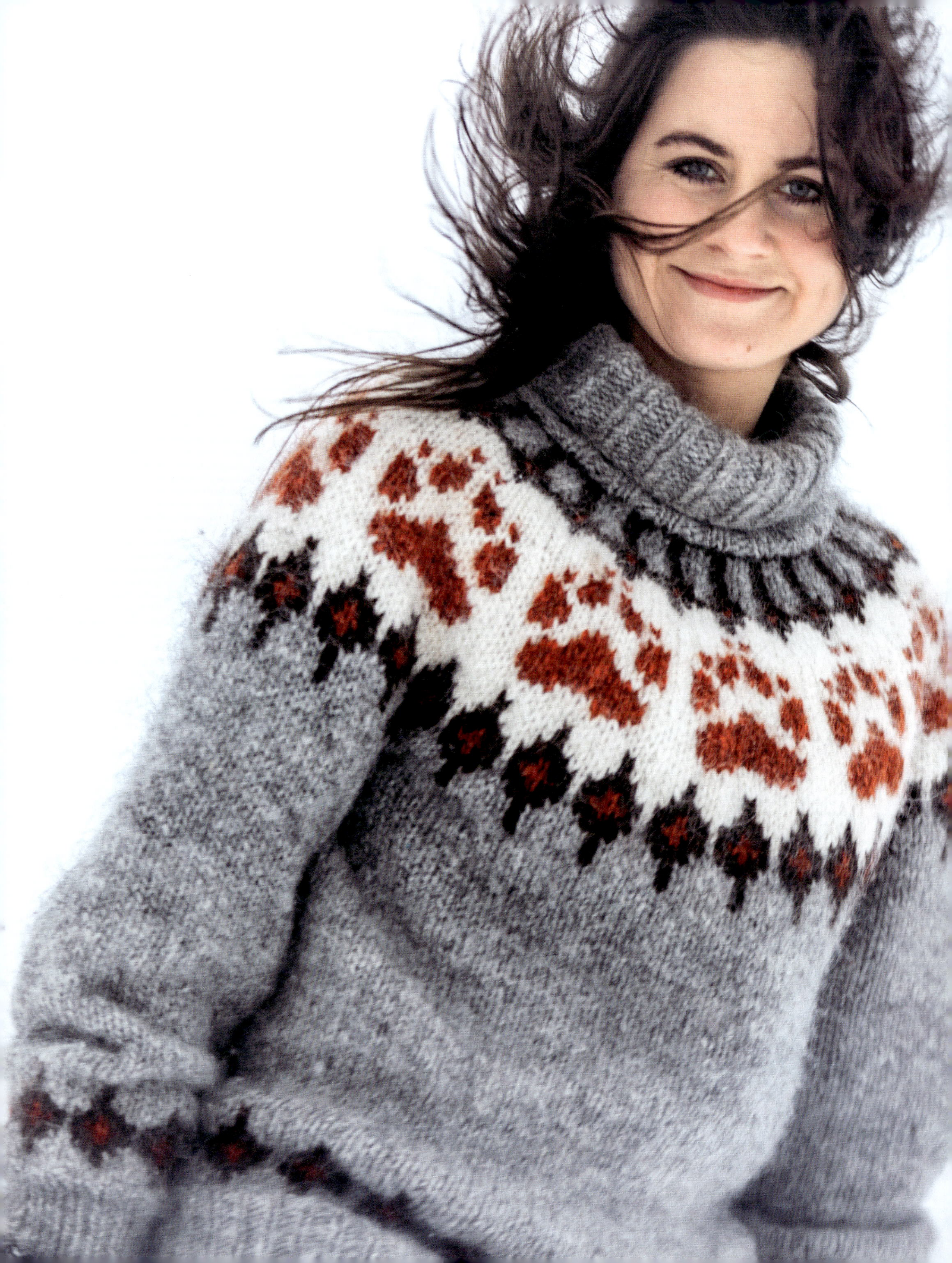

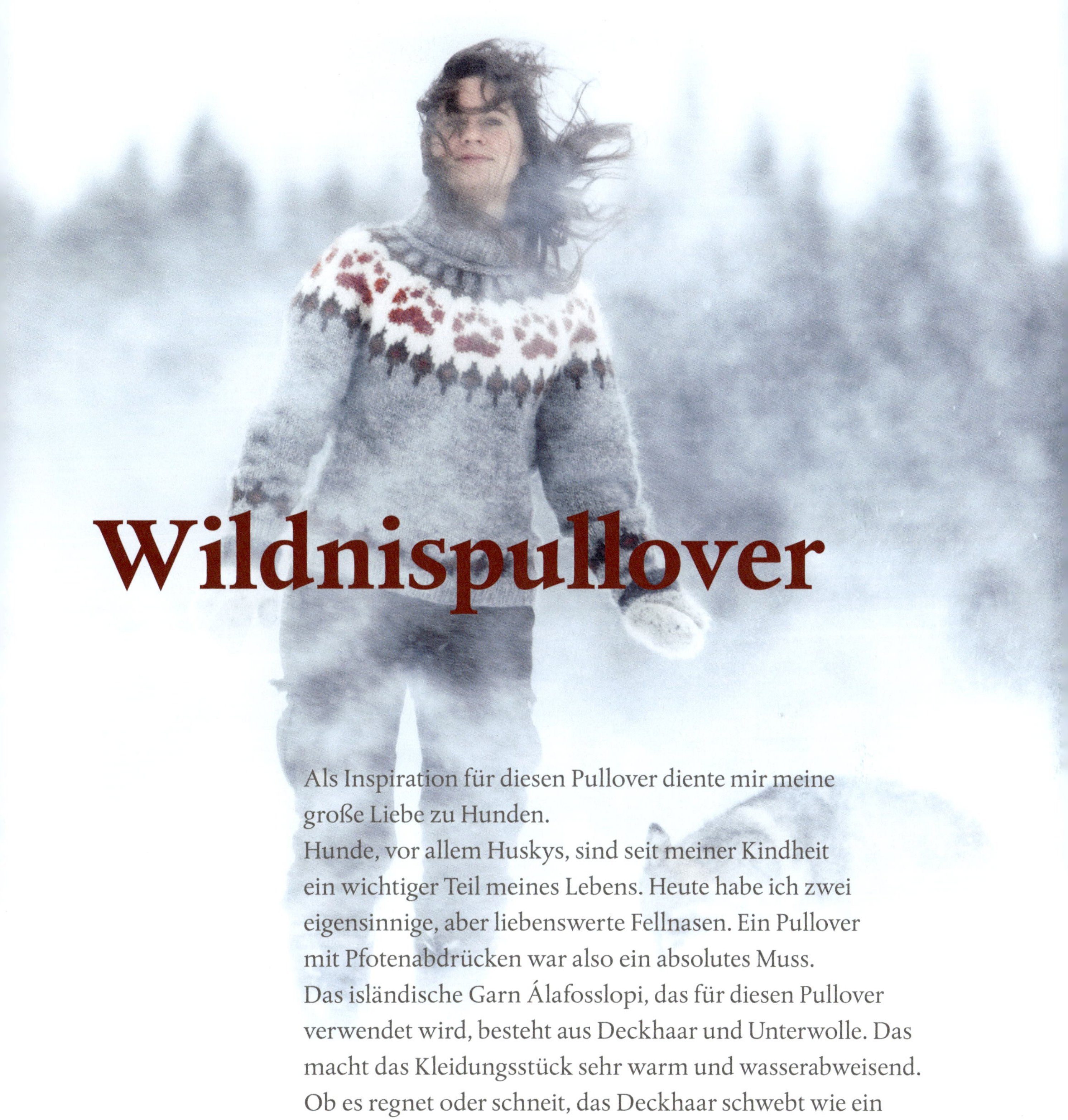

Wildnispullover

Als Inspiration für diesen Pullover diente mir meine große Liebe zu Hunden.
Hunde, vor allem Huskys, sind seit meiner Kindheit ein wichtiger Teil meines Lebens. Heute habe ich zwei eigensinnige, aber liebenswerte Fellnasen. Ein Pullover mit Pfotenabdrücken war also ein absolutes Muss.
Das isländische Garn Álafosslopi, das für diesen Pullover verwendet wird, besteht aus Deckhaar und Unterwolle. Das macht das Kleidungsstück sehr warm und wasserabweisend. Ob es regnet oder schneit, das Deckhaar schwebt wie ein kleiner Heiligenschein um den Pullover, deshalb eignet er sich hervorragend für jedes Wetter.

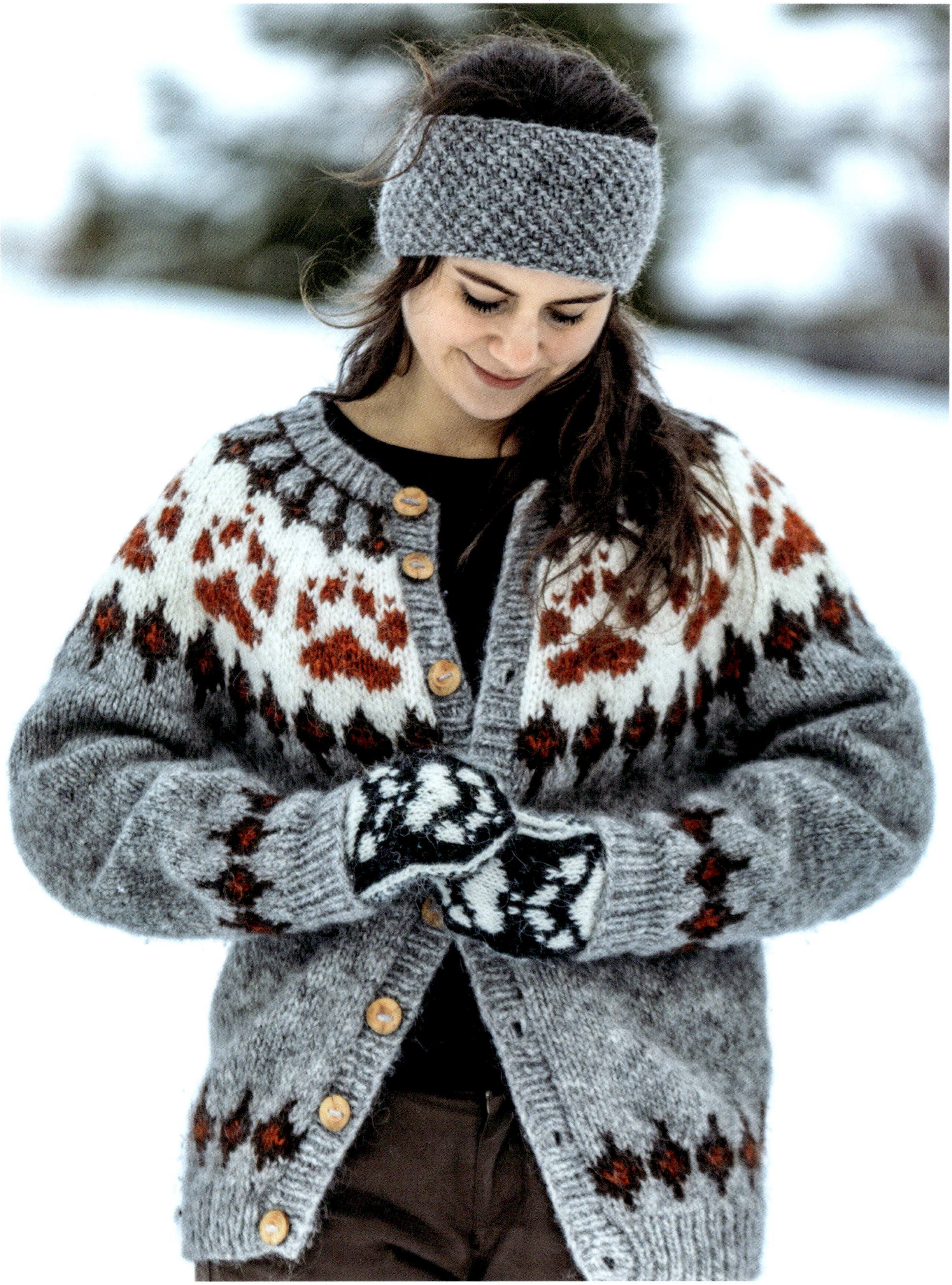

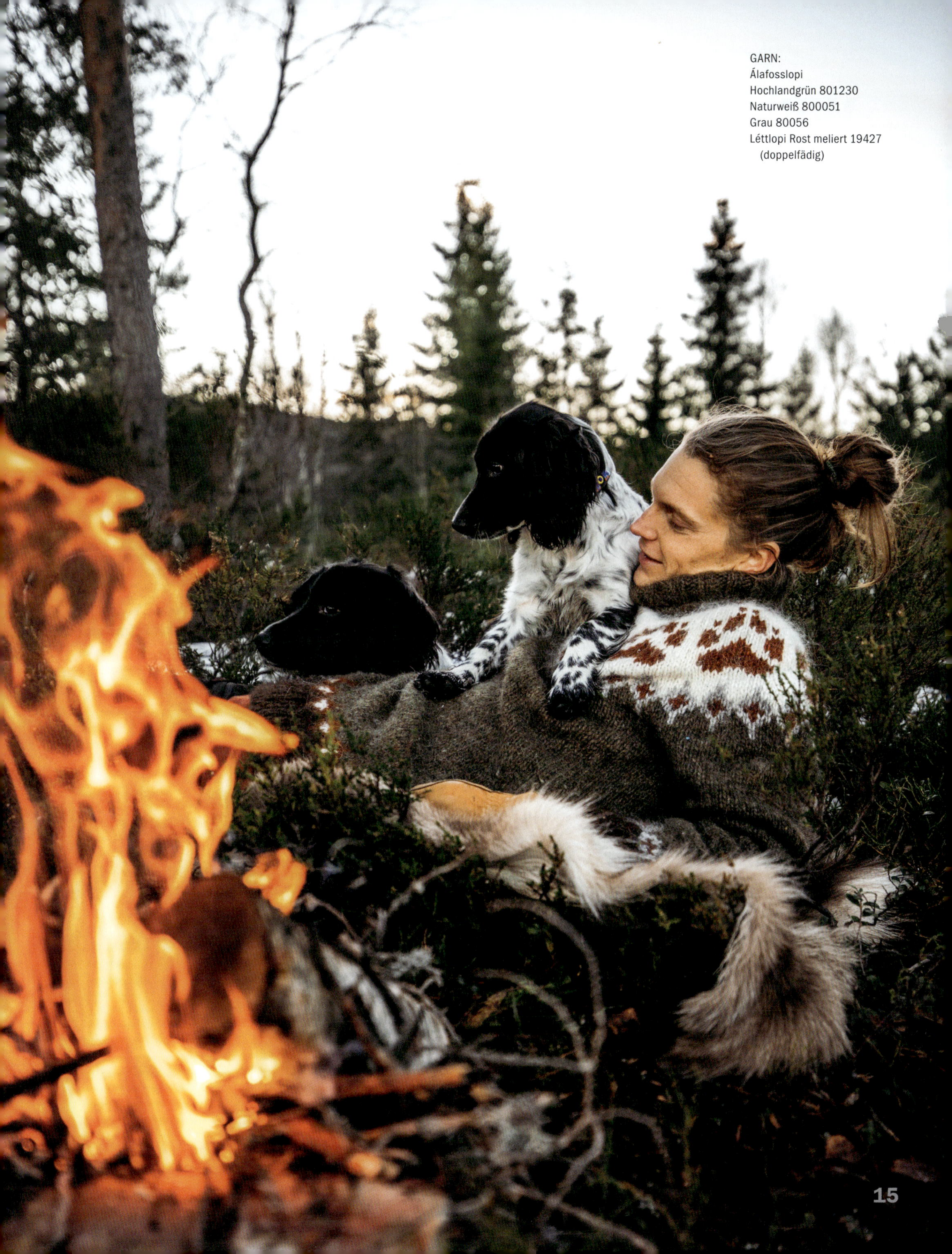

GARN:
Álafosslopi
Hochlandgrün 801230
Naturweiß 800051
Grau 80056
Léttlopi Rost meliert 19427
(doppelfädig)

Wildnis-pullover

Größen
S (M) L (XL) XXL

Maschenprobe
13 M mit Nadel Nr. 6 = 10 cm

Garn
Álafosslopi

Garnmenge
Rundhalsausschnitt:
Grau (800056): 500 (500) 600 (700) 700 g
Glutorange (801236): 100 g
Schokoladenbraun (800867): 100 g
Naturweiß (800051): 100 (100) 100 (200) 200 g

Rollkragen:
100 g zusätzlich in der Grundfarbe Grau (800056)

Stricknadeln
Nadelspiel Nr. 4,5 und 6
Rundstricknadel Nr. 4,5 und 6, 40 cm lang
Rundstricknadel Nr. 4,5 und 6, 80 cm lang

Pullovermaße
Ärmellänge Damen: 47 (48) 49 (50) 51 cm
Ärmellänge Herren: 50 (51) 52 (53) 54 cm
Brustumfang (Damen und Herren):
93 (101) 110 (120) 129 cm
Rumpflänge Damen: 41 (42) 43 (44) 45 cm
Rumpflänge Herren: 43 (44) 45 (46) 47 cm

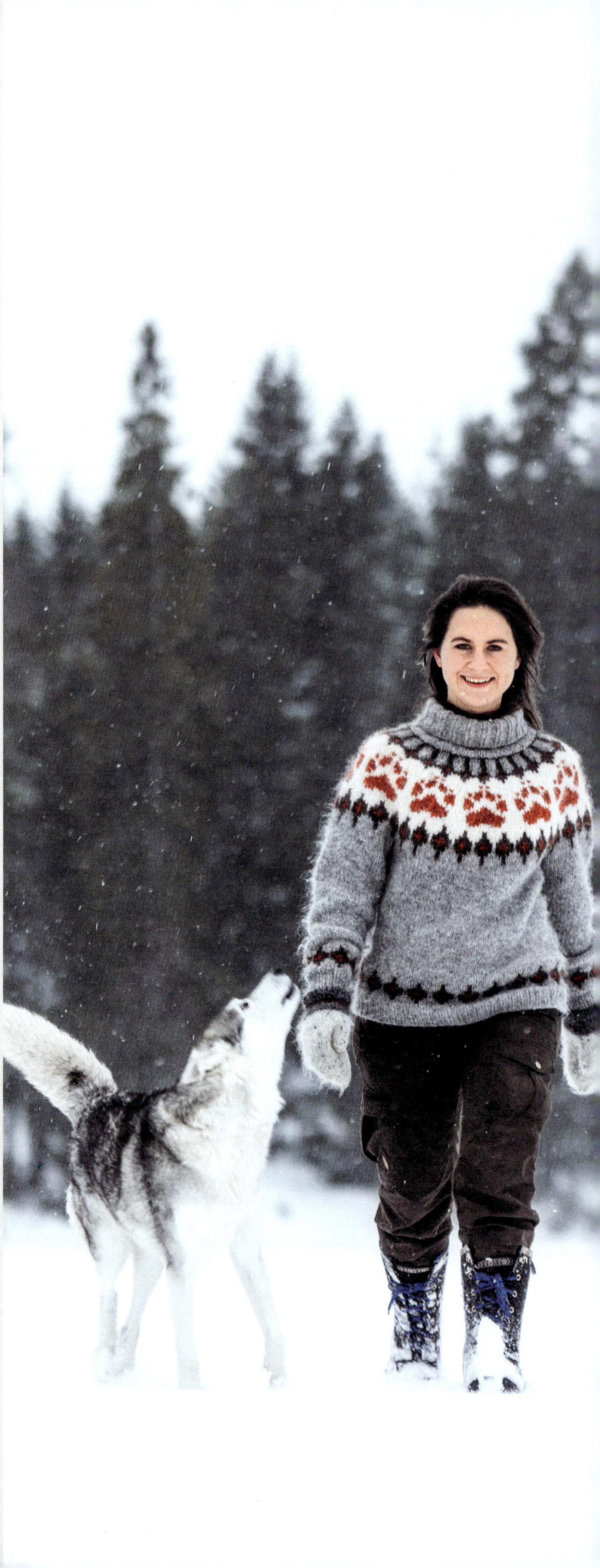

RUMPF

120 (132) 144 (156) 168 M in Grau mit Rundstricknadel Nr. 4,5 anschlagen und für das Bündchen 7 cm im 1/1-Rippenmuster (= 1 M rechts, 1 M links im Wechsel) str. Zu Nadel Nr. 6 wechseln (ab jetzt wird glatt rechts gearbeitet) und am Rd-Beginn einen M-Markierer setzen. Nach Zählmuster A str (wer fest strickt, wählt für das Muster eine Nadelstärke größer). Dann in Grau weiterstr, bis der Rumpf 41 (42) 43 (44) 45 cm für Damen bzw. 43 (44) 45 (46) 47 cm für Herren misst. Nach 60 (66) 72 (78) 84 M einen M-Markierer setzen, sodass nun auf beiden Seiten ein Markierer ist (Vorder- und Rückenteil sind eingeteilt). Für die Armausschnitte 7 (9) 10 (11) 12 M auf jeder Seite auf einem Faden oder M-Halter stilllegen.
Die Arbeit beiseitelegen und die Ärmel str.

ÄRMEL

34 (36) 38 (42) 42 M in Grau mit Nadelspiel Nr. 4,5 anschlagen und 7 cm im 1/1-Rippenmuster str. Zu Nadelspiel Nr. 6 wechseln (ab jetzt wird glatt rechts gearbeitet) und in der 1. Rd gleichmäßig verteilt 2 (6) 4 (6) 6 M zun = 36 (42) 42 (48) 48 M. Nach Zählmuster A str (evtl. die Nadelstärke wechseln) und in Grau weiterstr. Die mittlere M unter dem Ärmel mit einem M-Markierer kennzeichnen und in jeder 8. Rd jeweils vor und nach dieser markierten Mittel-M 1 M zun, bis insgesamt 52 (54) 56 (60) 62 M vorhanden sind. Ohne Zun weiterstr, bis der Ärmel 47 (48) 49 (50) 51 cm für Damen bzw. 50 (51) 52 (53) 54 cm für Herren misst. Die mittleren 6 (9) 10 (10) 11 M unter dem Ärmel auf einem Faden oder M-Halter stilllegen.
Den zweiten Ärmel ebenso str.

RUNDPASSE

Die Ärmel-M auf die Rundstricknadel mit den Rumpf-M str. Dabei einen M-Markierer am ersten Übergang zwischen Ärmel und Rumpf setzen = Rd-Beginn. Es liegen nun 198 (204) 216 (234) 246 M auf der Nadel. Nach Zählmuster B für die Rundpasse str (evtl. die Nadelstärke wechseln) und dabei wie gekennzeichnet abn.

Tipp: Damit die Spannfäden auf der Rückseite (hinter den Pfoten) nicht zu lang werden, die Fäden in regelmäßigen Abständen während des Strickens verkreuzen.

RUNDHALSAUSSCHNITT

An der angegebenen Stelle im Zählmuster enden. Mit Nadel Nr. 4,5 in Schokoladenbraun 3 cm im 1/1-Rippenmuster str, dann locker mustergemäß abk.

ROLLKRAGEN

An der angegebenen Stelle im Zählmuster enden und wie angegeben zun. Zu Nadel Nr. 4,5 wechseln und im 2/2-Rippenmuster (= 2 M rechts, 2 M links im Wechsel) str. Nach 20 cm alle M locker abk.

FERTIGSTELLEN

Siehe Seite 25.

Zählmuster A

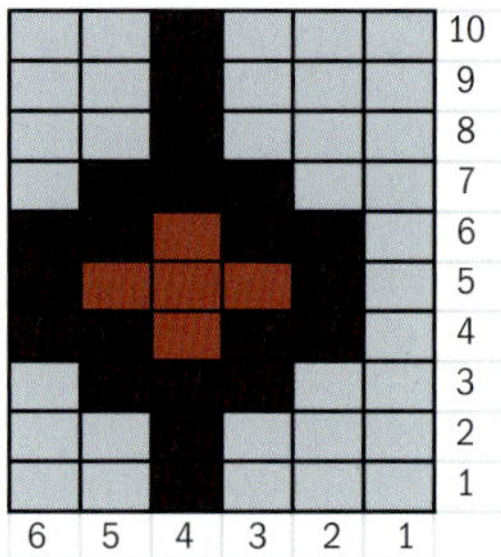

VV = 2 M rechts zusstr
V = 1 M

Zählmuster B

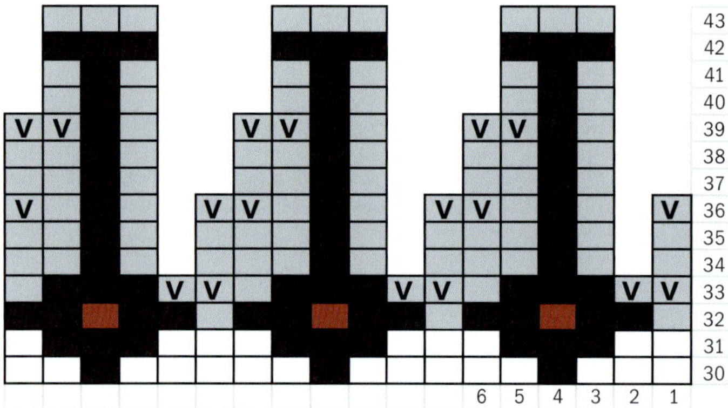

43 6 (4) 2 (0) 0 M zun für den Rollkragen = 72 (76) 80 (84) 84 M
42 Für den Rundhalsausschnitt nach dieser Rd mit dem Zählmuster enden
41 Für Größe S (M) L überspringen
40 Für Größe S (M) L überspringen
39 Wie gekennzeichnet abn = 66 (72) 78 (84) 84 M
38 Für Größe S (M) überspringen
36 = 88 (96) 104 (112) 112 M
35 Für Größe S (M) überspringen
33 Wie gekennzeichnet abn = 110 (120) 130 (140) 140 M

4 = vordere Mitte. Von der Mitte aus abzählen, wo mit dem Zählmuster zu beginnen ist

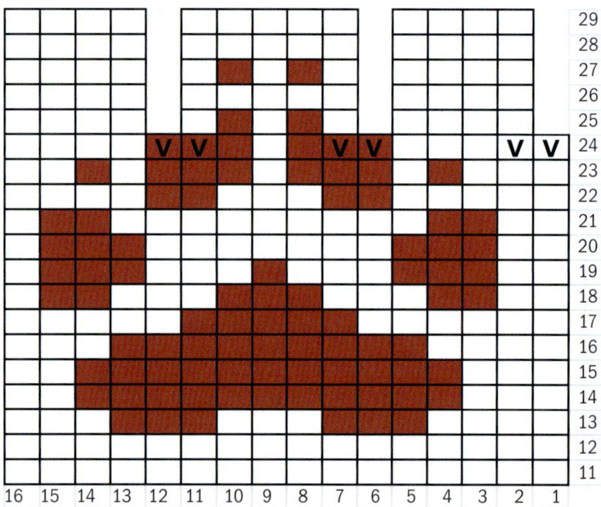

29 Für Größe XL und XXL 1 M abn = 168 M. Für Größe S (M) L überspringen
28 2 (1) 0 (0) 0 M zun = 132 (144) 156 (169) 169 M
24 Wie gekennzeichnet abn = 130 (143) 156 (169) 169 M
12 Gleichmäßig verteilt 38 (28) 24 (26) 38 M abn = 160 (176) 192 (208) 208 M

9 = vordere Mitte. Von der Mitte aus abzählen, wo mit dem Zählmuster zu beginnen ist

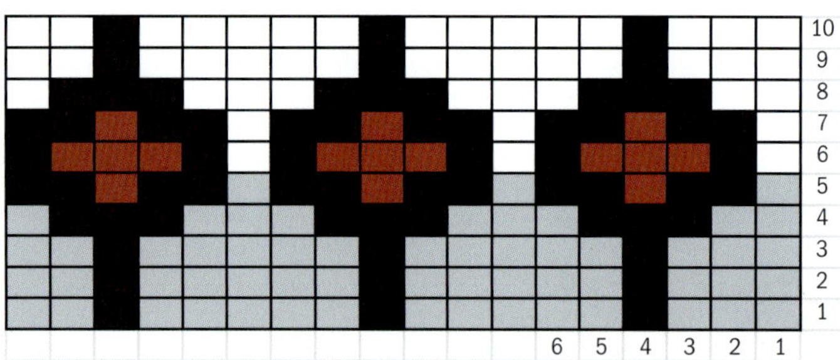

1 198 (204) 216 (234) 246 M

4 = vordere Mitte. Von der Mitte aus abzählen, wo mit dem Zählmuster zu beginnen ist

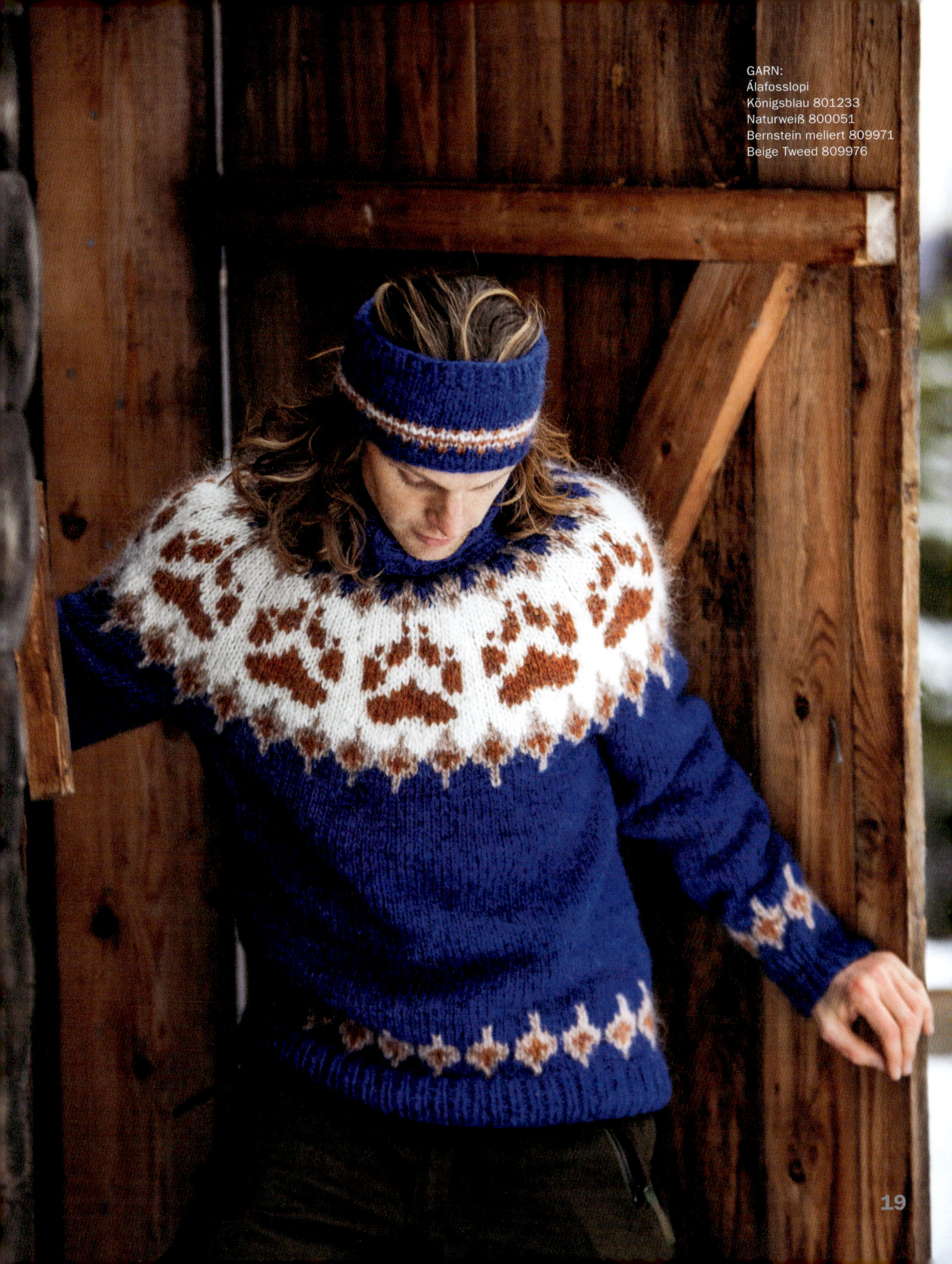

GARN:
Álafosslopi
Königsblau 801233
Naturweiß 800051
Bernstein meliert 809971
Beige Tweed 809976

Wildnis-jacke

Größen
S (M) L (XL) XXL

Maschenprobe
13 M mit Nadel Nr. 6 = 10 cm

Garn
Álafosslopi (in 100-g-Knäueln erhältlich)

Garnmenge
Grau (800056): 600 (600) 700 (800) 800 g
Glutorange (801236): 100 g
Schokoladenbraun (800867): 100 g
Naturweiß (800051): 100 (100) 100 (200) 200 g

Knöpfe
7 (7) 8 (8) 8 Knöpfe aus Holz (25 mm)

Stricknadeln
Nadelspiel Nr. 4,5 und 6
Rundstricknadel Nr. 4,5 und 6, 40 cm lang
Rundstricknadel Nr. 4,5 und 6, 80 cm lang

Jackenmaße
Ärmellänge Damen: 47 (48) 49 (50) 51 cm
Ärmellänge Herren: 50 (51) 52 (53) 54 cm
Brustumfang (Damen und Herren):
97 (105) 114 (124) 134 cm
Rumpflänge Damen: 41 (42) 43 (44) 45 cm
Rumpflänge Herren: 43 (44) 45 (46) 47 cm

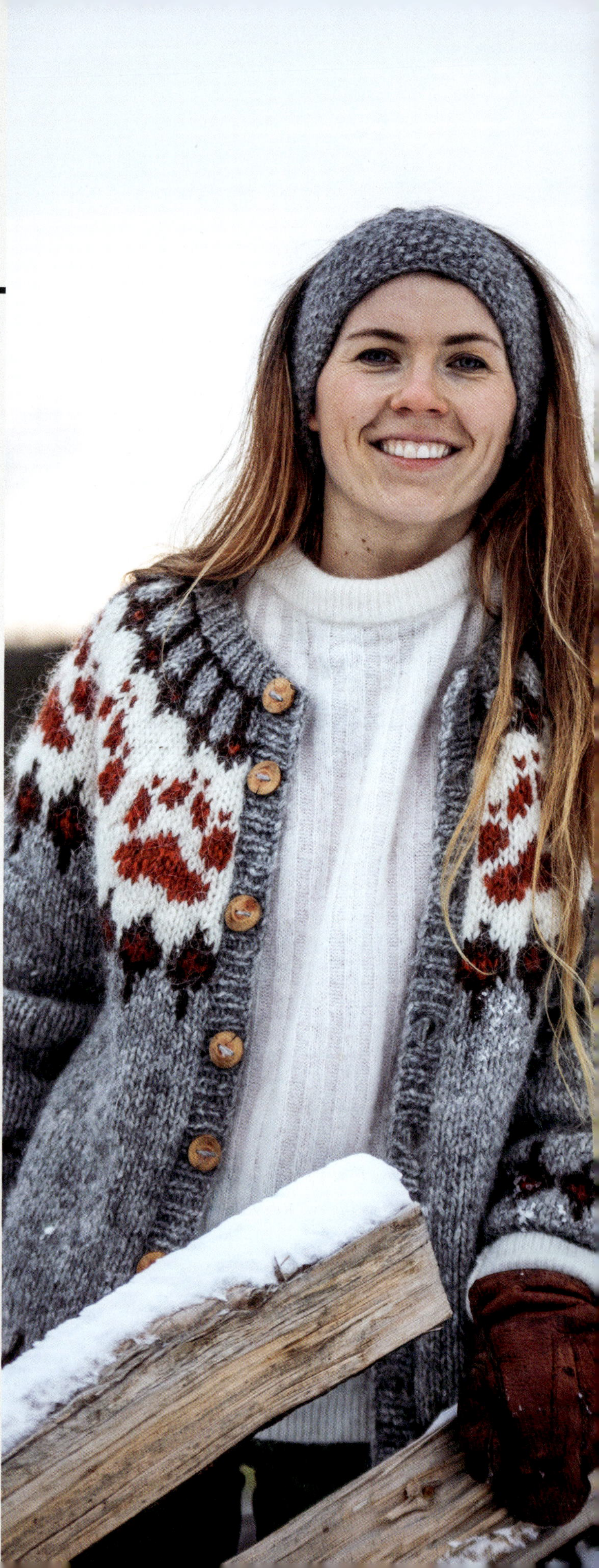

RUMPF

121 (133) 145 (157) 169 M in Grau mit Rundstricknadel Nr. 4,5 anschlagen und für das Bündchen in Reihen 7 cm im 1/1-Rippenmuster (= 1 M rechts, 1 M links im Wechsel) str. Die 1. Reihe ist eine Rückreihe, diese mit 1 M links beginnen, damit sie auf der Vorderseite der Jacke rechts erscheint. (Es ist wichtig, dass die äußersten M rechte M sind, denn aus ihnen werden später die M für die Knopfleisten aufgefasst.) Nun für die Steek-M auf der rechten Nadel 5 M dazu anschlagen (siehe auch Seite 23). Diese M werden stets glatt links gestrickt und nicht mitgezählt. Zu Rundstricknadel Nr. 6 wechseln. Ab jetzt wird in Rd glatt rechts gestrickt (außer über die Steek-M). Nach Zählmuster A str (wer fest strickt, wählt für das Muster eine Nadelstärke größer). Der Rapport besteht aus 6 M + 1 M, sodass das Muster auf beiden Seiten der Knopfleisten symmetrisch ist (das gilt auch für die Passe). Dann in Grau weiterstr, bis der Rumpf 41 (42) 43 (44) 45 cm für Damen bzw. 43 (44) 45 (46) 47 cm für Herren misst (oder die gewünschte Länge hat). An beiden Seiten einen M-Markierer setzen: jeweils 30 (33) 36 (39) 42 M für beide Vorderteile und 61 (67) 73 (79) 85 M für das Rückenteil. Für die Armausschnitte 7 (9) 10 (11) 12 M auf jeder Seite des Rumpfes auf einem Faden oder M-Halter stilllegen. Die Arbeit beiseitelegen und die Ärmel str.

ÄRMEL

34 (36) 38 (42) 42 M mit Nadelspiel Nr. 4,5 anschlagen und 7 cm im 1/1-Rippenmuster str. Zu Nadelspiel Nr. 6 wechseln (ab jetzt wird glatt rechts gearbeitet) und in der 1. Rd gleichmäßig verteilt 2 (6) 4 (6) 6 M zun = 36 (42) 42 (48) 48 M. Nach Zählmuster A str (evtl. die Nadelstärke wechseln), dann in Grau weiterarbeiten. Die mittlere M unter dem Ärmel mit einem M-Markierer kennzeichnen und in jeder 8. Rd jeweils vor und nach dieser markierten Mittel-M 1 M zun, bis insgesamt 52 (54) 56 (60) 62 M vorhanden sind. Ohne Zun weiterstr, bis der Ärmel 47 (48) 49 (50) 51 cm für Damen bzw. 50 (51) 52 (53) 54 cm für Herren misst. Die mittleren 6 (9) 10 (10) 11 M unter dem Ärmel auf einem Faden oder M-Halter stilllegen.
Den zweiten Ärmel ebenso str.

RUNDPASSE

Die Ärmel-M an den beiden Stellen, an denen beim Rumpf M für die Armausschnitte stillgelegt wurden, auf die Rundstricknadel mit den Rumpf-M str = 199 (205) 217 (235) 247 M auf der Nadel. Nach Zählmuster B str (evtl. die Nadelstärke wechseln) und dabei wie gekennzeichnet abn.
Die Steek-M sind im Zählmuster nicht berücksichtigt, diese weiterhin links str.

Tipp: Damit die Spannfäden auf der Rückseite (hinter den Pfoten) nicht zu lang werden, die Fäden in regelmäßigen Abständen während des Strickens verkreuzen.

HALSAUSSCHNITT

Die Steek-M abk und zu Rundstricknadel Nr. 4,5 wechseln. Nun in Reihen 3 cm in Grau im 1/1-Rippenmuster str, dann die M mustergemäß abk.

Zählmuster A

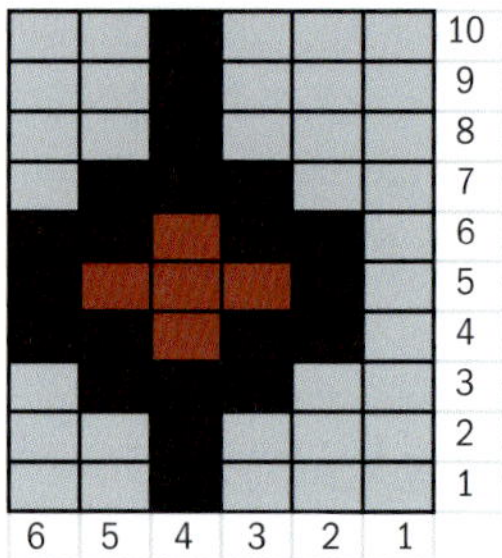

VV = 2 M rechts zusstr
V = 1 M

Zählmuster B

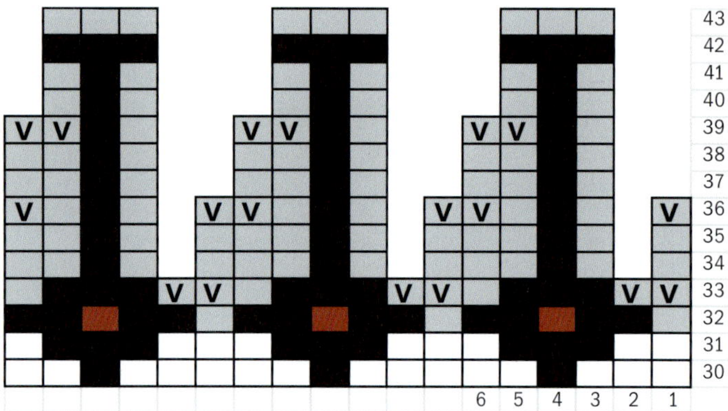

43 Nach dieser Rd den Halsausschnitt str
41 Für Größe S (M) L überspringen
40 Für Größe S (M) L überspringen
39 Wie gekennzeichnet abn = 67 (73) 79 (85) 85 M
38 Für Größe S (M) überspringen
36 Wie gekennzeichnet abn = 89 (97) 105 (113) 113 M
35 Für Größe S (M) überspringen
33 Wie gekennzeichnet abn = 111 (121) 131 (141) 141 M

hier beginnen

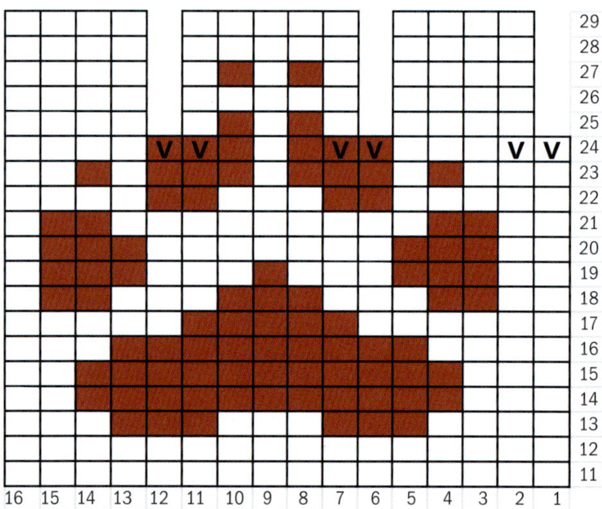

29 Für Größe XL und XXL 1 M abn = 169 M. Für Größe S (M) L überspringen
28 2 (1) 0 (0) 0 M zun = 133 (145) 157 (170) 170 M
24 Wie gekennzeichnet abn = 131 (144) 157 (170) 170 M
12 Gleichmäßig verteilt 38 (28) 24 (26) 38 M abn = 161 (177) 193 (209) 209 M

hier beginnen

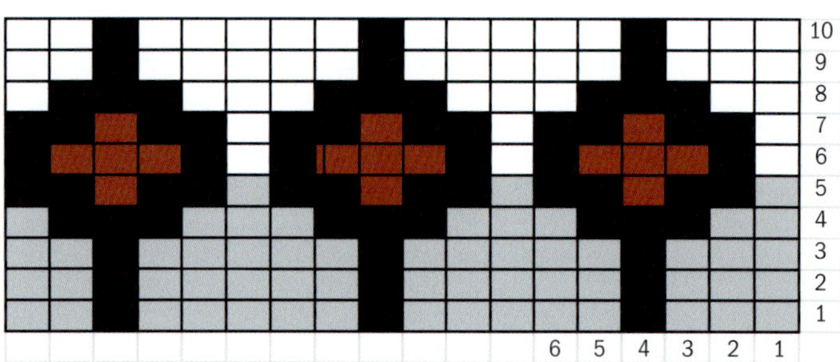

1 199 (205) 217 (235) 247 M

hier beginnen

FERTIGSTELLEN

Fäden vernähen und die offenen Kanten unter den Ärmeln zusammen abk oder im M-Stich schließen. Mit der Nähmaschine rechts und links der gewünschten Schnittkante über die Steek-M nähen. Am besten dreimal darübernähen, damit die Naht sicher hält. Dann zwischen den beiden Nähten aufschneiden und wie folgt die Knopfleisten arbeiten:

Rechte Vorderteilkante: Mit Nadel Nr. 4,5 in Grau M entlang der rechten Vorderteilkante herausstricken. Dazu 3 M aus den Rand-M herausstricken, 1 M überspringen, 3 M herausstricken, 1 M überspringen usw. Die M-Zahl muss teilbar durch 2 + 1 sein, die erste und letzte M werden rechts gestrickt. 4 cm im 1/1-Rippenmuster str. Dann die M mustergemäß abk.

Linke Vorderteilkante: Wie bei der rechten Vorderteilkante str, dabei jedoch mit 2 cm Abstand vom unteren Rand das erste Knopfloch einarbeiten und alle 7 (7) 8 (8) 8 Knopflöcher gleichmäßig auf der Vorderteilkante verteilen. Das unterste Knopfloch ca. 2 cm vom unteren Rand und das oberste ca. 1 cm vom oberen Rand. Noch 2 cm im Rippenmuster str, dann mustergemäß abk.

Knopfloch: 2 M zusstr und 1 Umschlag arbeiten. Alternativ 1 M abk und in der folgenden Reihe wieder dazu anschlagen.

Belege: Jeweils auf der Rückseite der Knopfleisten (aus den M der 1. Reihe) M herausstricken und 3 Reihen glatt rechts str. Dann die Belege jeweils über die Schnittkanten legen und festnähen. Alternativ ein hübsches Band über die Schnittkanten nähen.

Die Jacke so lange in kaltes Wasser legen (max. 30 °C), bis keine Luft mehr darin ist. Die Jacke flach liegend trocknen lassen und in Form ziehen. Keinesfalls zum Trocknen aufhängen, da sie sich sonst verzieht und ausleiert.

JACKEN MIT STEEKMASCHEN ARBEITEN

Da es einfacher ist, ein Norwegermuster in Runden als in Hin- und Rückreihen zu arbeiten, werden Jacken wie Pullover in Runden gestrickt. Dabei in der Mitte des Vorderteils über die gesamte Höhe einige Maschen zusätzlich anschlagen, diese nennt man Steekmaschen. Sie werden durchgehend glatt links gestrickt. Im Bereich dieser Maschen die Arbeit später aufschneiden, die Maschen nach innen umschlagen und durch Nähen fixieren. Vor dem Aufschneiden mit der Nähmaschine rechts und links der gewünschten Schnittkante über die Steekmaschen nähen – mit geringer Stichlänge (2–2,5) und geringem Füßchendruck (z. B. mit Geradstich). 2–3-mal darübernähen. Nun zwischen den beiden Nähten aufschneiden und die Steekhälften nach innen umklappen. Anschließend aus den Kanten die Maschen für die vorderen Blenden herausstricken.

Wildnis-pullover für Kinder

Größen
1 (2) 4 (6) 8 (10) Jahre

Maschenprobe
22 M mit Nadel Nr. 3,5 = 10 cm

Garn
Peer Gynt von Sandnes Garn

Garnmenge
Dunkelgrün meliert (9572):
250 (250) 250 (300) 300 (350) g
Wollweiß (1002): 50 g für alle Größen
Braun (3571): 50 g für alle Größen
Moosgrün (9844): 50 g für alle Größen

oder

Hellgrau meliert (1032):
250 (250) 250 (300) 300 (350) g
Weiß (1001): 50 g für alle Größen
Dunkelblau (6572): 50 g für alle Größen
Petrol (7572): 50 g für alle Größen

Stricknadeln
Nadelspiel Nr. 3 und 3,5
Rundstricknadel Nr. 3 und 3,5, 40 cm lang
Rundstricknadel Nr. 3 und 3,5, 60 cm lang

Pullovermaße
Ärmel: 18 (25) 27 (29) 32 (36) cm
Brustumfang: 60 (65) 71 (76) 81 (86) cm
Gesamtlänge: 35 (39) 42 (46) 49 (52) cm

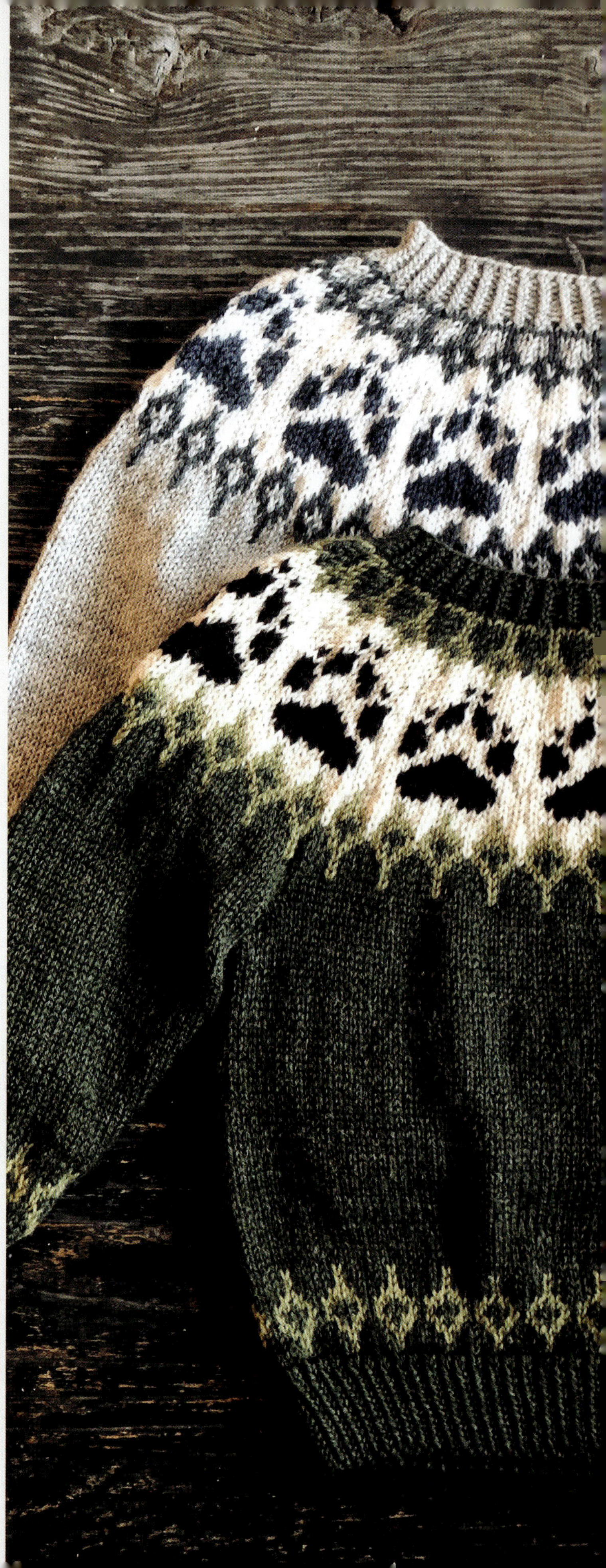

RUMPF

132 (144) 156 (168) 180 (192) M in der Grundfarbe mit Rundstricknadel Nr. 3 anschlagen und 4 (4) 5 (5) 5 (6) cm im 1/1-Rippenmuster (= 1 M rechts, 1 M links im Wechsel) str. Zu Nadel Nr. 3,5 wechseln (ab jetzt wird glatt rechts gearbeitet) und am Rd-Beginn einen M-Markierer setzen. Nach Zählmuster A str (wer fest strickt, wählt für das Muster eine Nadelstärke größer). Dann in der Grundfarbe weiterstr, bis der Rumpf 20 (24) 27 (28) 31 (34) cm misst. Nach 66 (72) 78 (85) 90 (96) M einen M-Markierer setzen, sodass nun auf beiden Seiten ein Markierer ist (Vorder- und Rückenteil sind eingeteilt). Für die Armausschnitte 9 M auf jeder Seite auf einem Faden oder M-Halter stilllegen.
Die Arbeit beiseitelegen und die Ärmel str.

ÄRMEL

34 (40) 40 (40) 46 (46) M in der Grundfarbe mit Nadelspiel Nr. 3 anschlagen und 4 (4) 5 (5) 5 (6) cm im 1/1-Rippenmuster str. Zu Nadelspiel Nr. 3,5 wechseln (ab jetzt wird glatt rechts gearbeitet) und in der 1. Rd gleichmäßig verteilt 8 M zun = 42 (48) 48 (48) 54 (54) M. Nach Zählmuster A str (evtl. die Nadelstärke wechseln) und in der Grundfarbe weiterarbeiten. Die mittlere M unter dem Ärmel mit einem M-Markierer kennzeichnen und alle 1,5 (1,5) 1,5 (2) 2 (2) cm jeweils vor und nach dieser markierten Mittel-M 1 M zun, bis insgesamt 60 (64) 68 (72) 76 (80) M vorhanden sind. Ohne Zun weiterstr, bis der Ärmel 18 (25) 27 (29) 32 (36) misst. Die mittleren 9 M unter dem Ärmel auf einem Faden oder M-Halter stilllegen. Den zweiten Ärmel ebenso str.

RUNDPASSE

Die Ärmel-M auf die Rundstricknadel mit den Rumpf-M str. Dabei einen M-Markierer am ersten Übergang zwischen Ärmel und Rumpf setzen = Rd-Beginn. Es liegen nun 216 (236) 256 (276) 296 (316) M auf der Nadel. Nach Zählmuster B für die Rundpasse str (evtl. die Nadelstärke wechseln) und dabei wie gekennzeichnet abn.

Tipp: Damit die Spannfäden auf der Rückseite (hinter den Pfoten) nicht zu lang werden, die Fäden in regelmäßigen Abständen während des Strickens verkreuzen.

HALSAUSSCHNITT

3 cm (oder in der gewünschten Länge) im 1/1-Rippenmuster in der Grundfarbe mit Nadel Nr. 3 str. Dann die M locker mustergemäß abk.

FERTIGSTELLEN

Fäden vernähen und die offenen Kanten unter den Ärmeln zusammen abk oder im M-Stich schließen. Den Pullover so lange in kaltes Wasser legen (max. 30 °C), bis keine Luft mehr darin ist. Den Pullover flach liegend trocknen lassen und in Form ziehen. Keinesfalls zum Trocknen aufhängen, da er sonst ausleiert.

Zählmuster A

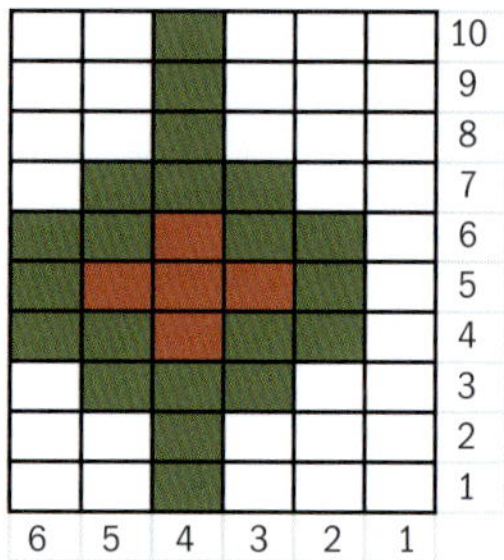

VV = 2 M rechts zusstr
V = 1 M

Zählmuster B

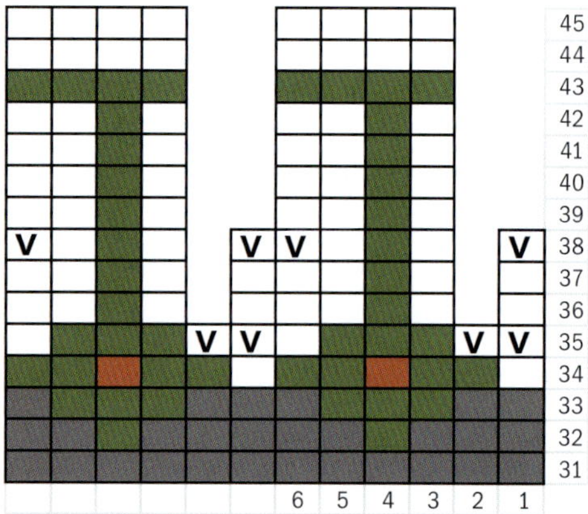

45 Zu Nadel Nr. 3 wechseln, 12 (18) 20 (26) 40 (44) M abn = 80 (86) 92 (94) 96 (100) M
42 Für Größe 1 (2) 4 (6) 8 Jahre überspringen
41 Für Größe 1 (2) 4 (6) 8 Jahre überspringen
40 Für Größe 1 (2) 4 (6) Jahre überspringen
39 Für Größe 1 (2) 4 Jahre überspringen
38 Wie gekennzeichnet abn = 92 (104) 112 (120) 136 (144) M
35 Wie gekennzeichnet abn = 115 (130) 140 (150) 170 (180) M
31 Gleichmäßig verteilt 5 (0) 1 (2) 4 (5) M abn = 138 (156) 168 (180) 204 (216) M

4 = vordere Mitte. Von der Mitte aus abzählen, wo mit dem Zählmuster zu beginnen ist

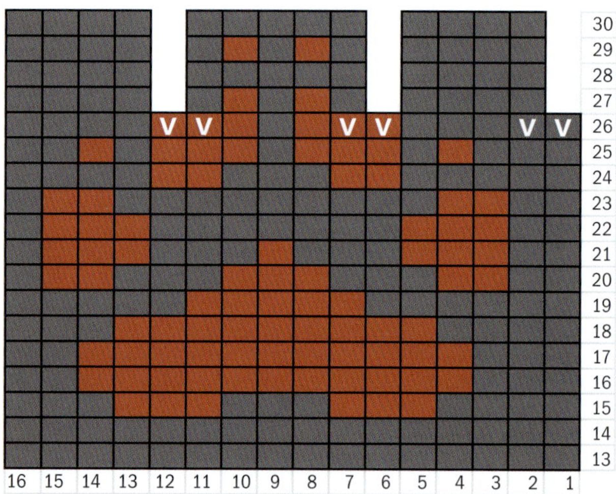

30 Für Größe 1 (2) 4 Jahre überspringen
26 Wie gekennzeichnet abn = 143 (156) 169 (182) 208 (221) M
14 Gleichmäßig verteilt 40 (42) 44 (46) 32 (46) M abn = 176 (192) 208 (224) 256 (272) M
13 Für Größe 1 (2) 4 Jahre überspringen

9 = vordere Mitte. Von der Mitte aus abzählen, wo mit dem Zählmuster zu beginnen ist

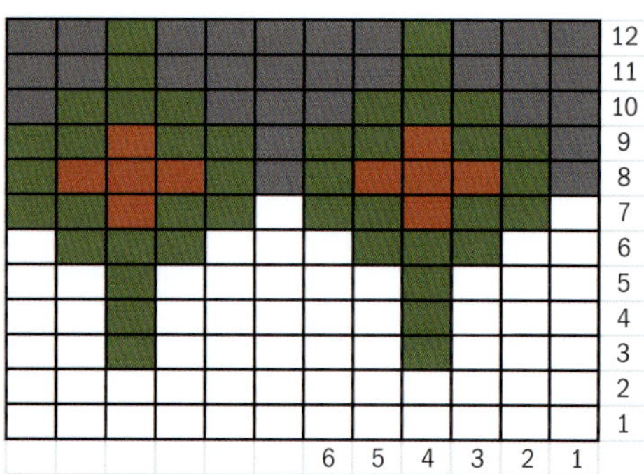

3 Für Größe 1 Jahr überspringen
2 Für Größe 1 (2) 4 Jahre überspringen
1 M-Zahl auf 216 (234) 252 (270) 288 (318) M anpassen

4 = vordere Mitte. Von der Mitte aus abzählen, wo mit dem Zählmuster zu beginnen ist

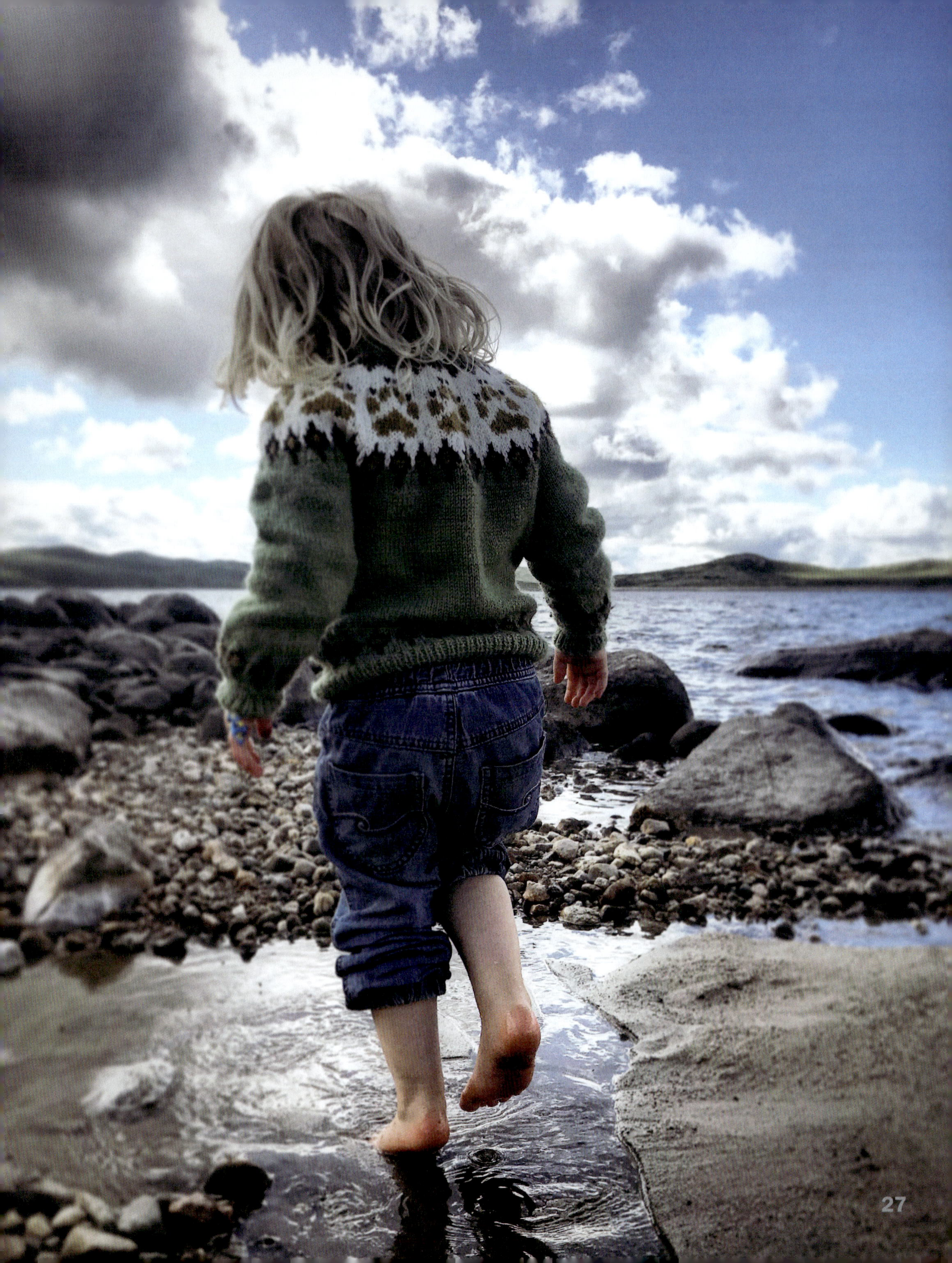

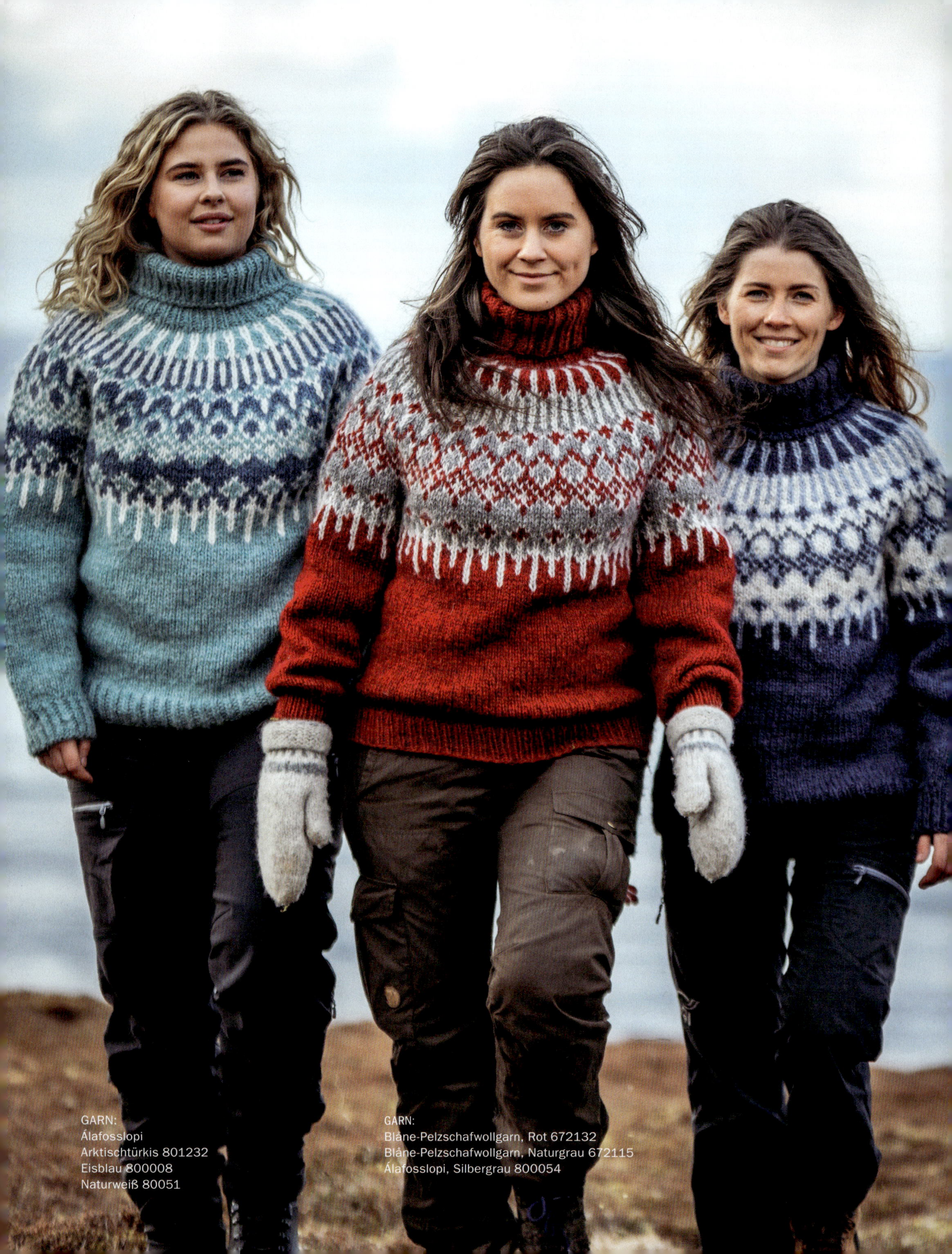

GARN:
Álafosslopi
Arktischtürkis 801232
Eisblau 800008
Naturweiß 80051

GARN:
Blåne-Pelzschafwollgarn, Rot 672132
Blåne-Pelzschafwollgarn, Naturgrau 672115
Álafosslopi, Silbergrau 800054

Føyka

Als dieses Buch entstand, gab es eine Phase, in der meine Kreativität ins Stocken geriet und ich mich uninspiriert und leer fühlte. Das erzählte ich meiner Redakteurin. Sie schlug vor, dass ich einen Pullover entwerfen könnte, der Føyka heißen sollte. Sie hat einen English Setter, der Føyka (dt. »Gestöber«) heißt und sie wusste, dass ich den Namen mochte. Das Schneegestöber wurde deshalb der Ausgangspunkt für diesen Pullover. Ich begann zu stricken und die Inspiration kam wie ein Blitz zu mir zurück. Ich bin dankbar für meine Blockade, denn sonst gäbe es diesen Pullover nicht.

Føyka-Pullover

Größen
S (M) L (XL) XXL

Maschenprobe
13 M mit Nadel Nr. 6 = 10 cm

Garn
Álafosslopi

Garnalternative: Blåne-Pelzschafwollgarn und/oder Troll von Hillesvåg Ullvarefabrikk

Garnmenge
Königsblau (809959): 500 (600) 600 (700) 700 g
Eisblau (800008): 200 (200) 200 (200) 200 g
Silbergrau (800054): 200 (200) 200 (200) 200 g

Stricknadeln
Nadelspiel Nr. 4,5 und 6
Rundstricknadel Nr. 4,5 und 6, 40 cm lang
Rundstricknadel Nr. 4,5 und 6, 80 cm lang

Pullovermaße
Ärmellänge Damen: 47 (48) 49 (50) 51 cm
Ärmellänge Herren: 50 (51) 52 (53) 54 cm
Brustumfang (Damen und Herren):
93 (101) 110 (120) 129 cm
Rumpflänge Damen: 41 (42) 43 (44) 45 cm
Rumpflänge Herren: 43 (44) 45 (46) 47 cm

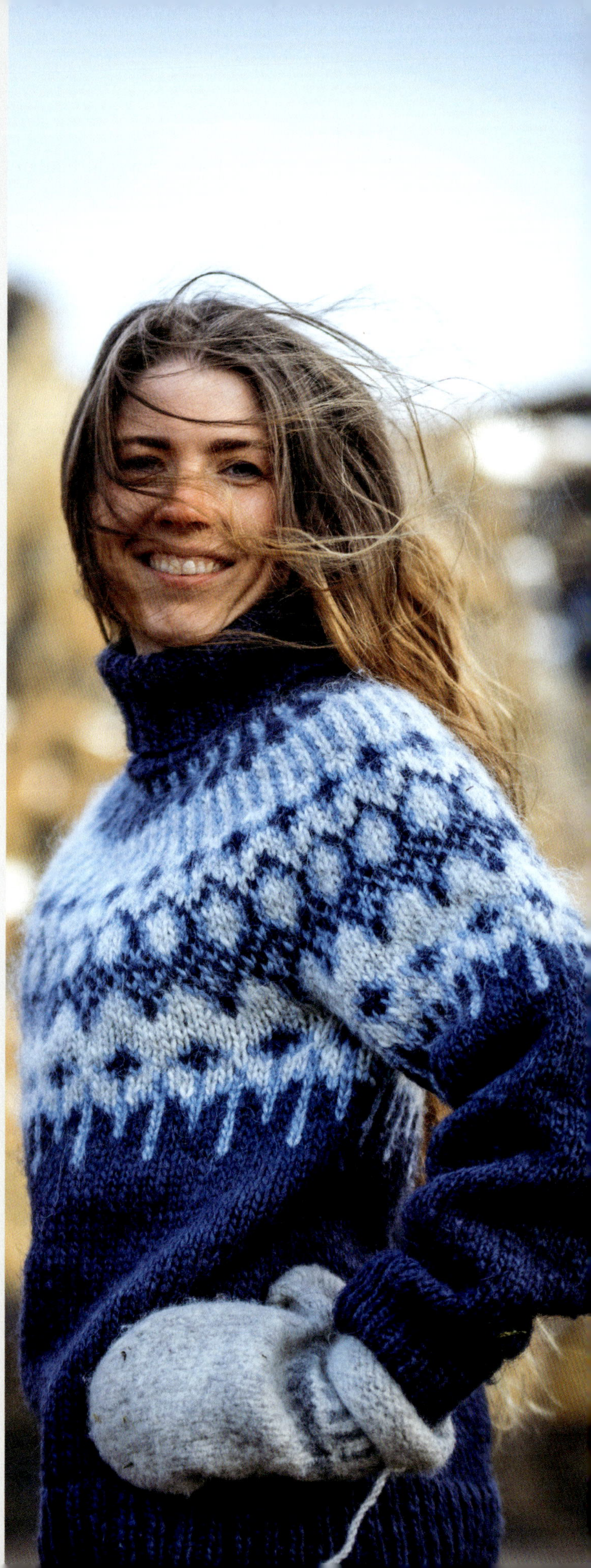

RUMPF

120 (132) 144 (156) 168 M in Königsblau mit Rundstricknadel Nr. 4,5 anschlagen und für das Bündchen 7 cm im 1/1-Rippenmuster (= 1 M rechts, 1 M links im Wechsel) str. Zu Nadel Nr. 6 wechseln (ab jetzt wird glatt rechts gearbeitet) und am Rd-Beginn einen M-Markierer setzen. In Königsblau weiterstr, bis die Arbeit 29 (30) 31 (32) 33 cm für Damen bzw. 31 (32) 33 (34) 35 cm für Herren misst. Nach Zählmuster A str (wer fest strickt, wählt für das Muster eine Nadelstärke größer). Der Rumpf sollte nun 41 (42) 43 (44) 45 cm für Damen bzw. 43 (44) 45 (46) 47 cm für Herren lang sein. Nach 60 (66) 72 (78) 84 M einen M-Markierer setzen, sodass nun auf beiden Seiten ein Markierer ist (Vorder- und Rückenteil sind eingeteilt). Für die Armausschnitte 7 (9) 12 (11) 11 M auf jeder Seite auf einem Faden oder M-Halter stilllegen. Die Arbeit beiseitelegen und die Ärmel str.

ÄRMEL

34 (36) 38 (42) 42 M in Königsblau mit Nadelspiel Nr. 4,5 anschlagen und 7 cm im 1/1-Rippenmuster str. Zu Nadelspiel Nr. 6 wechseln (ab jetzt wird glatt rechts gearbeitet) und in der 1. Rd gleichmäßig verteilt 4 M zun = 38 (40) 42 (46) 46 M. Die mittlere M unter dem Ärmel mit einem M-Markierer kennzeichnen und alle 2,5 (2,5) 2,5 (3) 3 cm jeweils vor und nach dieser markierten Mittel-M 1 M zun, bis insgesamt 54 (54) 60 (60) 60 M vorhanden sind. Ohne Zun in Königsblau weiterstr, bis der Ärmel 35 (36) 37 (38) 39 cm für Damen bzw. 38 (39) 40 (41) 42 cm für Herren misst. Nun nach Zählmuster A str (evtl. die Nadelstärke wechseln). Der Ärmel sollte nun 47 (48) 49 (50) 51 cm für Damen bzw. 50 (51) 52 (53) 54 cm für Herren lang sein. Die mittleren 8 (9) 12 (10) 10 M unter dem Ärmel auf einem Faden oder M-Halter stilllegen.

Den zweiten Ärmel ebenso str.

RUNDPASSE

Die Ärmel-M auf die Rundstricknadel mit den Rumpf-M str. Dabei einen M-Markierer am ersten Übergang zwischen Ärmel und Rumpf setzen = Rd-Beginn. Es liegen nun 198 (204) 216 (234) 246 M auf der Nadel. Nach Zählmuster B für die Rundpasse str (evtl. die Nadelstärke wechseln) und dabei wie gekennzeichnet abn.

ROLLKRAGEN

20 cm in Königsblau mit Nadel Nr. 4,5 im 2/2-Rippenmuster (= 2 M rechts, 2 M links im Wechsel) str. Dann alle M locker abk.

FERTIGSTELLEN

Siehe Seite 25.

Zählmuster A (Ärmel und Rumpf)

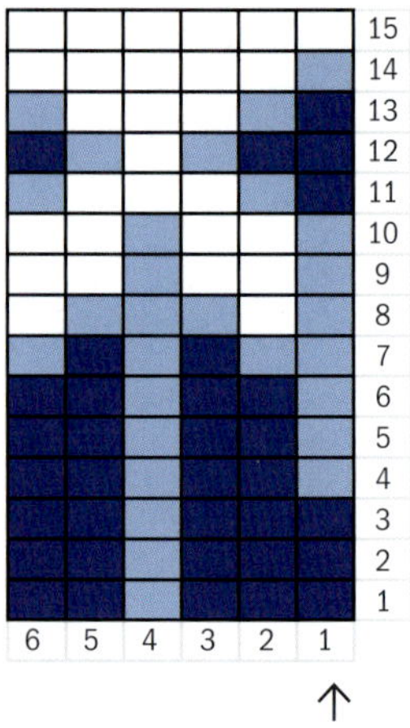

1 = vordere Mitte Ärmel sowie Vorder- und Rückenteil. Von der Mitte aus abzählen, wo mit dem Zählmuster zu beginnen ist

Zählmuster B (Rundpasse)

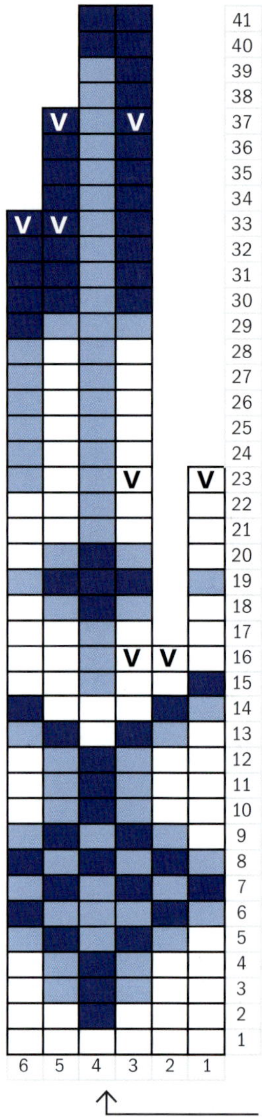

41 M-Zahl auf 72 (76) 80 (84) 84 M anpassen

37 Wie gekennzeichnet abn = 66 (68) 72 (78) 82 M

35 Für Größe S überspringen

33 Wie gekennzeichnet abn = 99 (102) 108 (117) 123 M

30 Für Größe S überspringen

23 Wie gekennzeichnet abn = 132 (136) 144 (156) 164 M

22 Für Größe S, M überspringen

16 Wie gekennzeichnet abn = 165 (170) 180 (195) 205 M

11 Für Größe S, M, L überspringen

3 Für Größe S, M, L überspringen

1 198 (204) 216 (234) 246 M

4 = vordere Mitte Ärmel und Vorder- und Rückenteil. Von der Mitte aus abzählen, wo mit dem Zählmuster zu beginnen ist

VV = 2 M rechts zusstr
V = 1 M

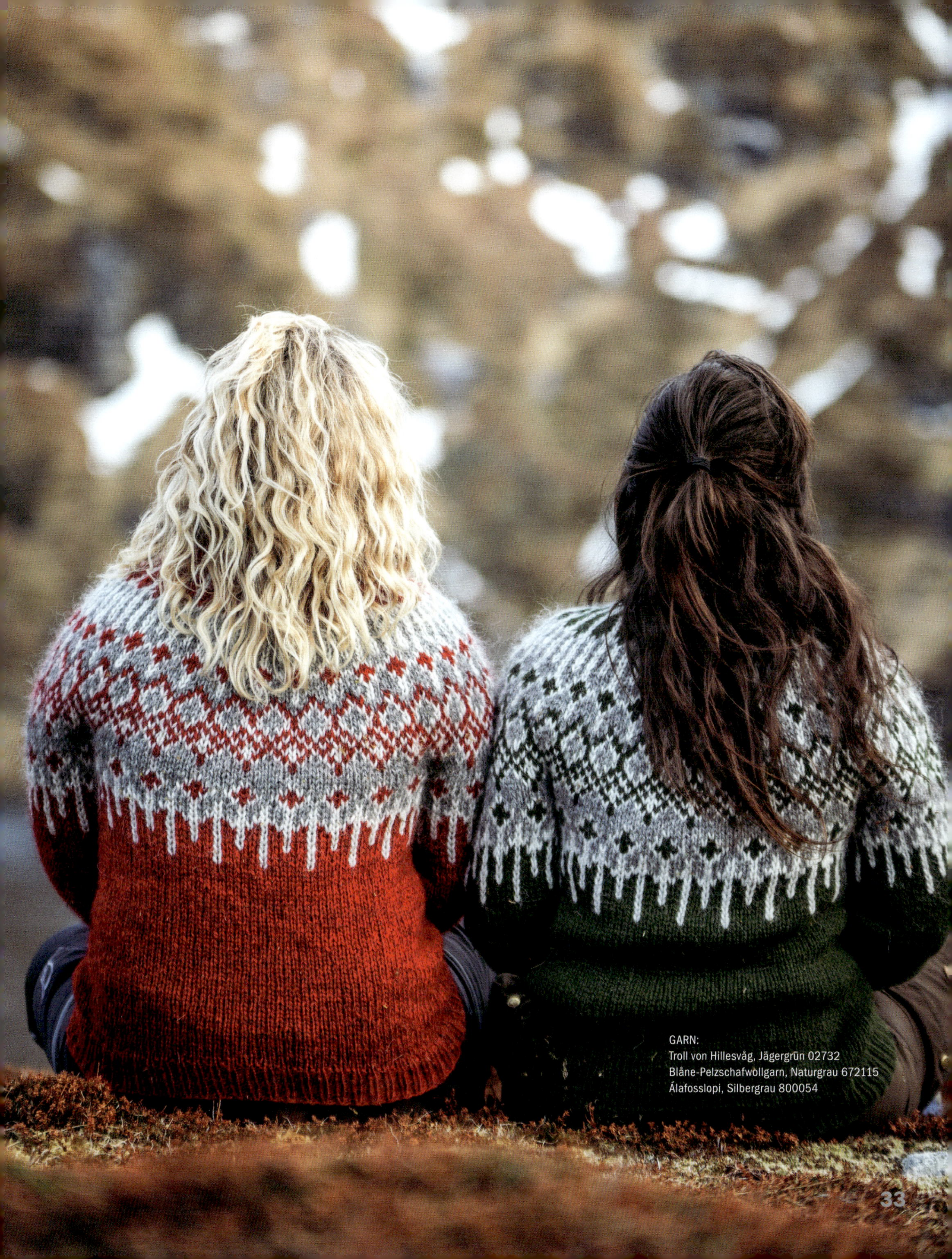

GARN:
Troll von Hillesvåg, Jägergrün 02732
Blåne-Pelzschafwollgarn, Naturgrau 672115
Álafosslopi, Silbergrau 800054

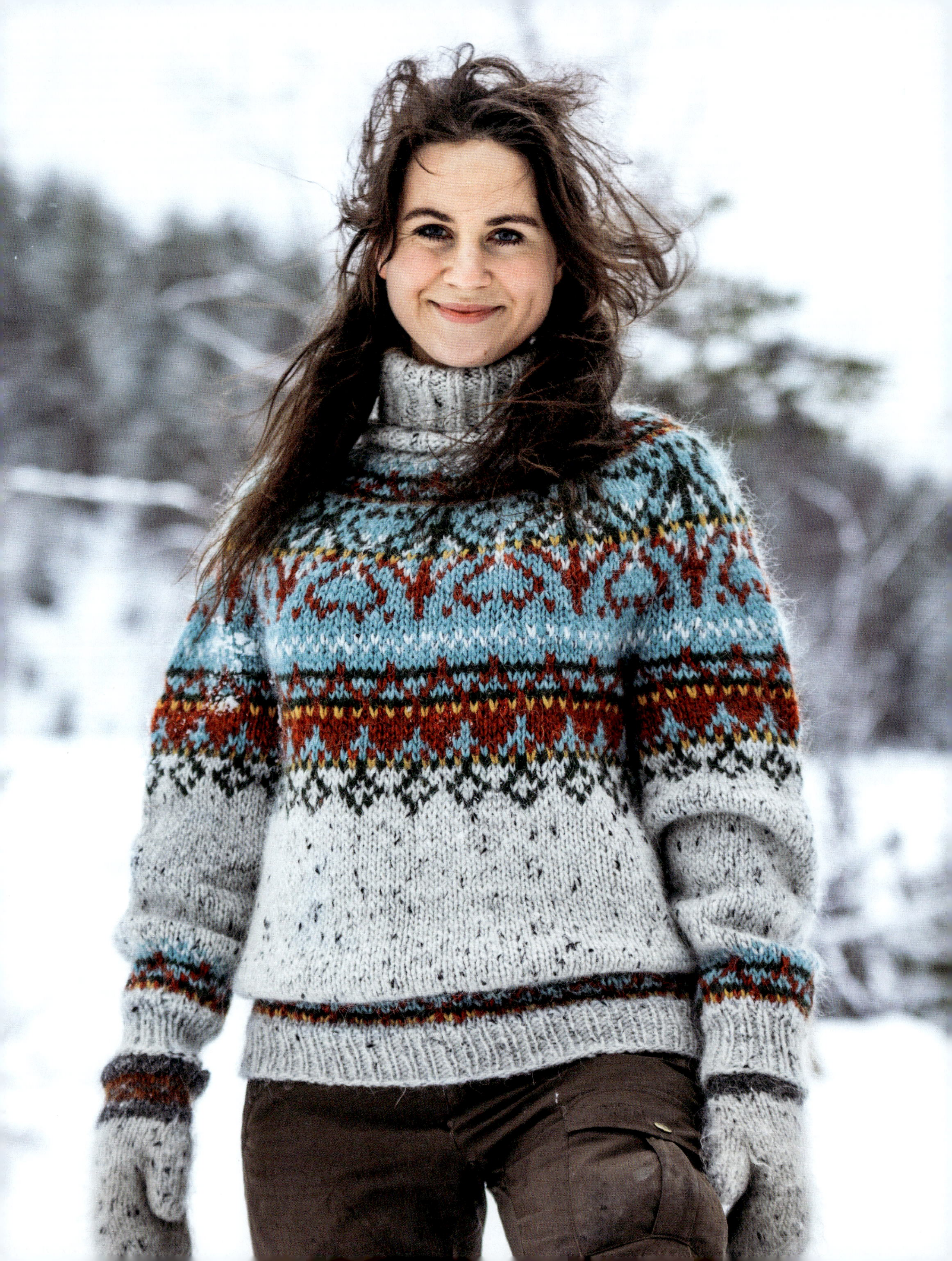

Alasuq

Ich bin in Oslo aufgewachsen, in der Nachbarschaft des Abenteurers Helge Ingstad. Ich habe gern seine Tochter Benedicte und seine Enkelin Marit besucht, die dort zusammen mit einem Rudel Huskys lebten. Einer meiner Lieblingshunde hieß Alasuq.
Dieser Pullover ist eine kleine Herausforderung, denn Teile des Einstrickmusters werden mit drei Farben, also drei Fäden, in einer Runde gearbeitet. Aber der Pullover ist so schön, dass es den Zeitaufwand wert ist. Es gibt Alasuq in einer dünnen und einer dicken Polarvariante.

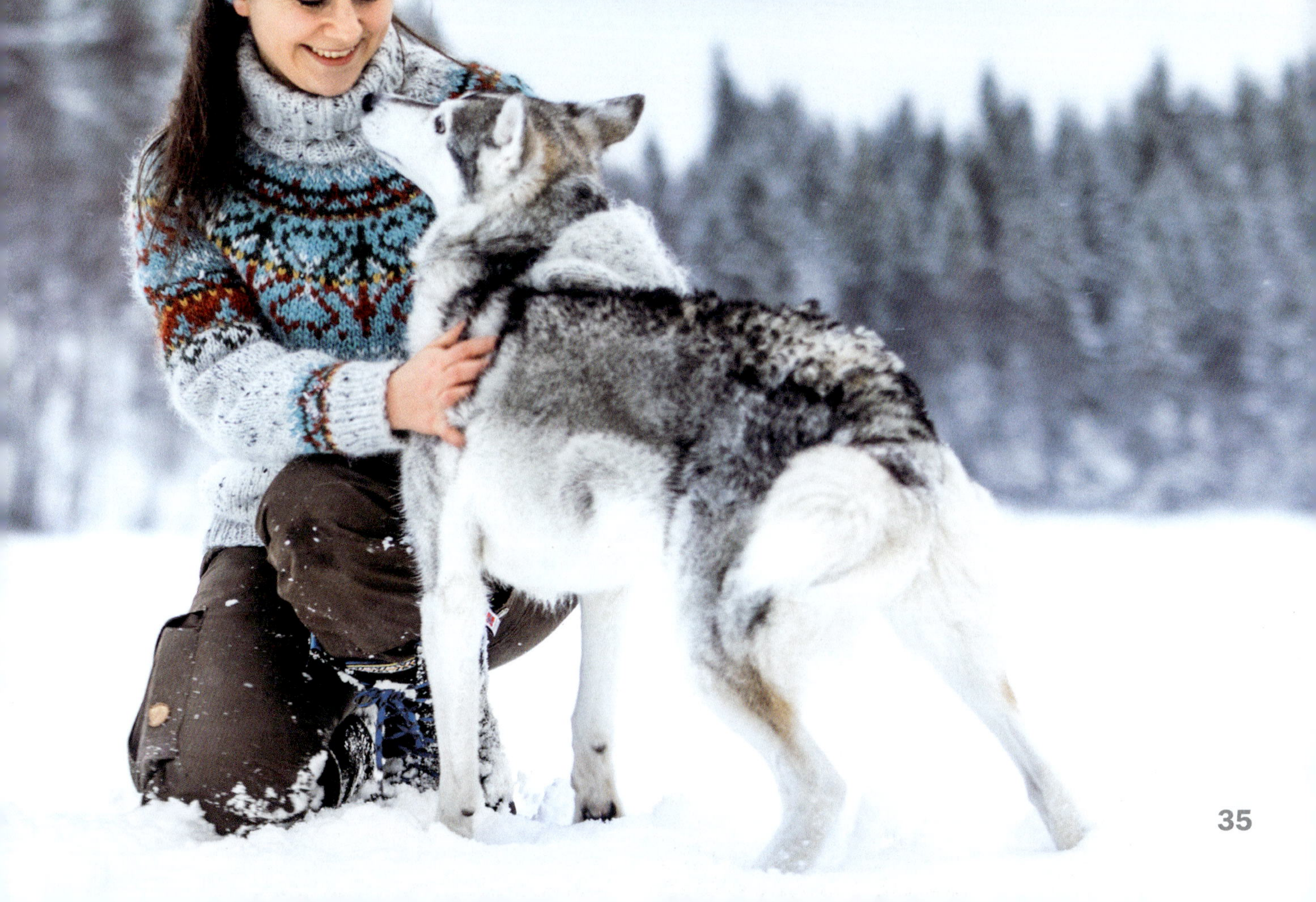

GARN:
Álafosslopi,
Hellgrau Tweed (809974)
Glutorange (801236)
Honiggelb meliert (809964)
Zypressengrün meliert (809966)
Arktischtürkis (801232)

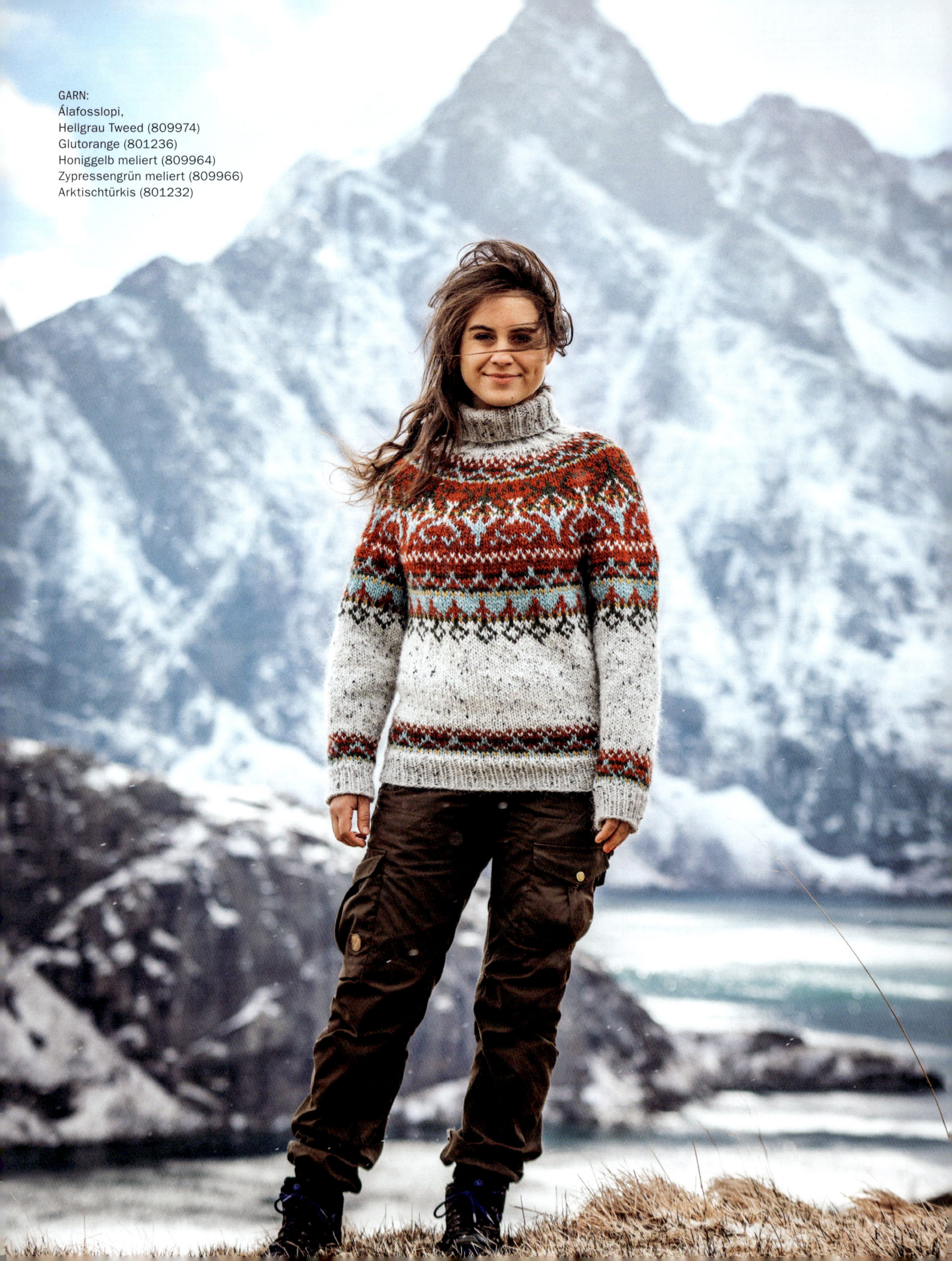

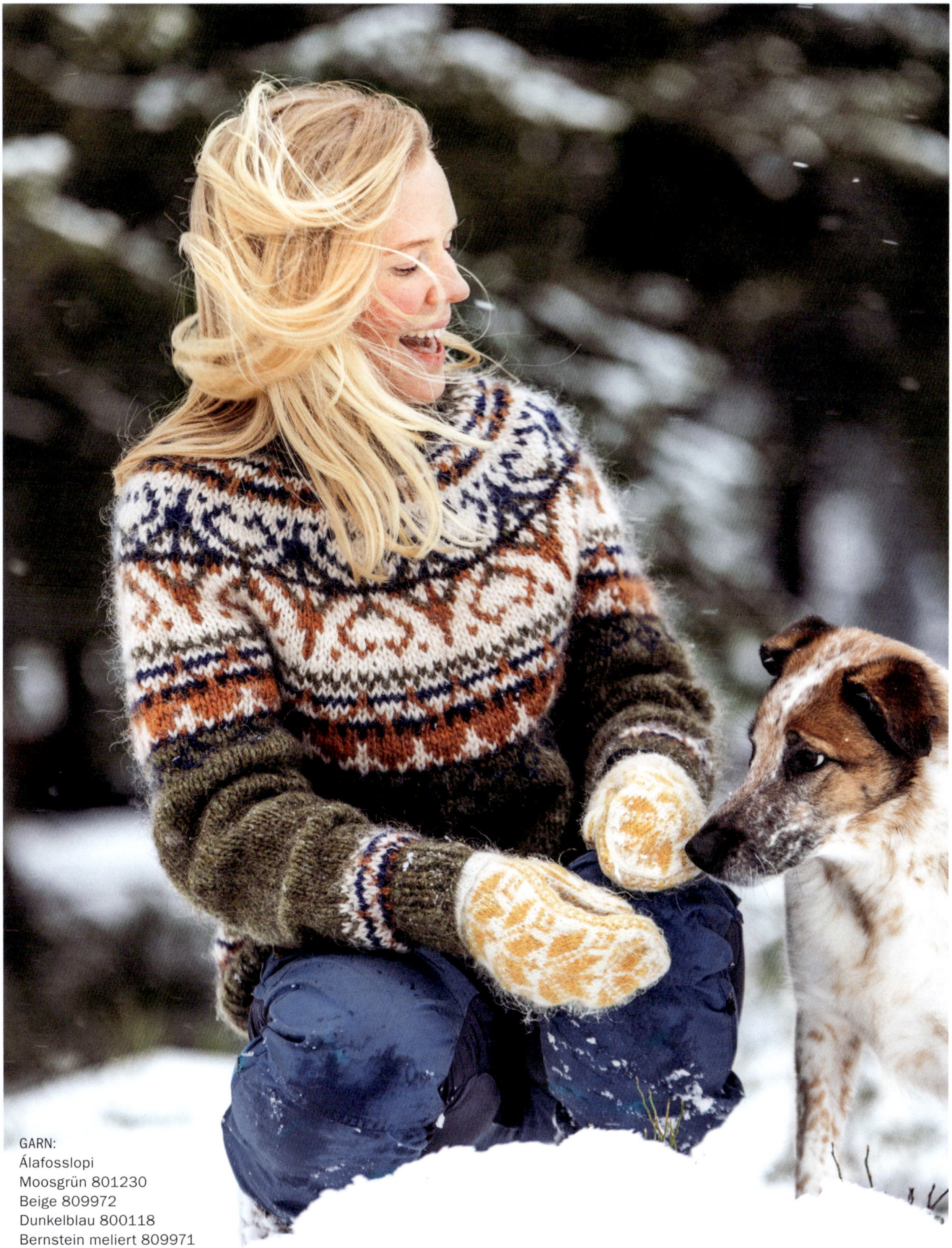

GARN:
Álafosslopi
Moosgrün 801230
Beige 809972
Dunkelblau 800118
Bernstein meliert 809971
Schokoladenbraun 800867

Alasuq Polar

Größen
S (M) L (XL) XXL

Maschenprobe
13 M mit Nadel Nr. 6 = 10 cm

Garn
Álafosslopi

Garnmenge
Hellgrau Tweed (809974): 500 (500) 600 (700) 700 g
Glutorange (801236): 100 (100) 200 (200) 200 g
Honiggelb meliert (809964): 100 g
Zypressengrün meliert (809966): 100 g
Arktischtürkis (801232): 200 g

Stricknadeln
Nadelspiel Nr. 4,5 und 6
Rundstricknadel Nr. 4,5 und 6, 40 cm lang
Rundstricknadel Nr. 4,5 und 6, 80 cm lang

Pullovermaße
Ärmellänge Damen: 47 (48) 49 (50) 51 cm
Ärmellänge Herren: 50 (51) 52 (53) 54 cm
(oder die gewünschte Länge)
Brustumfang (Damen und Herren):
93 (101) 110 (120) 130 cm
Rumpflänge Damen: 41 (42) 43 (44) 45 cm
Rumpflänge Herren: 43 (44) 45 (46) 47 cm
(oder die gewünschte Länge)

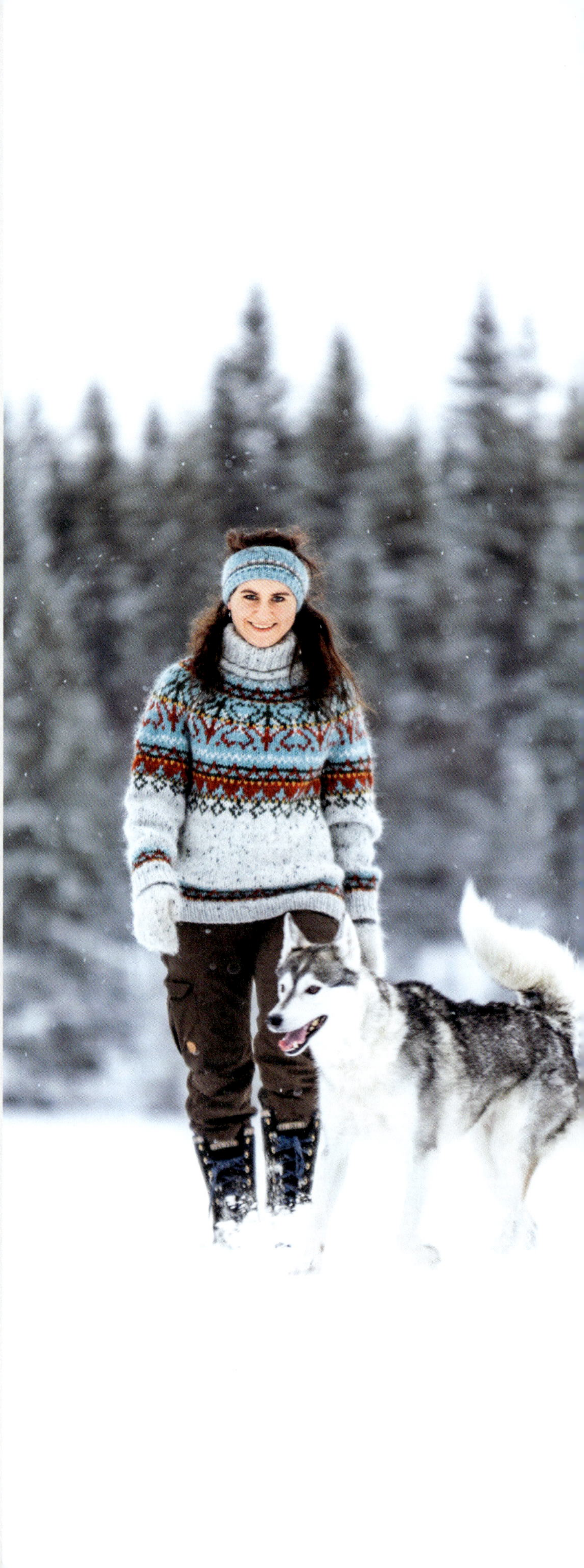

RUMPF

120 (132) 144 (156) 168 M in Hellgrau Tweed mit Rundstricknadel Nr. 4,5 anschlagen und für das Bündchen 7 cm im 1/1-Rippenmuster (= 1 M rechts, 1 M links im Wechsel) str. Am Rd-Beginn einen M-Markierer setzen. Zu Nadel Nr. 6 wechseln (ab jetzt wird glatt rechts gearbeitet) und nach Zählmuster A str (wer fest strickt, wählt für das Muster eine Nadelstärke größer). Dann in Hellgrau Tweed weiterstr, bis die Arbeit 30 (31) 32 (33) 34 cm für Damen bzw. 32 (33) 34 (35) 36 cm für Herren misst. Nach Zählmuster B str (evtl. die Nadelstärke wechseln). Der Rumpf sollte nun 41 (42) 43 (44) 45 cm für Damen bzw. 43 (44) 45 (46) 47 cm für Herren lang sein. Nach 60 (66) 72 (78) 84 M einen M-Markierer setzen, sodass nun auf beiden Seiten ein Markierer ist (Vorder- und Rückenteil sind eingeteilt). Für die Armausschnitte 7 (9) 12 (11) 11 M auf jeder Seite auf einem Faden oder M-Halter stilllegen.
Die Arbeit beiseitelegen und die Ärmel str.

ÄRMEL

34 (36) 38 (42) 42 M in Hellgrau Tweed mit Nadelspiel Nr. 4,5 anschlagen und 7 cm im 1/1-Rippenmuster str. Zu Nadelspiel Nr. 6 wechseln (ab jetzt wird glatt rechts gearbeitet) und in der 1. Rd gleichmäßig verteilt 2 (6) 4 (6) 6 M zun = 36 (42) 42 (48) 48 M. Nach Zählmuster A str (evtl. die Nadelstärke wechseln) und dann in Hellgrau Tweed weiterarbeiten. Die mittlere M unter dem Ärmel mit einem M-Markierer kennzeichnen und alle 2 cm jeweils vor und nach dieser markierten Mittel-M 1 M zun, bis insgesamt 54 (54) 60 (60) 60 M vorhanden sind. Ohne Zun in Hellgrau Tweed weiterstr, bis der Ärmel 36 (37) 38 (39) 40 cm für Damen bzw. 39 (40) 41 (42) 43 cm für Herren misst. Nun nach Zählmuster B str (evtl. die Nadelstärke wechseln). Der Ärmel sollte nun 47 (48) 49 (50) 51 cm für Damen bzw. 50 (51) 52 (53) 54 cm für Herren lang sein.
Die mittleren 8 (9) 12 (10) 10 M unter dem Ärmel auf einem Faden oder M-Halter stilllegen.
Den zweiten Ärmel ebenso str.

RUNDPASSE

Die Ärmel-M auf die Rundstricknadel mit den Rumpf-M str. Dabei einen M-Markierer am ersten Übergang zwischen Ärmel und Rumpf setzen = Rd-Beginn. Es liegen nun 198 (204) 216 (234) 246 M auf der Nadel. Nach Zählmuster C für die Rundpasse str (evtl. die Nadelstärke wechseln) und dabei wie gekennzeichnet abn.

ROLLKRAGEN

20 cm in Hellgrau Tweed im 2/2-Rippenmuster (= 2 M rechts, 2 M links im Wechsel) str. Dann alle M locker abk.

FERTIGSTELLEN

Siehe Seite 25.

Zählmuster A

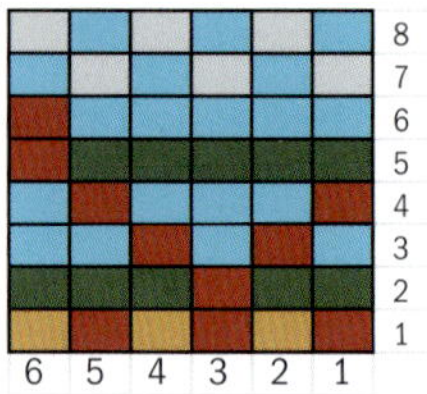

Zählmuster B

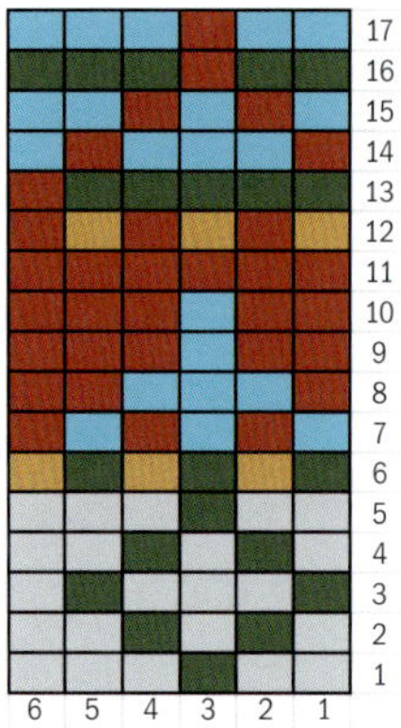

3 = vordere Mitte. Von der Mitte aus abzählen, wo mit dem Zählmuster zu beginnen ist

Zählmuster C (Rundpasse)

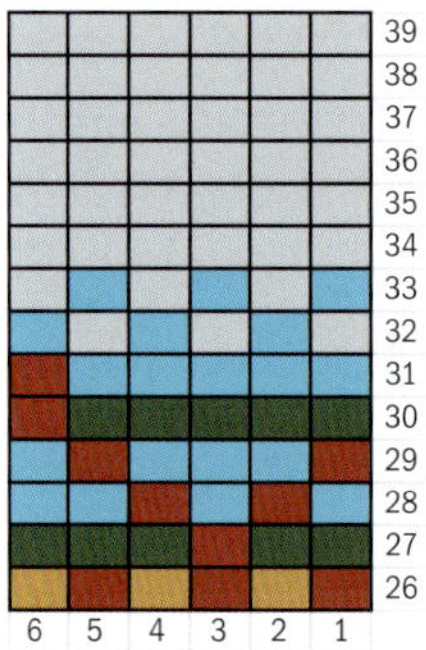

38 Gleichmäßig verteilt 36 (38) 40 (42) 42 M abn = 72 (76) 80 (84) 84 M
37 Für Größe S, M überspringen
36 Für Größe S, M, L überspringen
35 Für Größe S, M, L überspringen

3 = vordere Mitte. Von der Mitte aus abzählen, wo mit dem Zählmuster zu beginnen ist

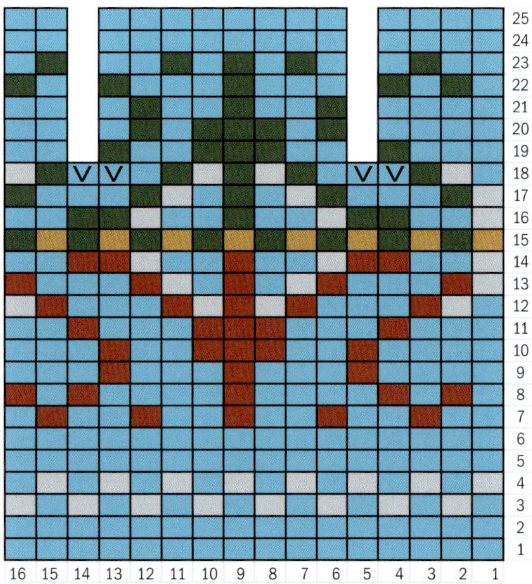

25 Gleichmäßig verteilt 32 (40) 48 (56) 56 M abn = 108 (114) 120 (126) 126 M
18 Wie gekennzeichnet abn = 140 (154) 168 (182) 182 M
6 Gleichmäßig verteilt 38 (28) 24 (26) 38 M abn = 160 (176) 192 (208) 208 M
2 Für Größe S überspringen
1 198 (204) 216 (234) 246 M

9 = vordere Mitte. Von der Mitte aus abzählen, wo mit dem Zählmuster zu beginnen ist

VV = 2 M rechts zusstr
V = 1 M

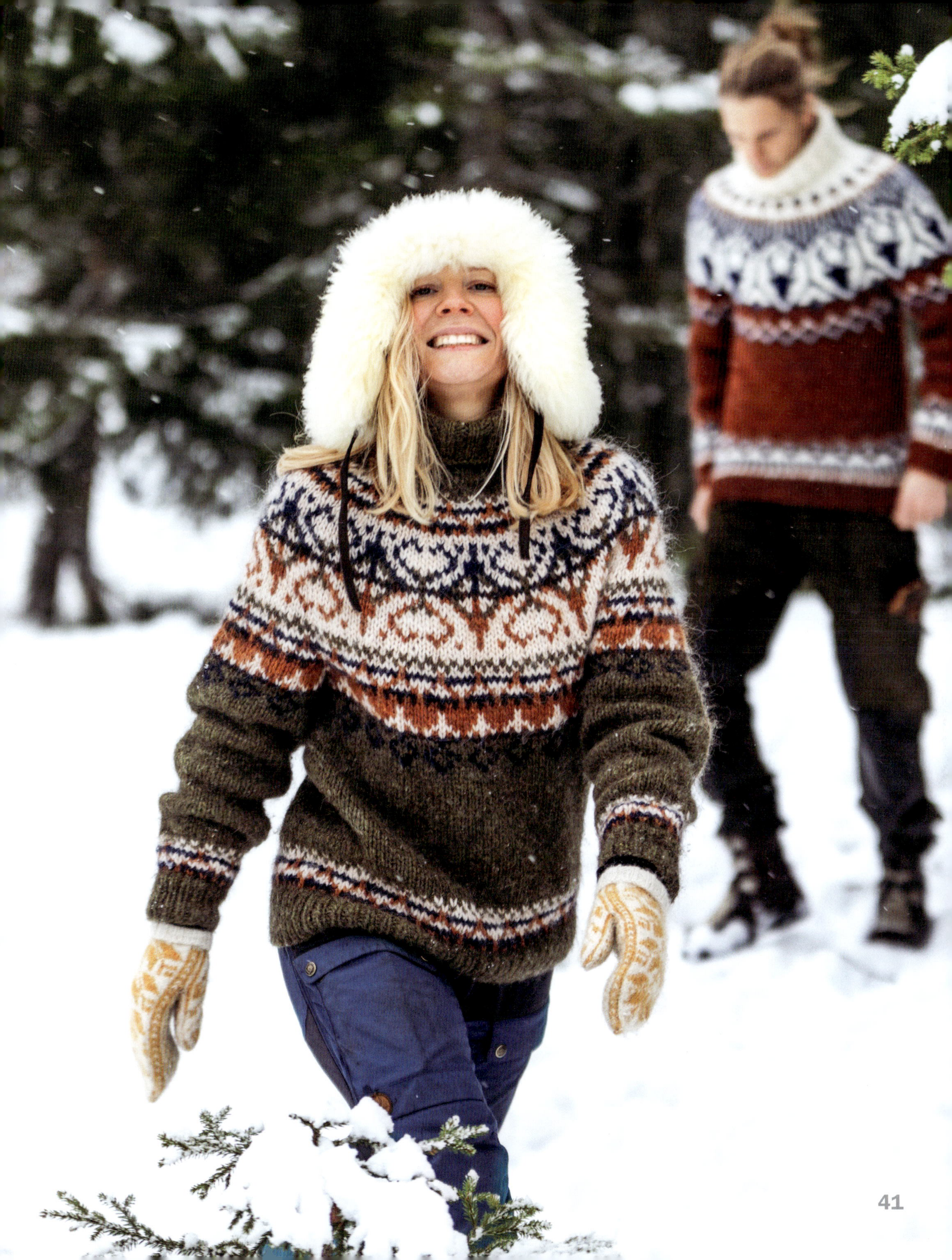

Alasuq dünn

Größen
S (M) L (XL) XXL

Maschenprobe
22 M mit Nadel Nr. 3,5 = 10 cm

Garn
Rauma 3-tråds Strikkegarn

Garnmenge
Hellgrau (103): 400 (400) 450 (500) 550 g
Blau (155): 100 (100) 100 (150) 150 g
Rot (144): 100 (100) 100 (150) 150 g
Gelb (131): 50 g für alle Größen
Grün (15/61): 50 (50) 100 (100) 100 g

Stricknadeln
Nadelspiel Nr. 3 und 3,5
Rundstricknadel Nr. 3 und 3,5, 40 cm lang
Rundstricknadel Nr. 3 und 3,5, 80 cm lang

Pullovermaße
Ärmellänge Damen: 47 (48) 49 (50) 51 cm
Ärmellänge Herren: 50 (52) 53 (54) 55 cm
(oder die gewünschte Länge)
Brustumfang (Damen und Herren):
90 (101) 109 (116) 127 cm
Rumpflänge Damen: 40 (42) 42 (43) 43 cm
Rumpflänge Herren: 44 (45) 46 (47) 47 cm
(oder die gewünschte Länge)

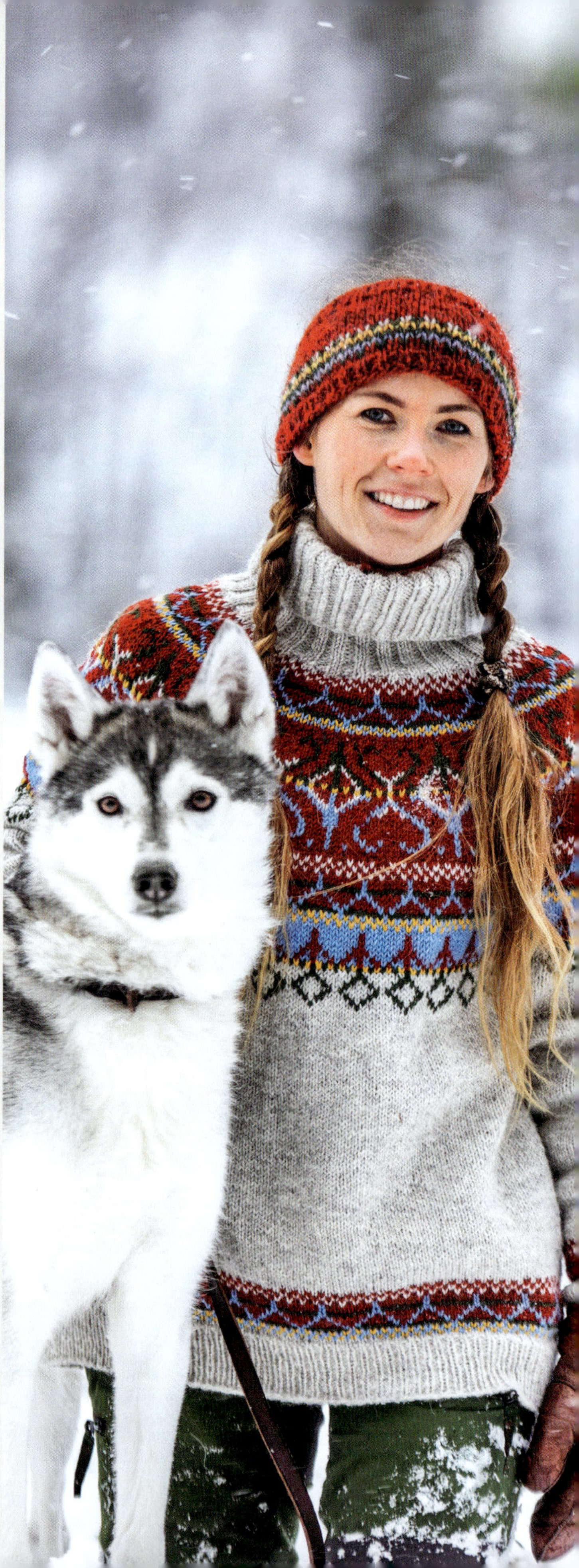

RUMPF

200 (224) 240 (256) 280 M in Hellgrau mit Rundstricknadel Nr. 3 anschlagen und für das Bündchen 6 cm im 1/1-Rippenmuster (= 1 M rechts, 1 M links im Wechsel) str. Am Rd-Beginn einen M-Markierer setzen. Zu Nadel Nr. 3,5 wechseln (ab jetzt wird glatt rechts gearbeitet) und nach Zählmuster A str (wer fest strickt, wählt für das Muster eine Nadelstärke größer). Dann in Hellgrau weiterstr, bis die Arbeit 34 (36) 36 (37) 37 cm für Damen bzw. 38 (39) 40 (41) 41 cm für Herren misst. Nach Zählmuster B str (evtl. die Nadelstärke wechseln). Der Rumpf sollte nun 40 (42) 42 (43) 43 cm für Damen bzw. 44 (45) 46 (47) 47 cm für Herren lang sein. Nach 100 (112) 120 (128) 140 M einen M-Markierer setzen, sodass nun auf beiden Seiten ein Markierer ist (Vorder- und Rückenteil sind eingeteilt). Für die Armausschnitte 11 M auf jeder Seite auf einem Faden oder M-Halter stilllegen (die markierte M und beidseitig davon 5 M).
Die Arbeit beiseitelegen und die Ärmel str.

ÄRMEL

42 (48) 48 (54) 54 M in Hellgrau mit Nadelspiel Nr. 3 anschlagen und 6 cm im 1/1-Rippenmuster str. Zu Nadelspiel Nr. 3,5 wechseln (ab jetzt wird glatt rechts gearbeitet) und in der 1. Rd gleichmäßig verteilt 6 (0) 8 (2) 10 M zun = 48 (48) 56 (56) 64 M. Nach Zählmuster A str (evtl. die Nadelstärke wechseln) und dann in Hellgrau weiterarbeiten. Die mittlere M unter dem Ärmel mit einem M-Markierer kennzeichnen und alle 1,5 (1,5) 1,5 (2) 2 cm jeweils vor und nach dieser markierten Mittel-M 1 M zun, bis insgesamt 80 (80) 88 (88) 88 M vorhanden sind. Ohne Zun in Hellgrau weiterstr, bis der Ärmel 41 (42) 43 (44) 45 cm für Damen bzw. 44 (46) 47 (48) 49 cm für Herren misst. Nun nach Zählmuster B str (evtl. die Nadelstärke wechseln). Der Ärmel sollte nun 47 (48) 49 (50) 51 cm für Damen bzw. 50 (52) 53 (54) 55 cm für Herren lang sein. Die mittleren 11 M unter dem Ärmel auf einem Faden oder M-Halter stilllegen (die markierte M und beidseitig davon 5 M).
Den zweiten Ärmel ebenso str.

RUNDPASSE

Die Ärmel-M auf die Rundstricknadel mit den Rumpf-M str. Dabei einen M-Markierer am ersten Übergang zwischen Ärmel und Rumpf setzen = Rd-Beginn. Es liegen nun 316 (340) 372 (388) 412 M auf der Nadel. Nach Zählmuster C für die Rundpasse str (evtl. die Nadelstärke wechseln) und dabei wie gekennzeichnet abn.

ROLLKRAGEN

Wie für die entsprechende Größe angegeben enden. Es liegen nun 112 (116) 116 (120) 120 M auf der Nadel. Zu Nadel Nr. 3 wechseln und 20 cm im 2/2-Rippenmuster (= 2 M rechts, 2 M links im Wechsel) str. Dann alle M locker abk.

FERTIGSTELLEN

Siehe Seite 25.

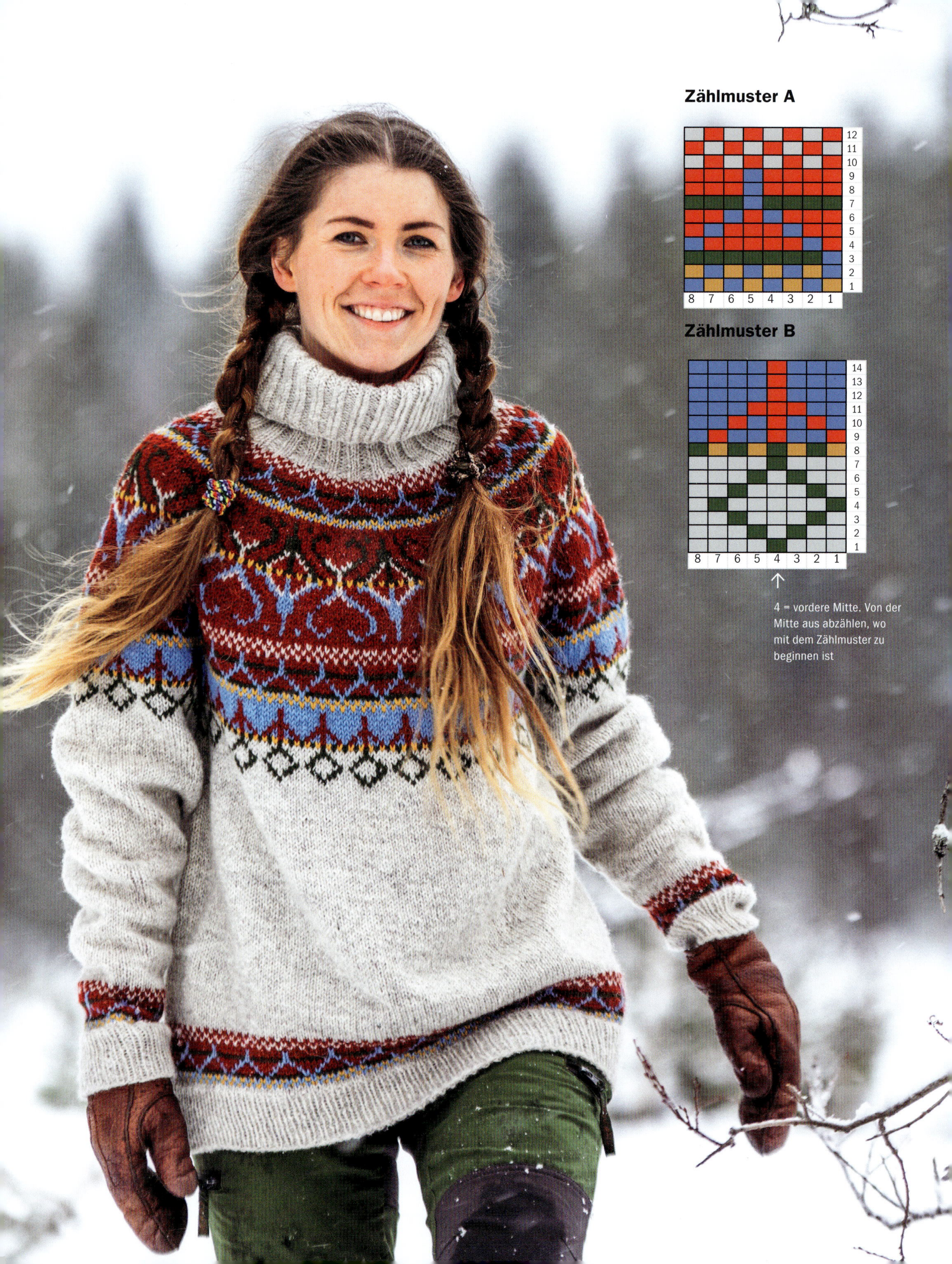

Zählmuster A

12
11
10
9
8
7
6
5
4
3
2
1
8 7 6 5 4 3 2 1

Zählmuster B

14
13
12
11
10
9
8
7
6
5
4
3
2
1
8 7 6 5 4 3 2 1

4 = vordere Mitte. Von der Mitte aus abzählen, wo mit dem Zählmuster zu beginnen ist

Zählmuster C (Rundpasse)

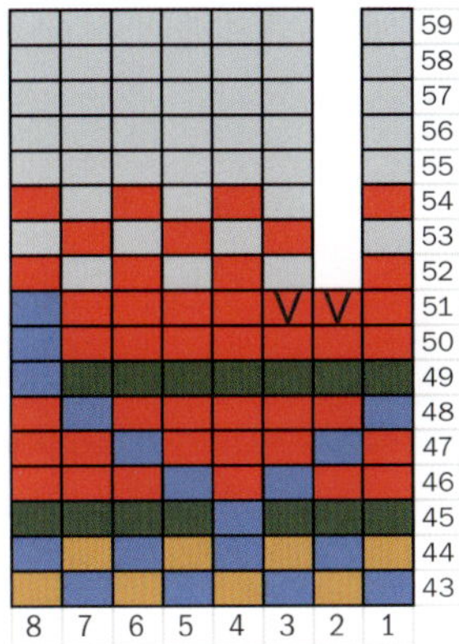

59 Gleichmäßig verteilt 28 (31) 38 (48) 48 M abn = 112 (116) 116 (120) 120 M

57 Für Größe S, M überspringen

56 Für Größe S, M, L überspringen

55 Für Größe S, M, L überspringen

51 Wie gekennzeichnet abn = 140 (147) 154 (168) 168 M

4 = vordere Mitte. Von der Mitte aus abzählen, wo mit dem Zählmuster zu beginnen ist

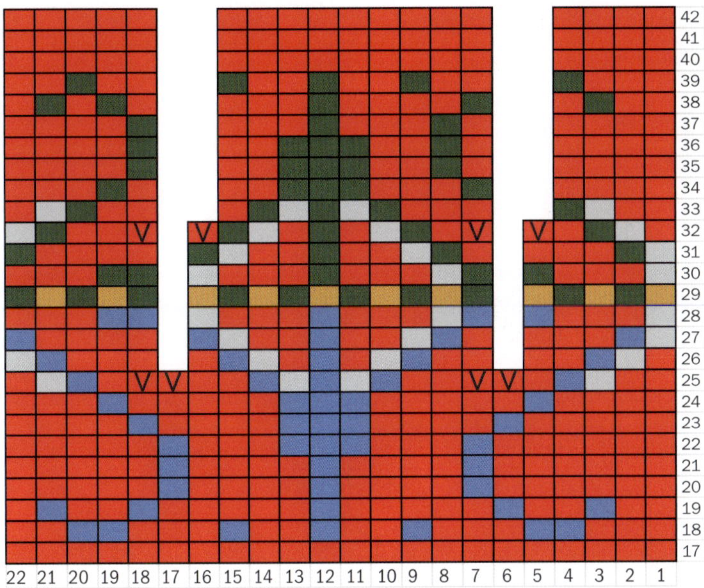

42 Für Größe S, M, L überspringen

41 Gleichmäßig verteilt 56 (66) 76 (78) 96 M abn = 160 (168) 176 (192) 192 M

37 Für Größe S, M überspringen

32 Wie gekennzeichnet abn = 216 (234) 252 (270) 288 M

25 Wie gekennzeichnet abn = 240 (260) 280 (300) 320 M

21 Für Größe S, M überspringen

17 Für Größe S, M, L überspringen

12 = vordere Mitte. Von der Mitte aus abzählen, wo mit dem Zählmuster zu beginnen ist

VV = 2 M rechts zusstr
V = 1 M

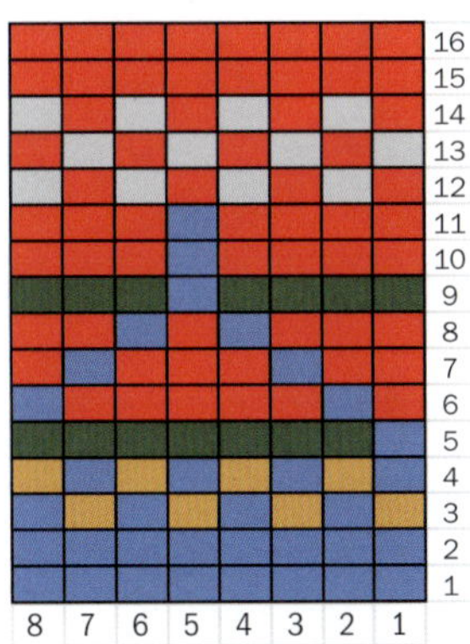

16 Gleichmäßig verteilt 40 (34) 44 (46) 48 M abn = 264 (286) 308 (330) 352 M

2 Gleichmäßig verteilt 12 (20) 20 (12) 12 M abn = 304 (320) 352 (376) 400 M

1 316 (340) 372 (388) 412 M

5 = vordere Mitte. Von der Mitte aus abzählen, wo mit dem Zählmuster zu beginnen ist

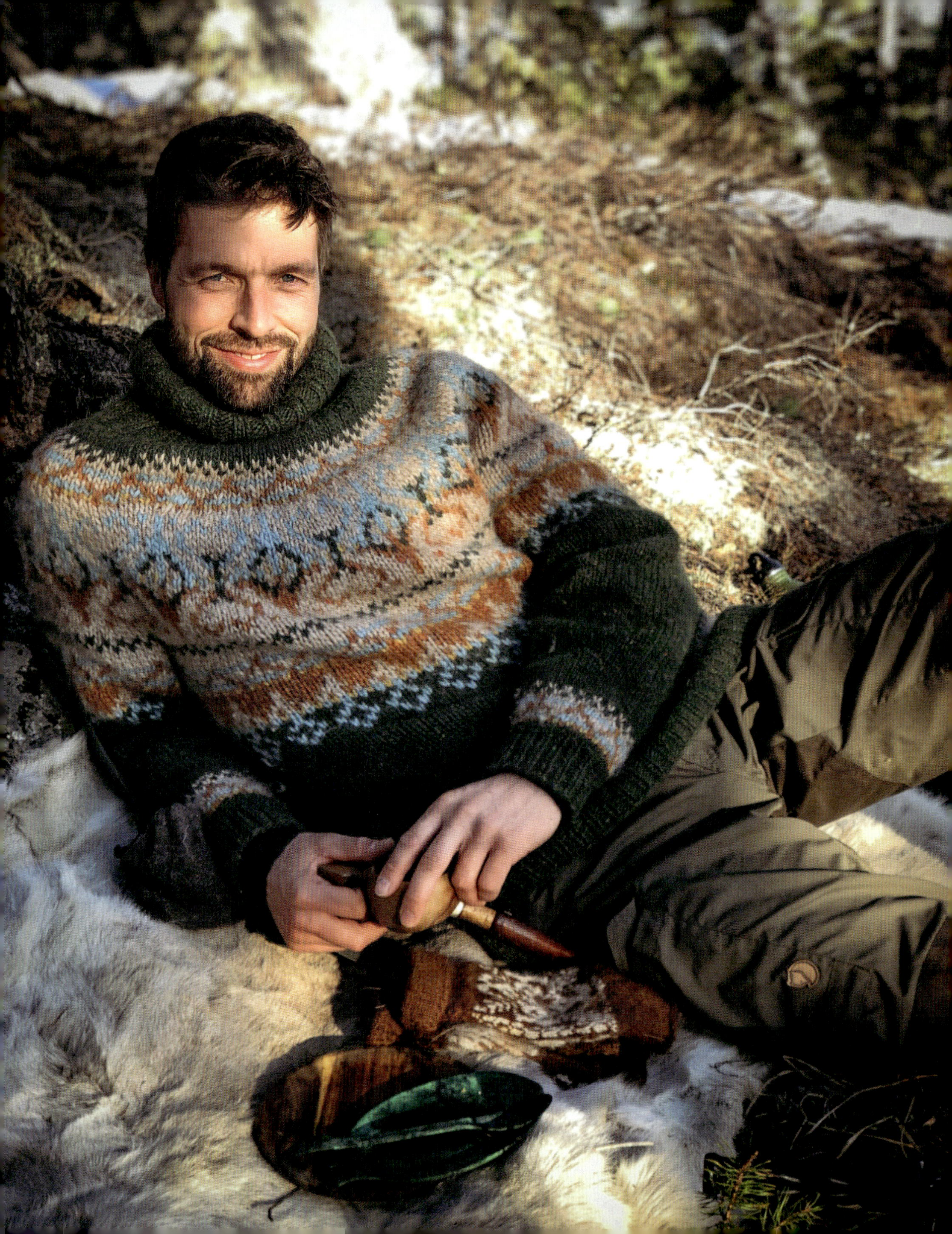

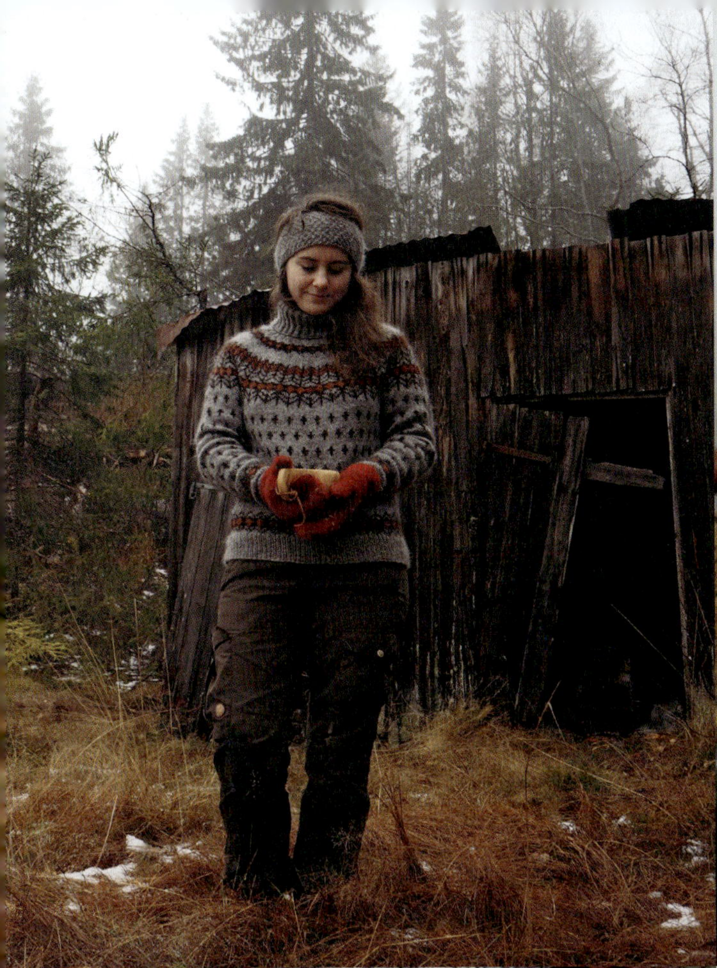
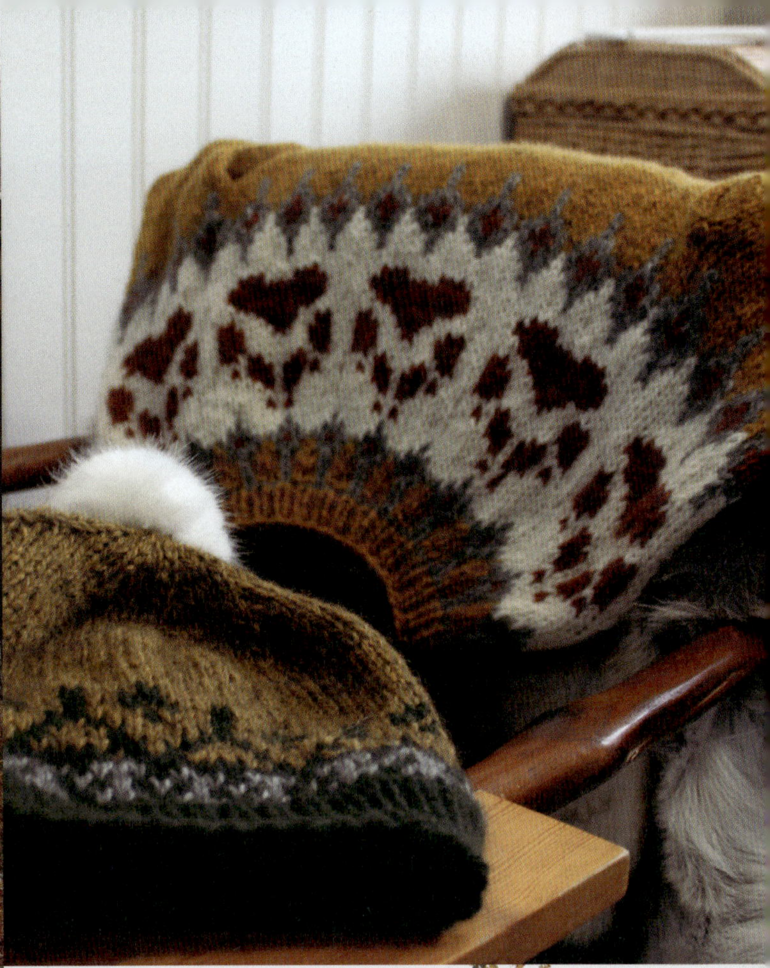
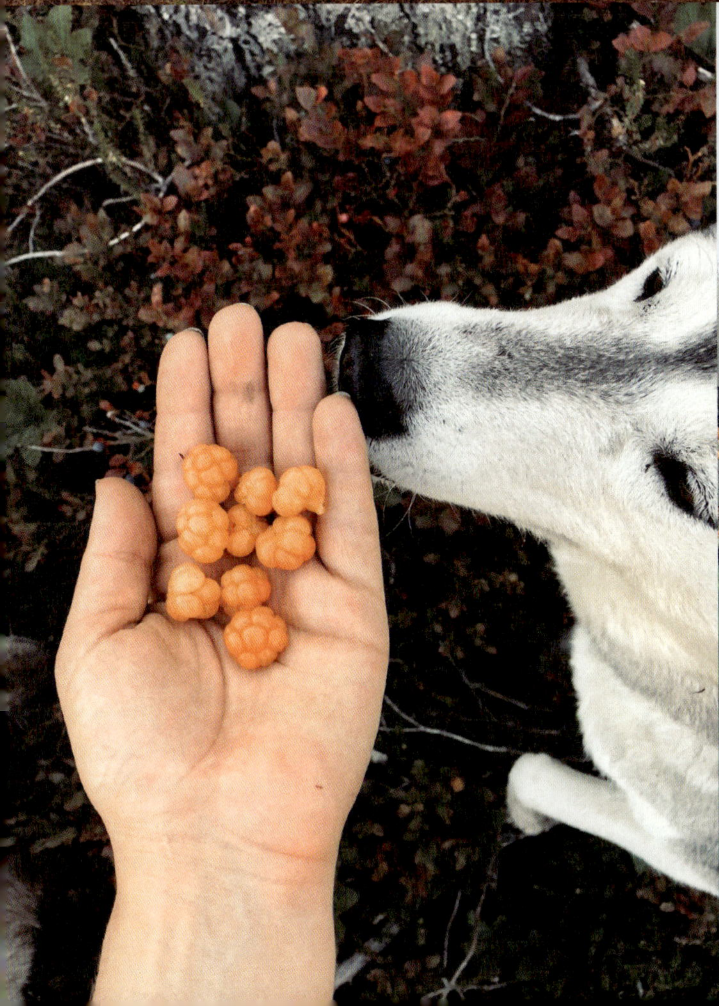
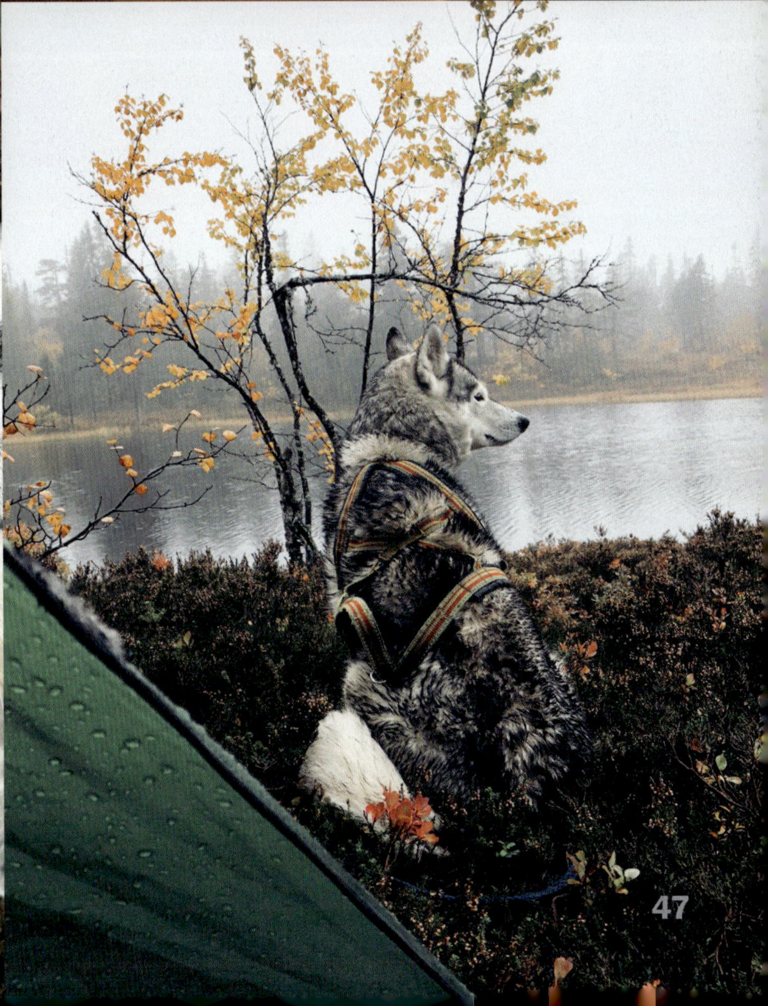

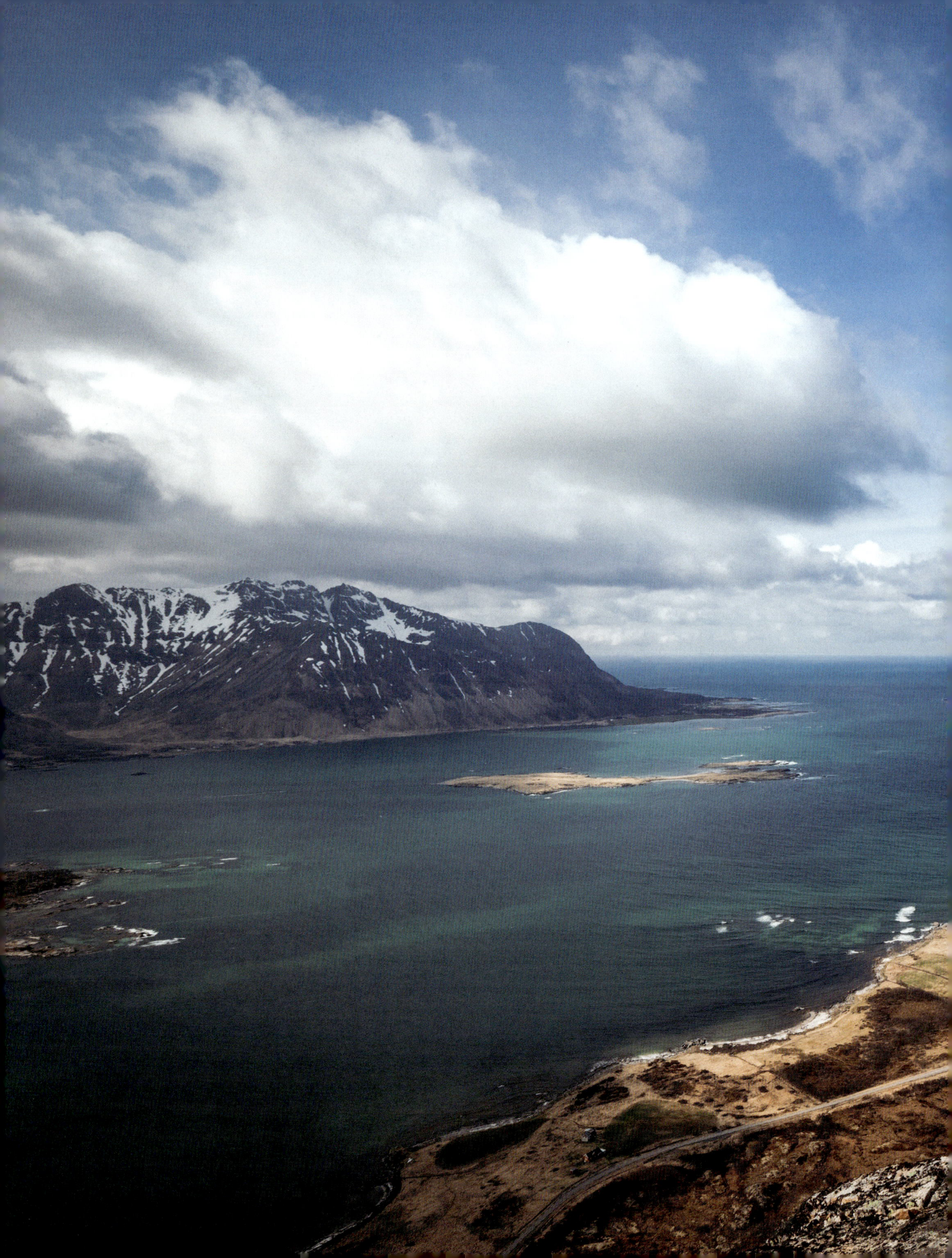

Fjordfolk

Nachdem ich den Wildnispullover aus isländischer Wolle entworfen hatte, wollte ich auch noch eine dünnere Variante anfertigen. Ich liebe traditionelle norwegische Stricksachen und bei diesem Pullover habe ich versucht, mein Pfotenmuster mit dem klassischen Stil zu vereinen. Alle Menschen haben verschiedene Körperformen. Einigen stehen Pullover mit Rundpasse am besten, während andere besser eingesetzte Ärmel tragen können. Alle Fjordfolk-Pullover wurden mit Peer Gynt von Sandnes Garn gestrickt, ein widerstandsfähiges Garn von norwegischen Schafen. Diese Pullover sind so haltbar, dass sie sogar vererbt werden können.

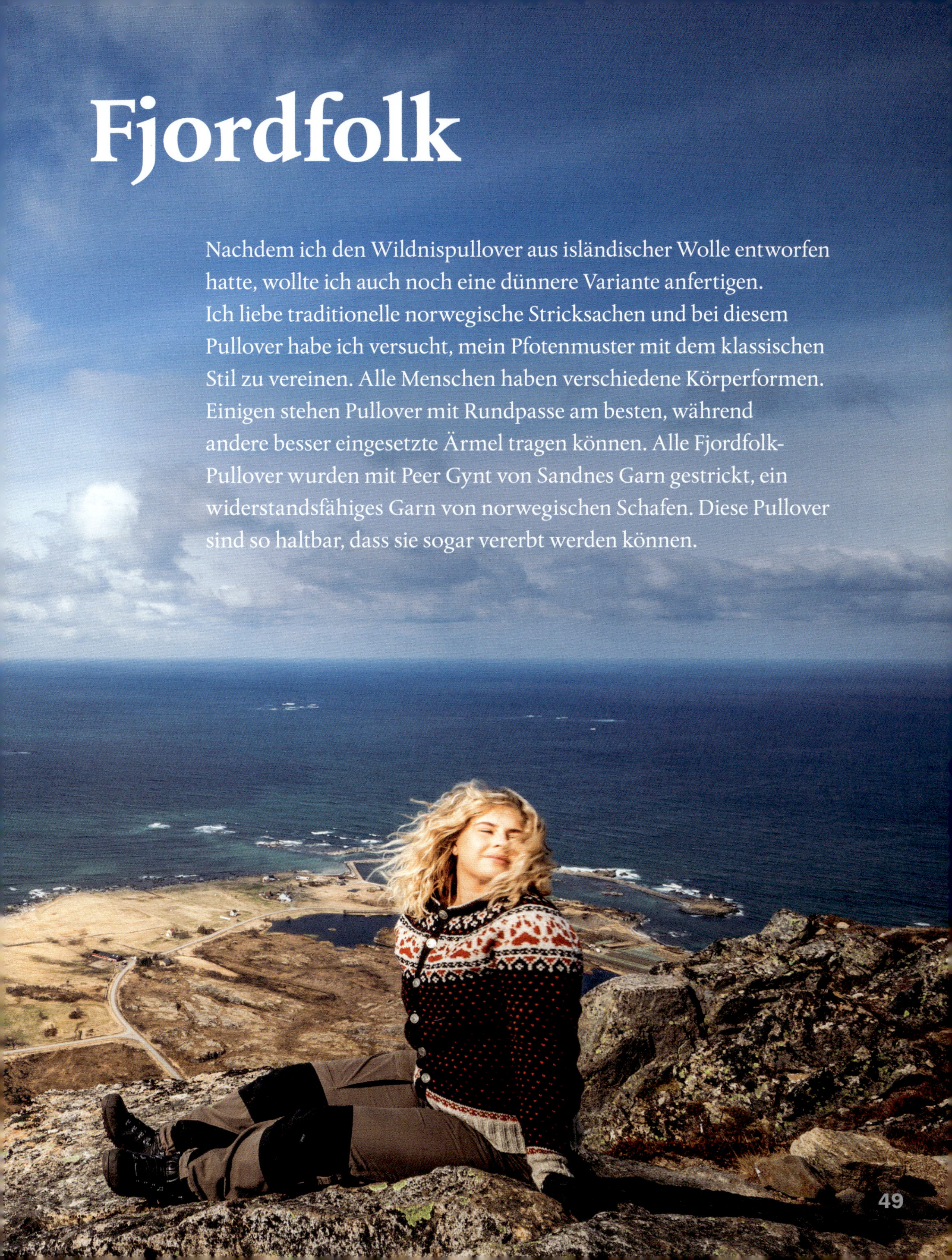

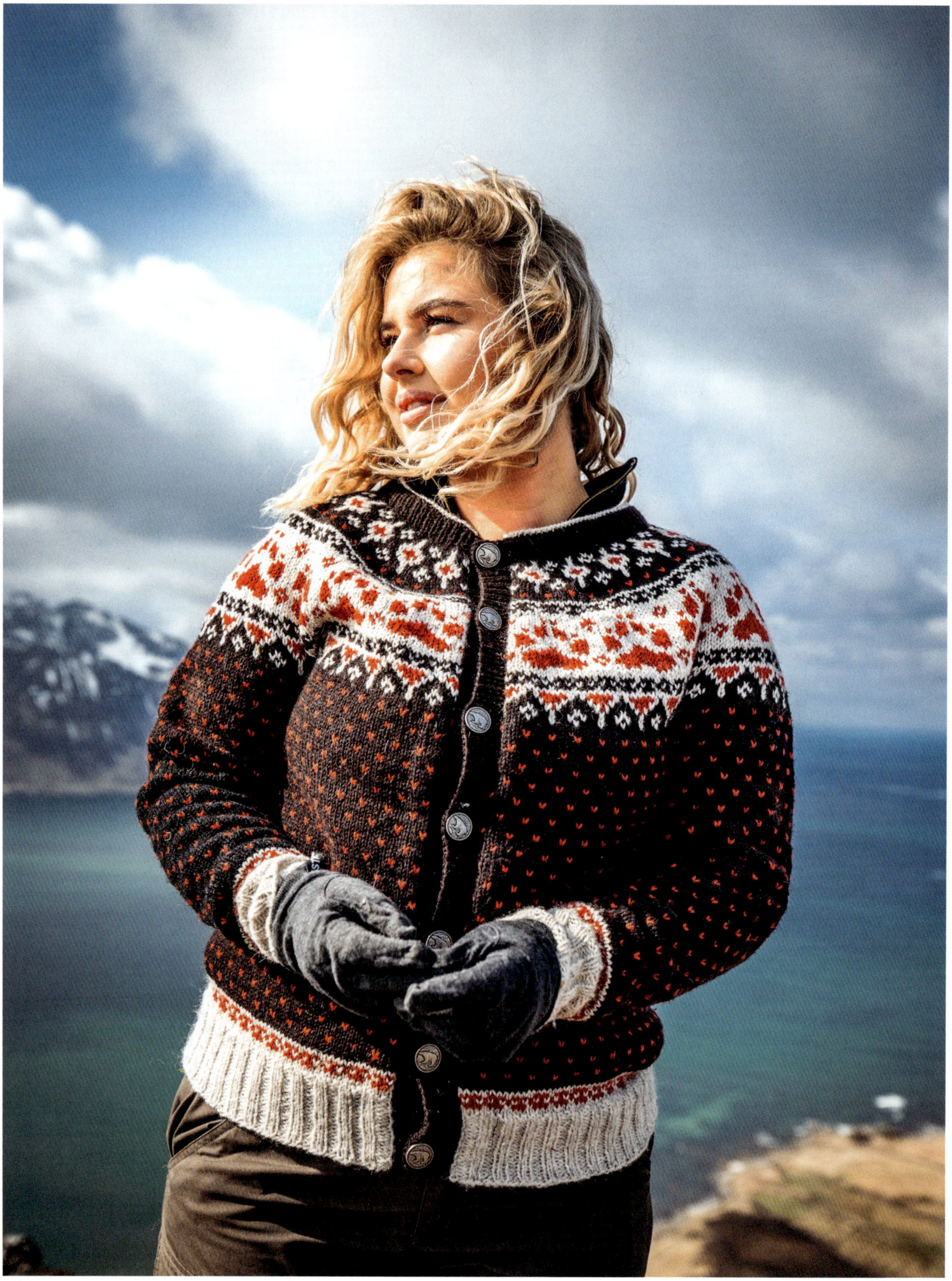

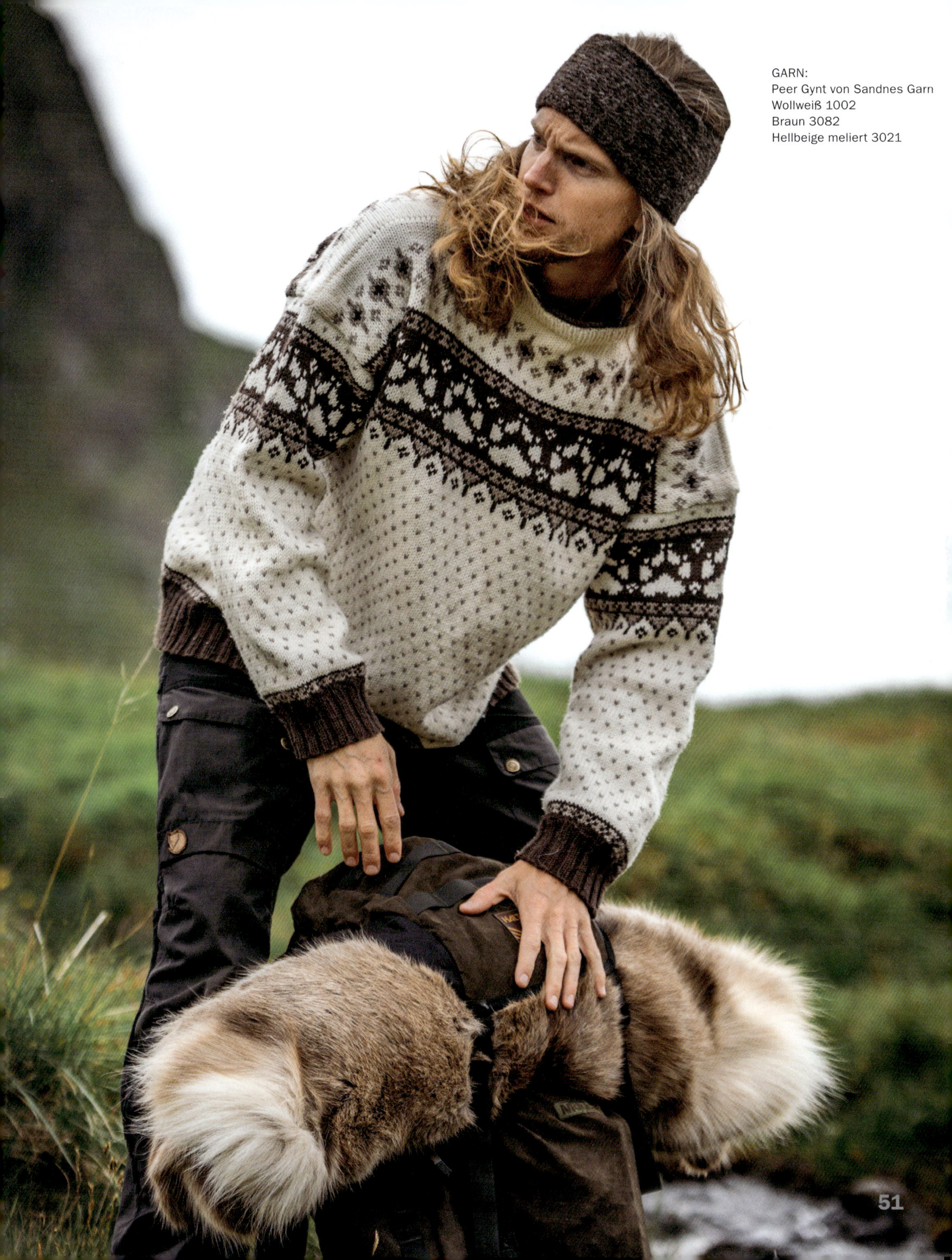

GARN:
Peer Gynt von Sandnes Garn
Wollweiß 1002
Braun 3082
Hellbeige meliert 3021

Fjordfolk mit eingesetzten Ärmeln

Größen
S (M) L (XL) XXL (XXXL)

Maschenprobe
22 M mit Nadel Nr. 3,5 = 10 cm

Garn
Peer Gynt von Sandnes Garn

Garnmenge
Dunkelblau (6364) = 350 (350) 450 (500) 550 (600) g
Weiß (1001) = 250 (250) 300 (300) 350 (350) g
Rot (4228) = 150 (150) 200 (200) 200 (200) g

Stricknadeln
Nadelspiel Nr. 3 und 3,5
Rundstricknadel Nr. 3 und 3,5, 40 cm lang
Rundstricknadel Nr. 3 und 3,5, 80 cm lang

Pullovermaße
Pullover mit eingesetzten Ärmeln sitzen besser, wenn sie ein wenig weiter sind. Dafür den Brustumfang messen und 10 cm hinzurechnen.
Ärmellänge Damen: 48 (49) 50 (51) 52 (53) cm
Ärmellänge Herren: 50 (52) 53 (54) 55 (56) cm
Brustumfang: 90 (101) 109 (116) 124 (130) cm
Gesamtlänge Damen: 63 (66) 67 (67) 69 (69) cm
Gesamtlänge Herren: 67 (69) 70 (70) 72 (74) cm

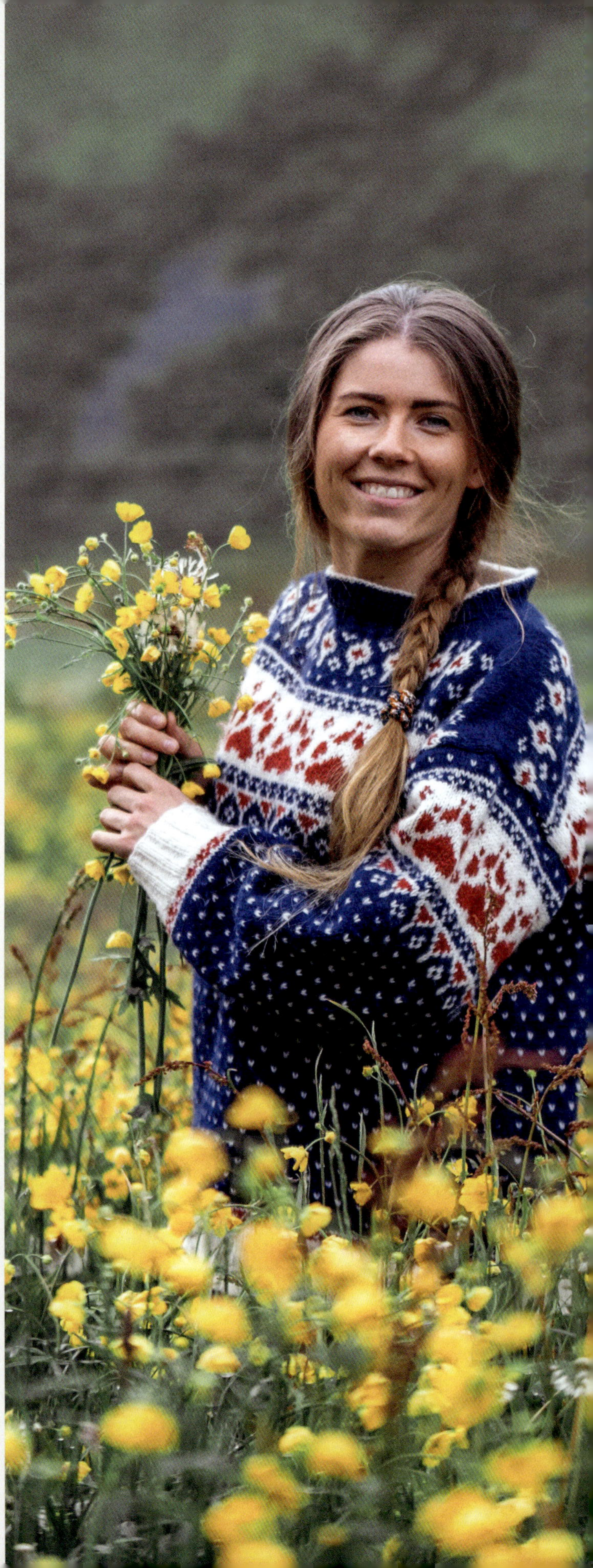

VORDER- UND RÜCKENTEIL

200 (224) 240 (256) 272 (288) M in Weiß mit Rundstricknadel Nr. 3 anschlagen und 7 cm im 2/2-Rippenmuster (= 2 M rechts, 2 M links im Wechsel) str. Einen M-Markierer auf jeder Seite setzen = 100 (112) 120 (128) 136 (144) M für das Vorderteil und 100 (112) 120 (128) 136 (144) M für das Rückenteil. Zu Nadel Nr. 3,5 wechseln (ab jetzt wird glatt rechts gearbeitet) und nach Zählmuster A str (wer fest strickt, wählt für das Muster eine Nadelstärke größer). Anschließend 3 Rd in Dunkelblau str. Danach nach Zählmuster B str, das Zählmuster in der Höhe wiederholen, bis die Arbeit ca. 40 (42) 42 (42) 43 (43) cm für Damen bzw. ca. 44 (45) 45 (46) 47 (47) cm für Herren misst. Nach Zählmuster C str. Nach Abschluss des Zählmusters in Dunkelblau weiterstr, bis Vorder- und Rückenteil 63 (66) 67 (67) 69 (69) cm für Damen bzw. 67 (69) 70 (70) 72 (74) cm für Herren lang sind. Die Arbeit beiseitelegen und die Ärmel str.

ÄRMEL

48 (52) 52 (52) 56 (56) M in Weiß mit Nadelspiel Nr. 3 anschlagen und 7 cm im 2/2-Rippenmuster str. Zu Nadelspiel Nr. 3,5 wechseln (ab jetzt wird glatt rechts gearbeitet) und gleichmäßig verteilt auf insgesamt 64 (64) 64 (64) 72 (72) M zun. Nach Zählmuster A str (evtl. die Nadelstärke wechseln) und dann 3 Rd in Dunkelblau arbeiten. Danach nach Zählmuster B str (es wird ab jetzt fortlaufend in der Höhe wiederholt). Die mittlere M unter dem Ärmel mit einem M-Markierer kennzeichnen (= Rd-Beginn) und alle 1,5 cm für die Damengröße bzw. alle 2 cm für die Herrengröße jeweils vor und nach dieser markierten Mittel-M 1 M zun, bis insgesamt 96 (96) 104 (104) 104 (106) M vorhanden sind. (Hinweis: Der Rapport geht nicht für alle Größen auf!) Nun im Muster weiterstr, bis der Ärmel 16 cm weniger als die angegebene (oder gewünschte) Länge misst. Dann nach Zählmuster D str (evtl. die Nadelstärke wechseln). Nach Abschluss des Zählmusters D den Ärmel auf links drehen und für den Beleg 2 cm glatt rechts str. Der Beleg wird beim Fertigstellen auf der Innenseite des Pullovers über die Schnittkante genäht. Die M locker abk.

Den zweiten Ärmel ebenso str.

FERTIGSTELLEN

siehe Seite 97 und auch www.suedwest-verlag.de/nordisch-stricken

HALSAUSSCHNITT

Die mittleren 41 (45) 51 (51) 53 (55) M des Vorderteils und die mittleren 41 (45) 51 (51) 53 (55) M des Rückenteils auf die kurze Rundstricknadel Nr. 3 nehmen. 1 M von jeder Schulter auffassen, damit am Übergang vom Halsausschnitt zur Schulter kein Loch bleibt. Es liegen 84 (92) 104 (104) 108 (112) M auf der Nadel. Nun 3 cm in Dunkelblau im 1/1-Rippenmuster (= 1 M rechts, 1 M links im Wechsel) str. Zu Weiß wechseln, 1 Rd rechte M und 1 Rd linke M str. Dann 3 cm glatt rechts str. Die M locker abk. Den Rand nach innen umschlagen und festnähen.

Zählmuster A

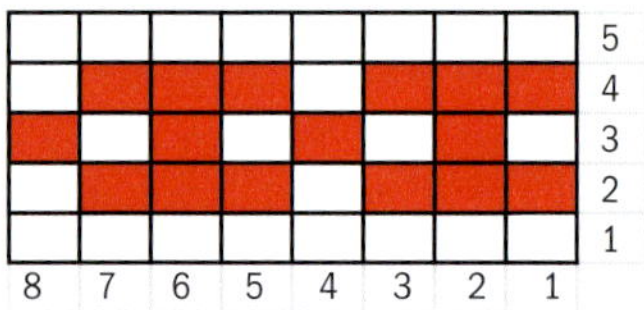

Zählmuster B

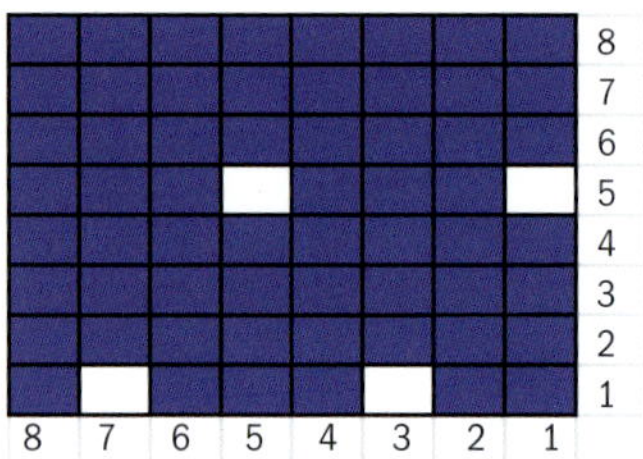

3 = vordere Mitte Ärmel sowie Vorder- und Rückenteil. Von der Mitte aus abzählen, wo mit dem Zählmuster zu beginnen ist

Zählmuster C (Vorder- und Rückenteil)

Bis zur angegebenen Länge für die entsprechende Größe in Dunkelblau fortfahren.

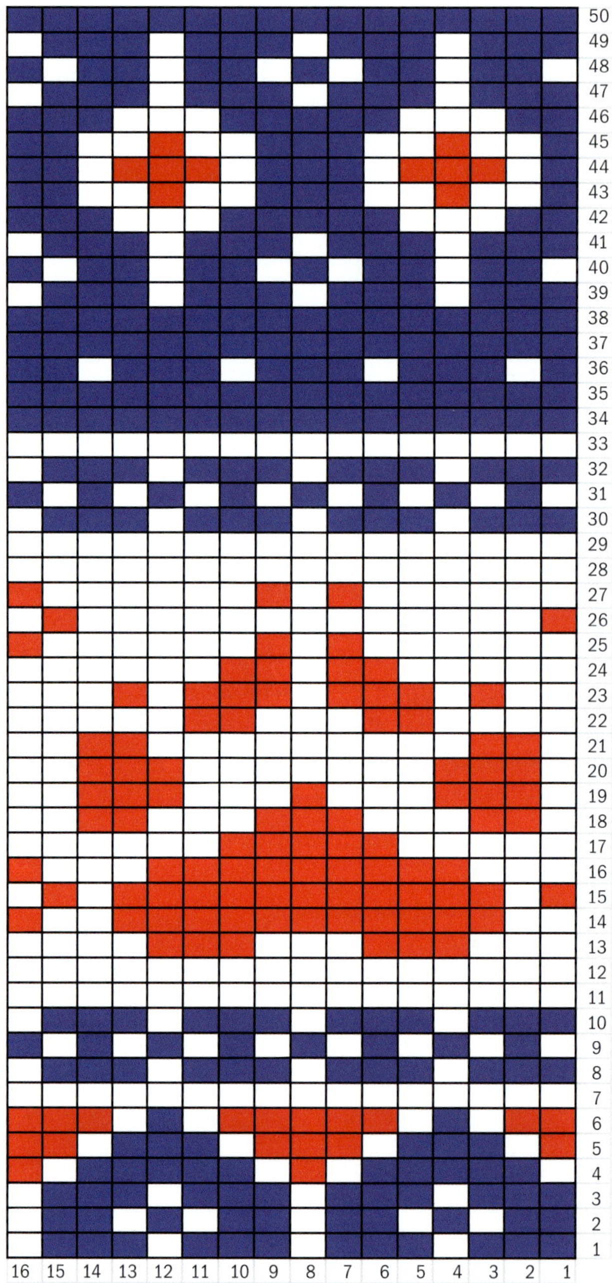

8 = vordere Mitte Pullover. Von der Mitte aus abzählen, wo mit dem Zählmuster zu beginnen ist

Zählmuster D (Ärmel)

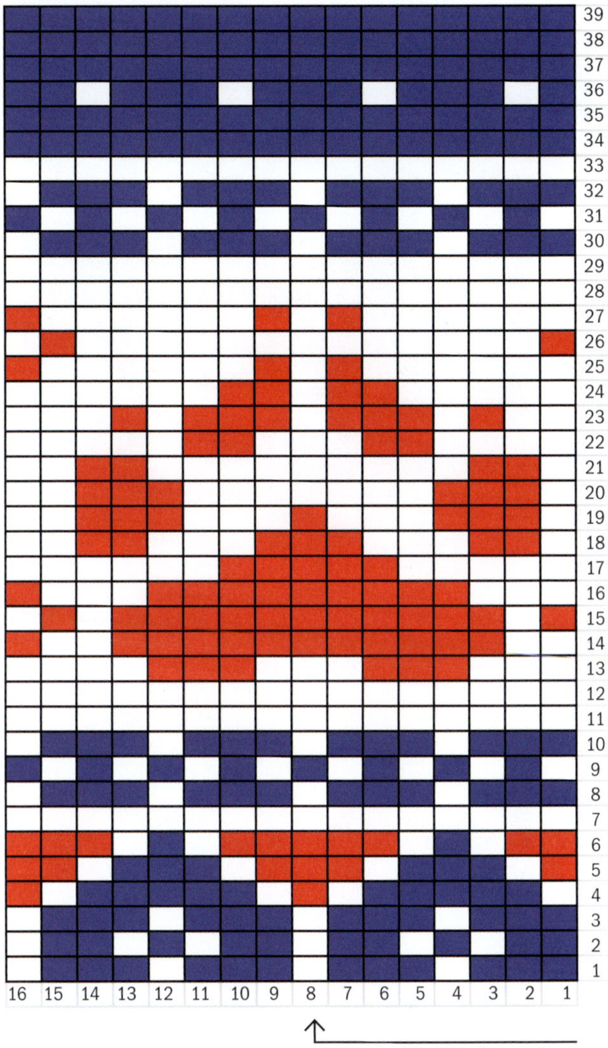

8 = vordere Mitte Pullover. Von der Mitte aus abzählen, wo mit dem Zählmuster zu beginnen ist

Fjordfolk
mit Rundpasse

Größen
S (M) L (XL) XXL (XXXL)

Maschenprobe
22 M mit Nadel Nr. 3,5 = 10 cm

Garn
Peer Gynt von Sandnes Garn

Garnmenge
Rot (4228) = 450 (500) 550 (600) 600 (650) g
Graubeige meliert (2650) = 150 (150) 150 (150) 200 (200) g
Braun (3082) = 150 (150) 200 (200) 200 (200) g

Stricknadeln
Nadelspiel Nr. 3 und 3,5
Rundstricknadel Nr. 3 und 3,5, 40 cm lang
Rundstricknadel Nr. 3 und 3,5, 80 cm lang

Pullovermaße
Ärmel: 46 (47) 48 (49) 50 (51) cm
Brustumfang: ca. 90 (101) 109 (116) 124 (130) cm
Rumpflänge: 40 (42) 42 (43) 43 (44) cm

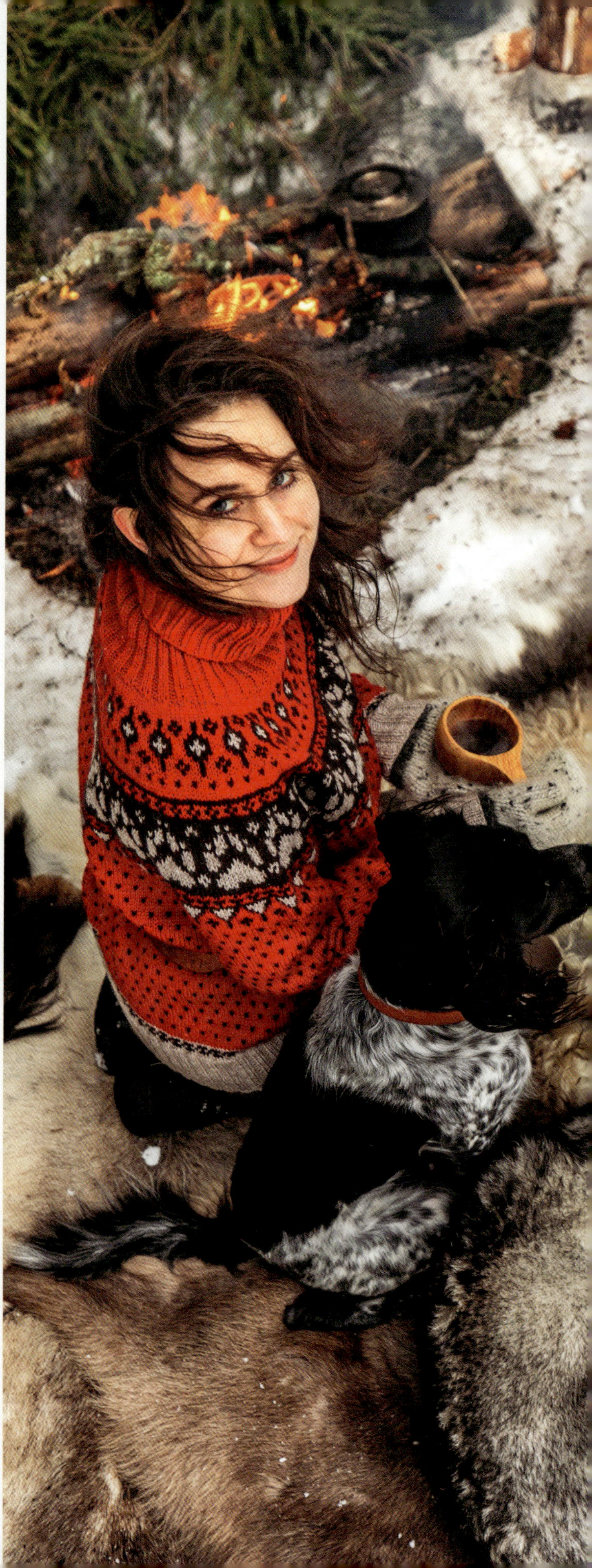

RUMPF

200 (224) 240 (256) 272 (288) M in Graubeige meliert mit Rundstricknadel Nr. 3 anschlagen und 7 cm im 2/2-Rippenmuster (= 2 M rechts, 2 M links im Wechsel) str. Einen M-Markierer auf jeder Seite setzen = 100 (112) 120 (128) 136 (144) M für das Vorderteil und 100 (112) 120 (128) 136 (144) M für das Rückenteil. Zu Nadel Nr. 3,5 wechseln (ab jetzt wird glatt rechts gearbeitet) und nach Zählmuster A str (wer fest strickt, wählt für das Muster eine Nadelstärke größer). Anschließend 3 Rd in Rot str. Danach nach Zählmuster B str. Das Zählmuster in der Höhe wiederholen, bis die Arbeit ca. 40 (42) 42 (43) 43 (44) cm misst. Mit einer 5. Rd des Zählmusters enden. Für die Armausschnitte 11 M auf jeder Seite auf einem Faden oder M-Halter stilllegen (die markierte M und beidseitig davon 5 M).
Die Arbeit beiseitelegen und die Ärmel str.

ÄRMEL

40 (44) 44 (44) 48 (48) M in Graubeige meliert mit Nadelspiel Nr. 3 anschlagen und 7 cm im 2/2-Rippenmuster str. Zu Nadelspiel Nr. 3,5 wechseln (ab jetzt wird glatt rechts gearbeitet) und gleichmäßig verteilt auf insgesamt 48 (52) 52 (52) 56 (56) M zun. Die mittlere M unter dem Ärmel mit einem M-Markierer kennzeichnen (= Rd-Beginn). Die markierte M stets links str, so ist der Rd-Anfang noch leichter im Blick zu behalten. Nach Zählmuster A str (evtl. die Nadelstärke wechseln) und dann 3 Rd in Rot str. Danach nach Zählmuster B str (es wird ab jetzt fortlaufend in der Höhe wiederholt) und alle 2 cm jeweils vor und nach der markierten Mittel-M 1 M bis auf insgesamt 74 (78) 82 (82) 86 (86) M zun. Weiterstr, bis der Ärmel 46 (47) 48 (49) 50 (51) cm lang ist (oder die gewünschte Länge hat). Mit einer 5. Rd des Zählmusters enden. Die mittleren 11 M unter dem Ärmel auf einem Faden oder M-Halter stilllegen (die markierte M und beidseitig davon 5 M).
Den zweiten Ärmel ebenso str.

RUNDPASSE

Die Ärmel-M auf die Rundstricknadel mit den Rumpf-M str = 304 (336) 360 (376) 400 (416) M auf der Nadel. Nach Zählmuster C für die Rundpasse str (evtl. die Nadelstärke wechseln), dabei wie gekennzeichnet abn und wie für die entsprechende Größe angegeben enden.

ROLLKRAGEN

Wie für die entsprechende Größe angegeben enden. Es liegen nun 140 (147) 154 (154) 168 (168) M auf der Nadel. 1 Rd rechte M in Rot str, dabei gleichmäßig verteilt auf 120 (120) 124 (124) 128 (128) M abn. Zu Nadel Nr. 3 wechseln und 20 cm im 2/2-Rippenmuster str. Dann alle M locker abk.

FERTIGSTELLEN

Siehe Seite 25.

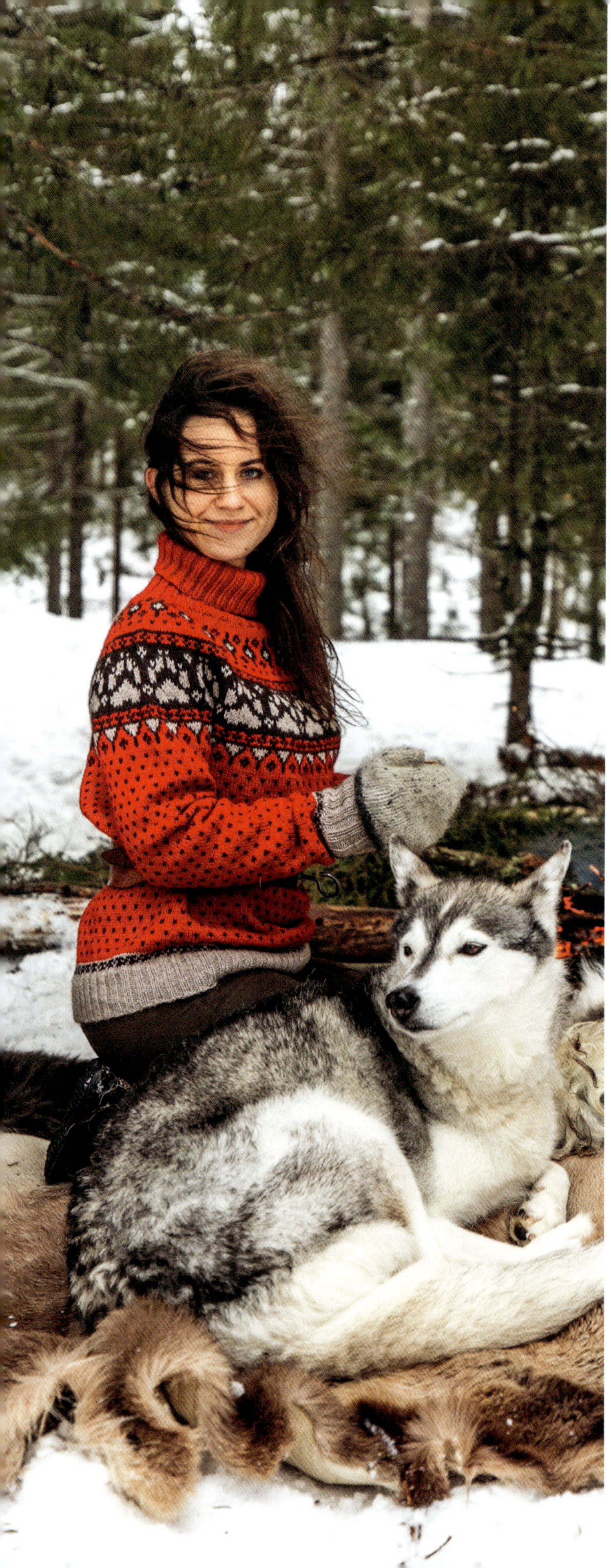

Zählmuster A

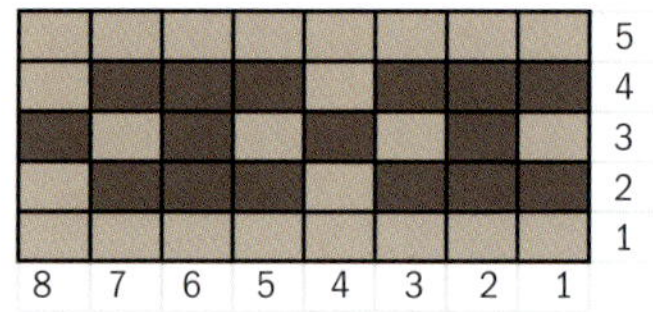

Zählmuster B

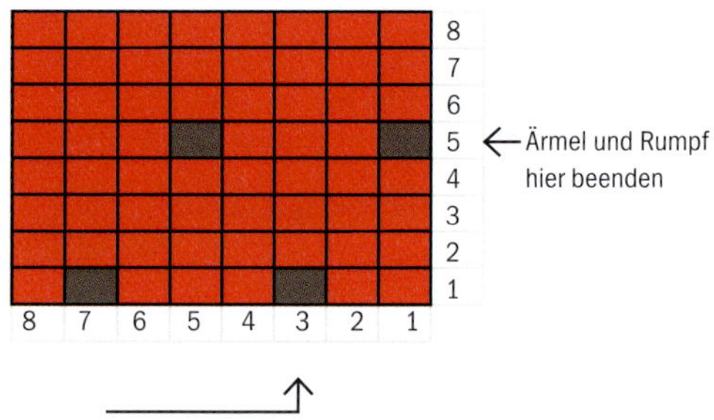

3 = vordere Mitte Ärmel sowie Vorder- und Rückenteil.
Von der Mitte aus abzählen, wo mit dem Zählmuster zu beginnen ist

VV = 2 M rechts zusstr
V = 1 M

Zählmuster C (Rundpasse)

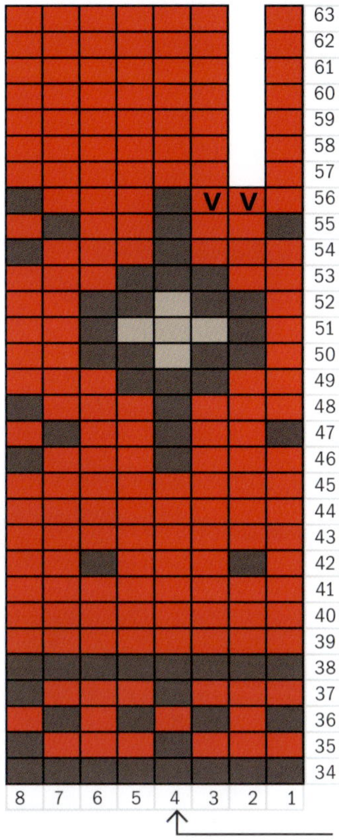

63 Für Größe XL, XXL, XXXL hier enden. Siehe in der Anleitung unter »Rollkragen«

61 Für Größe M, L hier enden. Siehe in der Anleitung unter »Rollkragen«

59 Für Größe S hier enden. Siehe in der Anleitung unter »Rollkragen«

56 Wie gekennzeichnet abn = 140 (147) 154 (154) 168 (168) M

45 Für Größe S überspringen

44 Gleichmäßig verteilt 48 (56) 64 (64) 64 (64) M abn = 160 (168) 176 (176) 192 (192) M

41 Für Größe S überspringen

34 Für Größe S, M, L überspringen

4 = vordere Mitte Ärmel sowie Vorder- und Rückenteil. Von der Mitte aus abzählen, wo mit dem Zählmuster zu beginnen ist

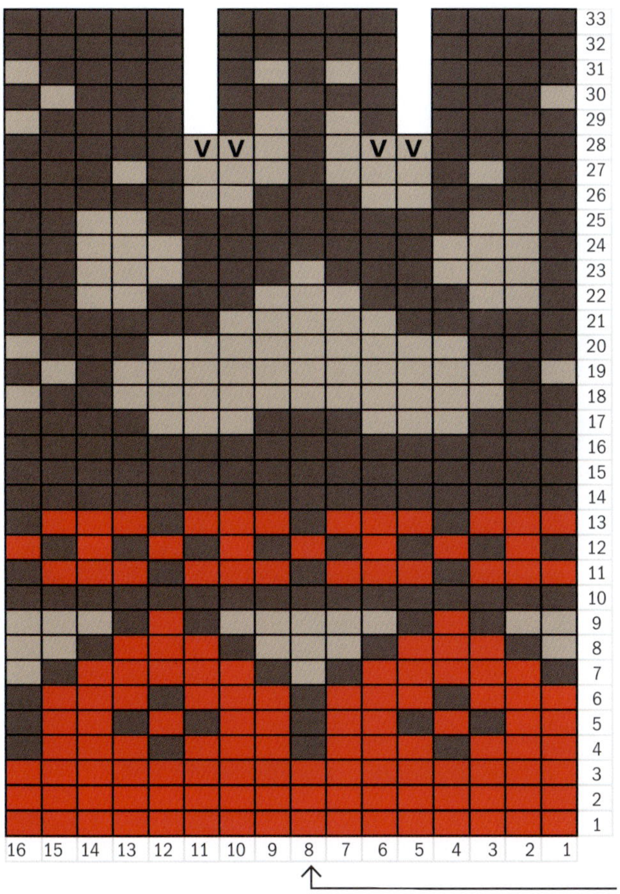

33 Gleichmäßig verteilt 30 (28) 26 (26) 24 (38) M abn = 208 (224) 240 (240) 256 (256) M

28 Wie im Zählmuster gekennzeichnet abn = 238 (252) 266 (266) 280 (294) M

16 Für Größe S, M, L überspringen

15 Gleichmäßig verteilt 32 (48) 56 (72) 80 (80) M abn = 272 (288) 304 (304) 320 (336) M

1 304 (336) 360 (376) 400 (416) M

8 = vordere Mitte Ärmel sowie Vorder- und Rückenteil. Von der Mitte aus abzählen, wo mit dem Zählmuster zu beginnen ist

Fjordfolk-Jacke

Größen
S (M) L (XL) XXL

Maschenprobe
22 M mit Nadel Nr. 3,5 = 10 cm

Garn
Peer Gynt von Sandnes Garn

Garnmenge
Schwarz meliert (1088) = 450 (500) 550 (600) 600 g
Rot (4228) = 200 (200) 200 (200) 200 g
Hellgrau meliert (1032) = 200 (200) 250 (250) 250 g

Stricknadeln
Nadelspiel Nr. 3 und 3,5
Rundstricknadel Nr. 3 und 3,5, 40 cm lang
Rundstricknadel Nr. 3 und 3,5, 80 cm lang

Knöpfe
7 (7) 8 (8) 8 Knöpfe aus Zinn (22 mm)

Jackenmaße
Ärmel: 46 (47) 48 (49) 50 cm
Brustumfang: ca. 93 (104) 112 (119) 127 cm
Rumpflänge: 40 (42) 42 (43) 43 cm

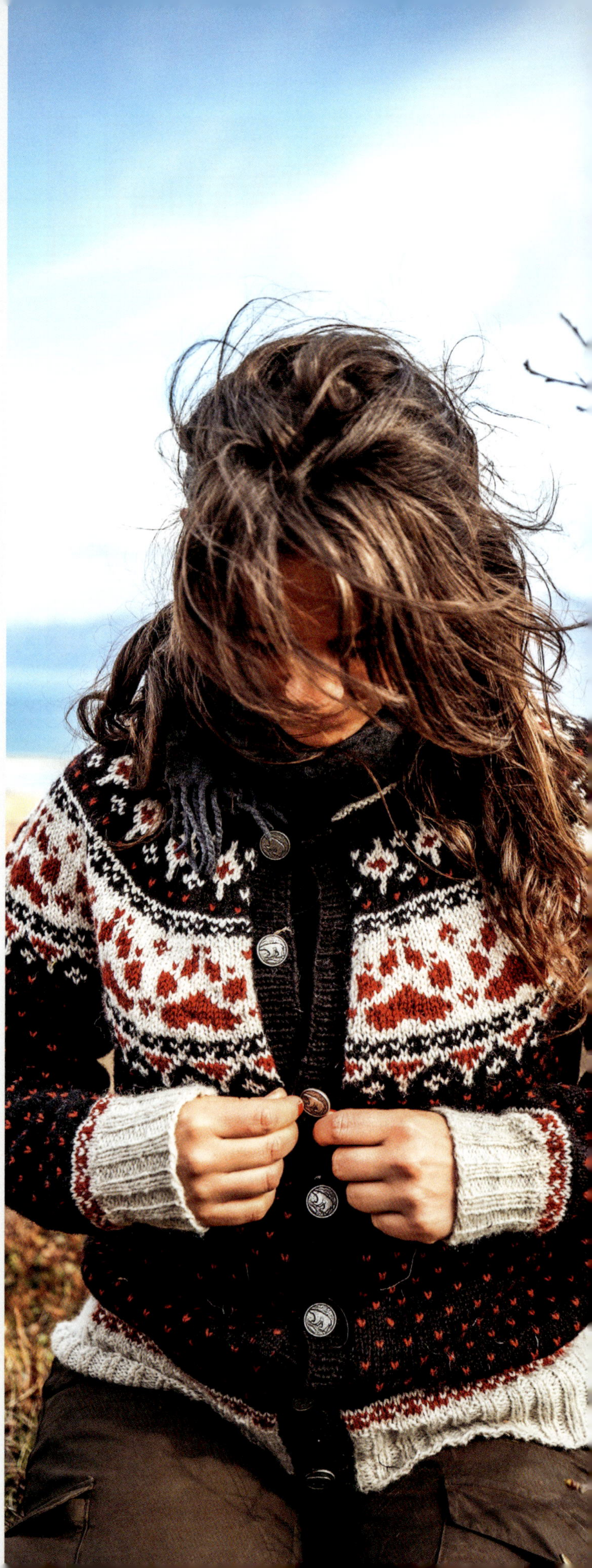

RUMPF

200 (224) 240 (256) 272 M in Hellgrau meliert mit Rundstricknadel Nr. 3 anschlagen und für das Bündchen in Reihen 7 cm im 2/2-Rippenmuster (= 2 M rechts, 2 M links im Wechsel) str. Die 1. Reihe ist eine Rückreihe, diese mit 1 M links beginnen, damit sie auf der Vorderseite der Jacke rechts erscheint. (Es ist wichtig, dass die äußersten M rechte M sind, denn aus ihnen werden später die M für die Knopfleisten aufgefasst.) Nun für die Steek-M auf der rechten Nadel 5 M dazu anschlagen (siehe auch Seite 23). Diese M werden stets glatt links gestrickt und nicht mitgezählt. Ab jetzt wird in Rd glatt rechts gestrickt (außer über die Steek-M). Zu Rundstricknadel 3,5 wechseln und in der 1. Rd 1 M zun = 201 (225) 241 (257) 273 M. (Es wird 1 M zugenommen, damit die erste und letzte M der Rd gleich sind und beide Vorderteile symmetrisch werden.) An beiden Seiten einen M-Markierer setzen: jeweils 50 (56) 60 (64) 68 M für beide Vorderteile und 101 (113) 121 (129) 137 M für das Rückenteil. Nach Zählmuster A str (wer fest strickt, wählt für das Muster eine Nadelstärke größer). 3 Rd in Schwarz meliert str. Danach nach Zählmuster B str. Das Zählmuster in der Höhe wiederholen, bis die Arbeit ca. 40 (42) 42 (43) 43 cm (oder die gewünschte Höhe) misst. Mit einer 5. Rd des Zählmusters enden. Für die Armausschnitte 11 M auf jeder Seite auf einem Faden oder M-Halter stilllegen (die markierte M und beidseitig davon 5 M).
Die Arbeit beiseitelegen und die Ärmel str.

ÄRMEL

40 (44) 44 (44) 48 M in Hellgrau meliert mit Nadelspiel Nr. 3 anschlagen und 7 cm im 2/2-Rippenmuster str. Zu Nadelspiel Nr. 3,5 wechseln (ab jetzt wird glatt rechts gearbeitet) und gleichmäßig verteilt auf insgesamt 48 (52) 52 (52) 56 M zun. Die mittlere M unter dem Ärmel mit einem M-Markierer kennzeichnen (= Rd-Beginn). Die markierte M stets links str, so ist der Rd-Anfang noch leichter im Blick zu behalten. Nach Zählmuster A str (evtl. die Nadelstärke wechseln) und dann 3 Rd in Schwarz meliert str. Danach nach Zählmuster B str (es wird ab jetzt fortlaufend in der Höhe wiederholt) und alle 2 cm jeweils vor und nach der markierten Mittel-M 1 M bis auf insgesamt 74 (78) 82 (82) 86 M zun. Weiterstr, bis der Ärmel 46 (47) 48 (49) 50 cm lang ist (oder die gewünschte Länge hat). Mit einer 5. Rd des Zählmusters enden. Die mittleren 11 M unter dem Ärmel auf einem Faden oder M-Halter stilllegen (die markierte M und beidseitig davon 5 M).
Den zweiten Ärmel ebenso str.

RUNDPASSE

Die Ärmel-M auf die Rundstricknadel mit den Rumpf-M str = 305 (337) 361 (377) 401 M auf der Nadel. Nach Zählmuster C für die Rundpasse str (evtl. die Nadelstärke wechseln), dabei wie gekennzeichnet abn und wie für die entsprechende Größe angegeben enden.

HALSAUSSCHNITT

Es liegen 141 (148) 155 (155) 169 M auf der Nadel. 1 Rd in Schwarz meliert str und gleichzeitig gleichmäßig verteilt auf 121 (121) 125 (125) 129 M abn. Die Steek-M abk und zu Rundstricknadel Nr. 3 wechseln. Nun in Reihen 3 cm im 1/1-Rippenmuster (= 1 M rechts, 1 M links im Wechsel) str. Zu Hellgrau meliert wechseln und 1 Reihe (Hinreihe) rechte M str (rechts auf der Vorderseite, links auf der Rückseite) und anschließend für die Umbruchkante

1 Reihe (Rückreihe) rechte M str (rechts auf der Rückseite, links auf der Vorderseite). Nun noch 3 cm in Reihen glatt rechts str, dann die M locker abk. Den Ausschnitt an der Umbruchkante umschlagen und festnähen.

FERTIGSTELLEN

Fäden vernähen und die offenen Kanten unter den Ärmeln zusammen abk oder im M-Stich schließen. Mit der Nähmaschine rechts und links der gewünschten Schnittkante über die Steek-M nähen. Am besten dreimal darübernähen, damit die Naht sicher hält. Dann zwischen den beiden Nähten aufschneiden und wie folgt die Knopfleisten arbeiten:

Rechte Vorderteilkante: Mit Nadel Nr. 3 in Schwarz meliert M entlang der rechten Vorderteilkante herausstricken. Dazu 3 M aus den Rand-M herausstricken, 1 M überspringen, 3 M herausstricken, 1 M überspringen usw. Die M-Zahl muss teilbar durch 2 + 1 sein, die erste und letzte M werden rechts gestrickt. 3 cm im 1/1-Rippenmuster str. Dann die M abk.

Linke Vorderteilkante: Wie bei der rechten Vorderteilkante str, dabei jedoch 7 (7) 8 (8) 8 Knopflöcher gleichmäßig verteilt einarbeiten. Das unterste Knopfloch ca. 2 cm vom unteren Rand und das oberste ca. 1 cm vom oberen Rand. Noch 1,5 cm im Rippenmuster str, dann mustergemäß abk.

Knopfloch: 2 M abk und in der folgenden Reihe wieder dazu anschlagen.

Belege: Mit Nadel Nr. 3 jeweils auf der Rückseite der Knopfleisten (aus den M der 1. Reihe) M herausstricken. 2 cm in Reihen glatt rechts str. Dann die Belege jeweils über die Schnittkanten legen und festnähen. Alternativ ein hübsches Band über die Schnittkanten nähen.

Die Jacke so lange in kaltes Wasser legen (max. 30 °C), bis keine Luft mehr darin ist. Die Jacke flach liegend trocknen lassen und in Form ziehen. Keinesfalls zum Trocknen aufhängen, da sie sich sonst verzieht und ausleiert.

Zählmuster A

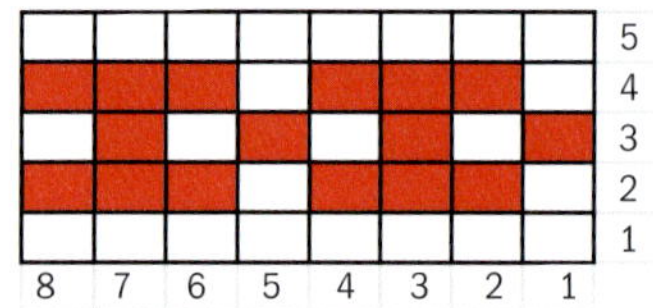

Zählmuster B

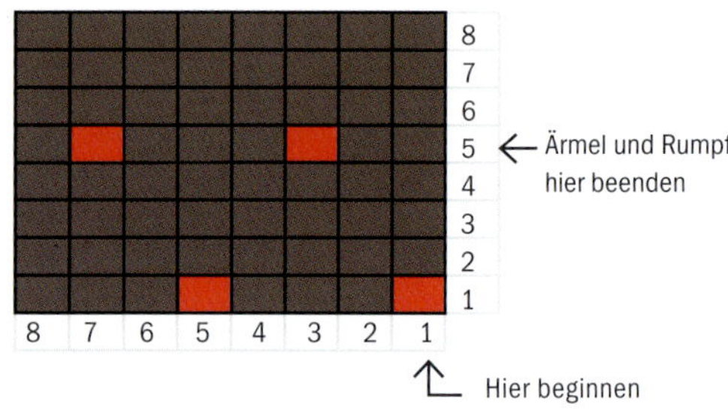

VV = 2 M rechts zusstr
V = 1 M

Zählmuster C (Rundpasse)

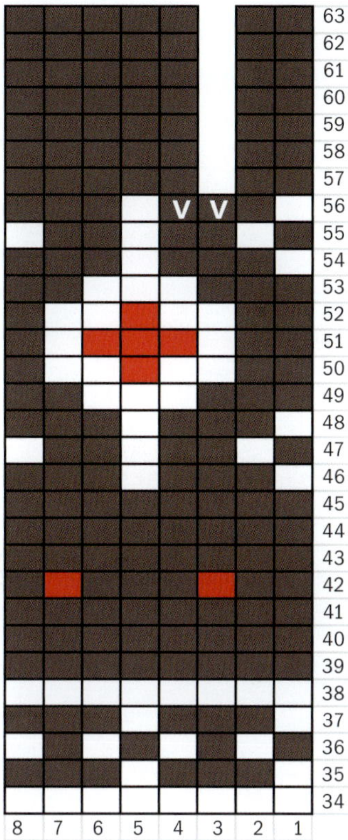

63 Für Größe XL, XXL hier enden. Siehe in der Anleitung unter »Halsausschnitt«

61 Für Größe M, L hier enden. Siehe in der Anleitung unter »Halsausschnitt«

59 Für Größe S hier enden. Siehe in der Anleitung unter »Halsausschnitt«

56 Wie gekennzeichnet abn = 141 (148) 155 (155) 169 M

45 Für Größe S überspringen

44 Gleichmäßig verteilt 48 (56) 64 (64) 64 M abn = 161 (169) 177 (177) 193 M

41 Für Größe S überspringen

34 Für Größe S, M, L überspringen

Hier beginnen

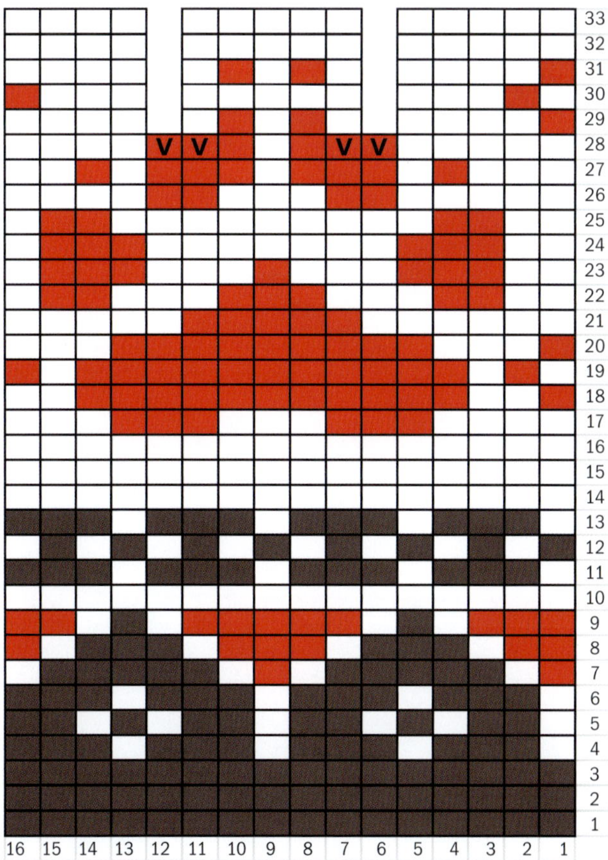

33 Gleichmäßig verteilt 30 (28) 26 (26) 24 (38) M abn = 209 (225) 241 (241) 257 M

28 Wie gekennzeichnet abn = 239 (253) 267 (267) 281 M

16 Für Größe S, M, L überspringen

15 Gleichmäßig verteilt 32 (48) 56 (72) 80 M abn = 273 (289) 305 (305) 321 M

1 305 (337) 361 (377) 401 M

Hier beginnen

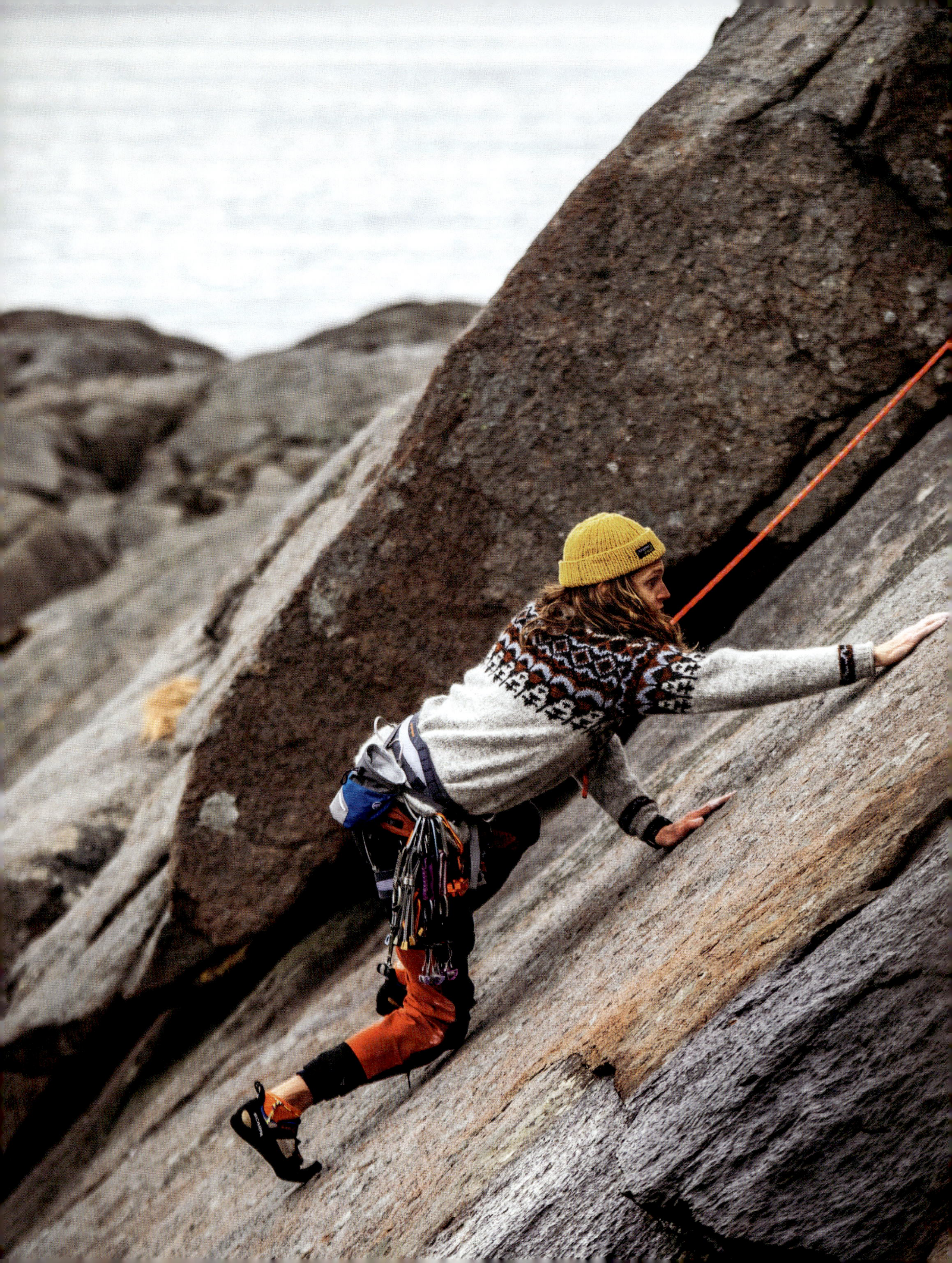

Matoaka

Meine Inspiration für diesen Pullover waren die nordamerikanischen Ureinwohner.
Ich entschied, ihn Matoaka zu nennen, was Pocahontas' eigentlicher Name war.

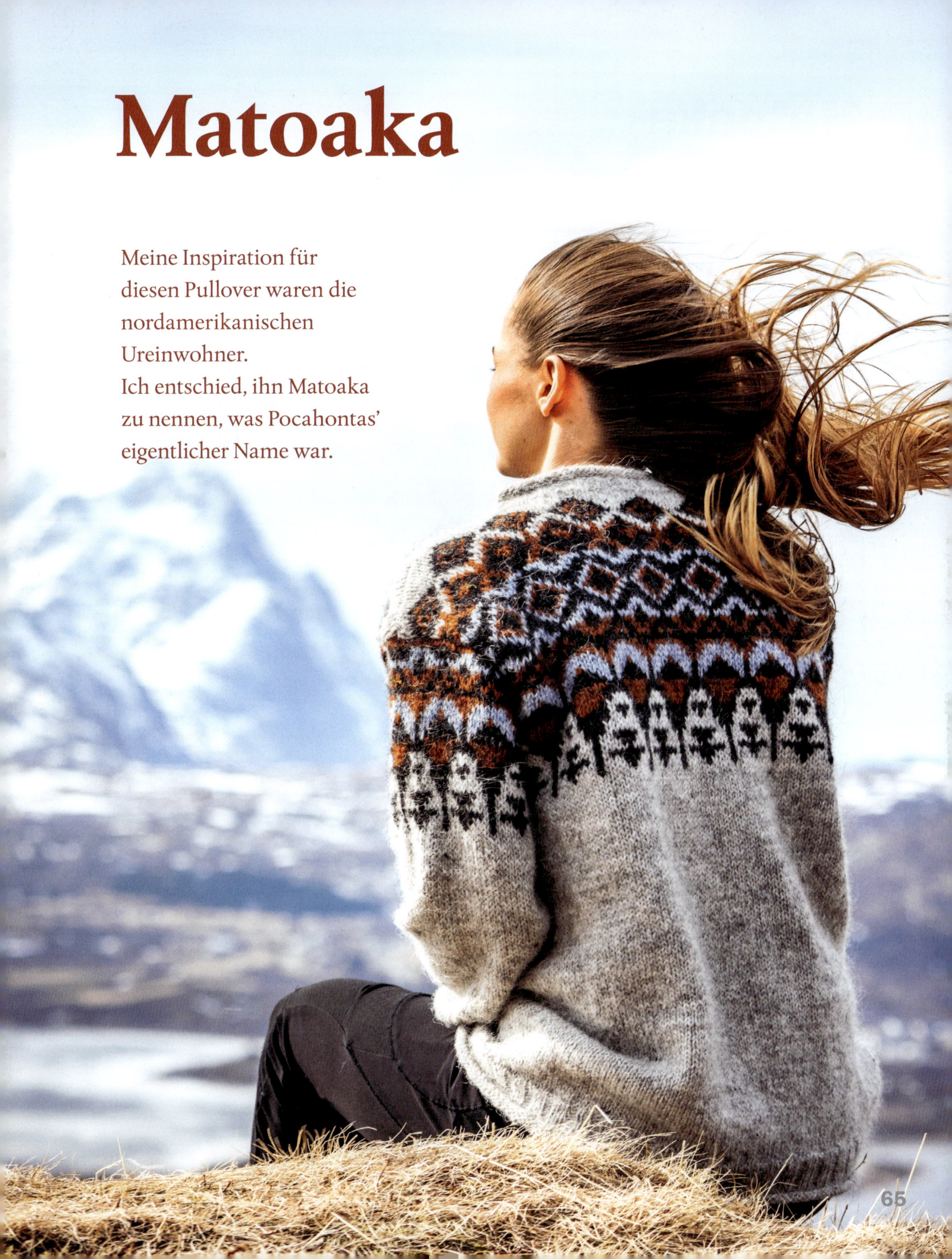

Matoaka-Pullover

Größen
S (M) L (XL) XXL

Maschenprobe
18 M mit Nadel Nr. 4,5 = 10 cm

Garn
Léttlopi

Garnmenge
Rundhalsausschnitt mit Rollrand:
Silbergrau (0054) = 350 (350) 400 (450) 450 g
Rost meliert (9427) = 100 g
Eisblau (1700) = 50 (50) 50 (50) 100 g
Schwarz (0059) = 150 g
Rollkragen:
50 g zusätzlich in der Grundfarbe

Stricknadeln
Nadelspiel Nr. 3,5 und 4,5
Rundstricknadel Nr. 3,5 und 4,5, 40 cm lang
Rundstricknadel Nr. 3,5 und 4,5, 80 cm lang

Pullovermaße
Pullover mit eingesetzten Ärmeln sitzen besser, wenn sie ein wenig weiter sind. Dafür den Brustumfang messen und 10 cm hinzurechnen.
Ärmellänge Damen: 49 (50) 51 (52) 53 cm
Ärmellänge Herren: 54 (55) 56 (57) 58 cm (oder die gewünschte Länge)
Brustumfang (Damen und Herren): 94 (100) 111 (122) 133 cm
Gesamtlänge Damen: 63 (65) 66 (67) 69 cm
Gesamtlänge Herren: 67 (69) 70 (72) 74 cm (oder die gewünschte Länge)

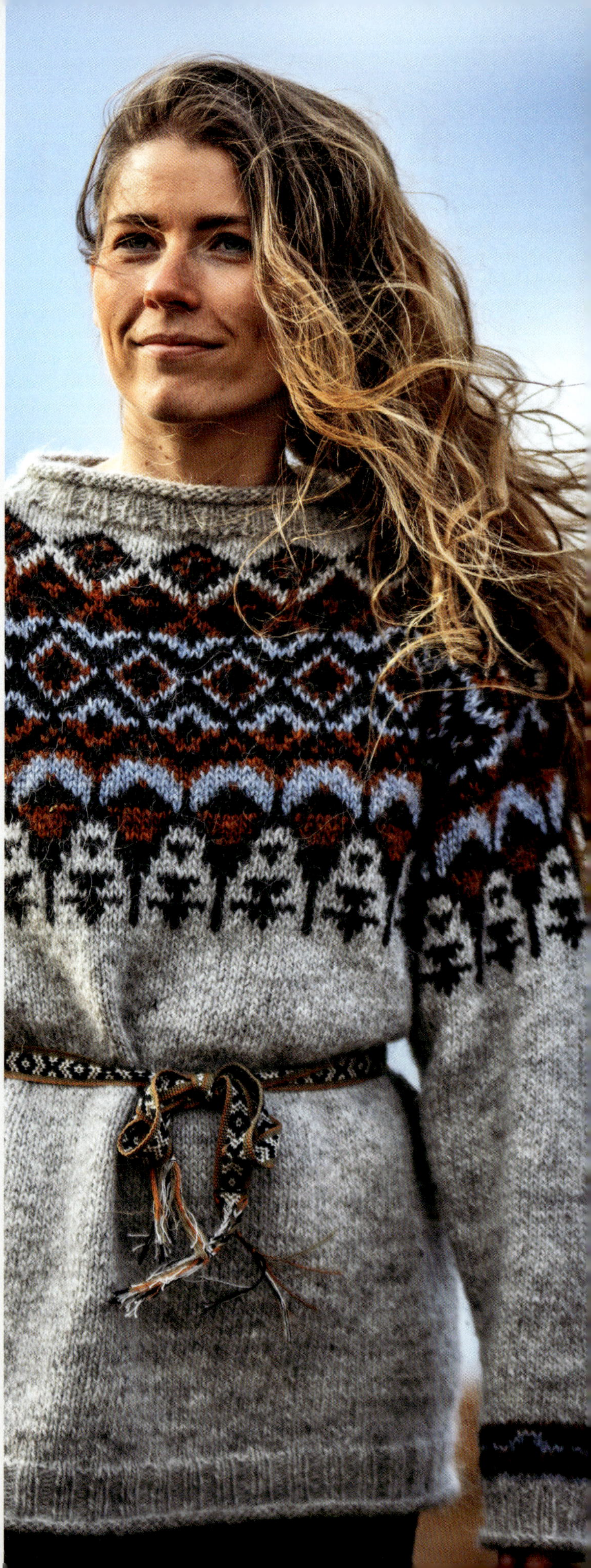

VORDER- UND RÜCKENTEIL

170 (180) 200 (220) 240 M in Silbergrau mit Rundstricknadel Nr. 3,5 anschlagen und für den Rollrand 6 Rd glatt rechts str. Dann 4 cm im 2/2-Rippenmuster (= 2 M rechts, 2 M links im Wechsel) str. Zu Rundstricknadel Nr. 4,5 wechseln (ab jetzt wird glatt rechts gearbeitet) und in Silbergrau str, bis das Vorder- und Rückenteil 32 (34) 35 (36) 38 cm für Damen bzw. 36 (38) 39 (41) 43 cm für Herren misst. Am Rd-Beginn und nach 85 (90) 100 (110) 120 M je einen M-Markierer setzen (Vorder- und Rückenteil sind eingeteilt). Nach Zählmuster A str (evtl. eine Nadelstärke größer wählen).
Die Arbeit beiseitelegen und die Ärmel str.

ÄRMEL

40 (40) 40 (44) 44 M in Silbergrau mit Nadelspiel Nr. 3,5 anschlagen und für den Rollrand 6 Rd glatt rechts str. Dann 4 cm im 2/2-Rippenmuster str. Zu Nadelspiel Nr. 4,5 wechseln (ab jetzt wird glatt rechts gearbeitet) und gleichmäßig verteilt auf insgesamt 50 (50) 50 (60) 60 M zun. Nach Zählmuster B str (evtl. die Nadelstärke wechseln). Die mittlere M unter dem Ärmel mit einem M-Markierer kennzeichnen (= Rd-Beginn) und alle 1,5 cm jeweils vor und nach der markierten Mittel-M 1 M zun, bis insgesamt 80 (80) 80 (90) 90 M vorhanden sind. Ohne Zun in Silbergrau weiterstr, bis der Ärmel 32 (33) 34 (35) 36 cm für Damen bzw. 37 (38) 39 (40) 41 cm für Herren misst. Nach Zählmuster C str (evtl. die Nadelstärke wechseln). Der Ärmel sollte nun 49 (50) 51 (52) 53 cm für Damen bzw. 54 (55) 56 (57) 58 cm für Herren lang sein. Den Ärmel auf links drehen und für den Beleg 4 cm glatt rechts str. Der Beleg wird beim Fertigstellen auf der Innenseite des Pullovers über die Schnittkante genäht. Die M locker abk. Den zweiten Ärmel ebenso str.

FERTIGSTELLEN

Siehe Seite 97 und auch www.suedwest-verlag.de/nordisch-stricken

HALSAUSSCHNITT

Rundhalsausschnitt: Die mittleren 45 (45) 47 (47) 49 M des Vorderteils und die mittleren 45 (45) 47 (47) 49 M des Rückenteils auf die 40 cm lange Rundstricknadel Nr. 3,5 nehmen. 1 M von jeder Schulter auffassen, damit am Übergang vom Halsausschnitt zur Schulter kein Loch bleibt. Es liegen 92 (92) 96 (96) 100 M auf der Nadel. * in Silbergrau 3 cm im 2/2-Rippenmuster str. 6 Rd glatt rechts für den Rollrand str, dann abk.
Rollkragen: Bis * wie den Rundhalsausschnitt arbeiten. In Silbergrau 20 cm im 2/2-Rippenmuster str, abk.

Den Pullover so lange in kaltes Wasser legen (max. 30 °C), bis keine Luft mehr darin ist. Flach liegend trocknen lassen und in Form ziehen. Keinesfalls zum Trocknen aufhängen, da er sonst ausleiert.

Zählmuster A (Vorder- und Rückenteil)

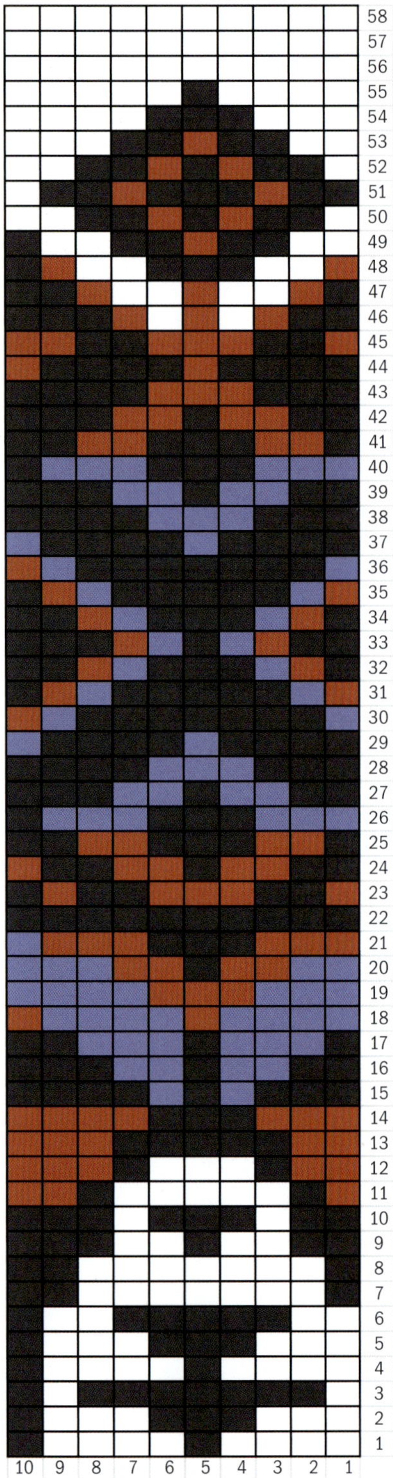

Zählmuster B (Ärmel)

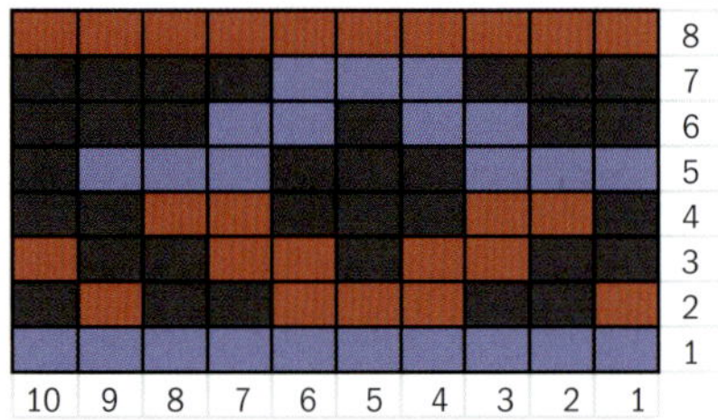

Zählmuster C (Ärmel)

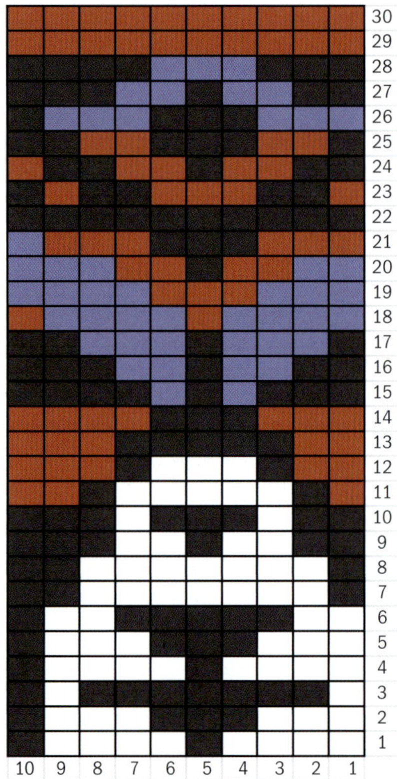

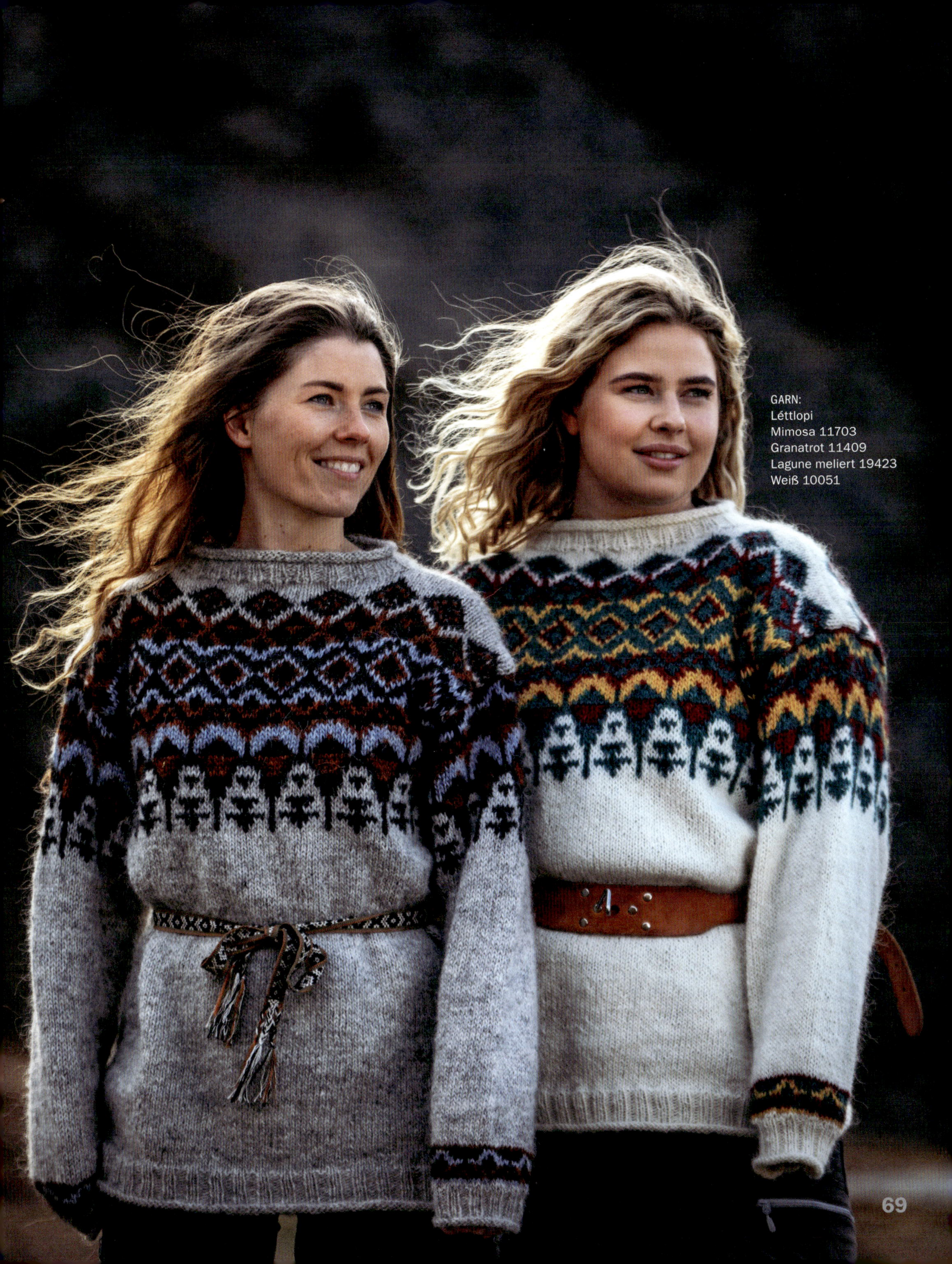

GARN:
Léttlopi
Mimosa 11703
Granatrot 11409
Lagune meliert 19423
Weiß 10051

Galdrer

Diesen Pullover habe ich im Herbst entworfen. Galdrer stammt vom Altnordischen »galdr« und bedeutet »Zaubergesang«. Ich habe hier versucht, die mystische Stimmung eines späten Herbstabends am Lagerfeuer einzufangen.

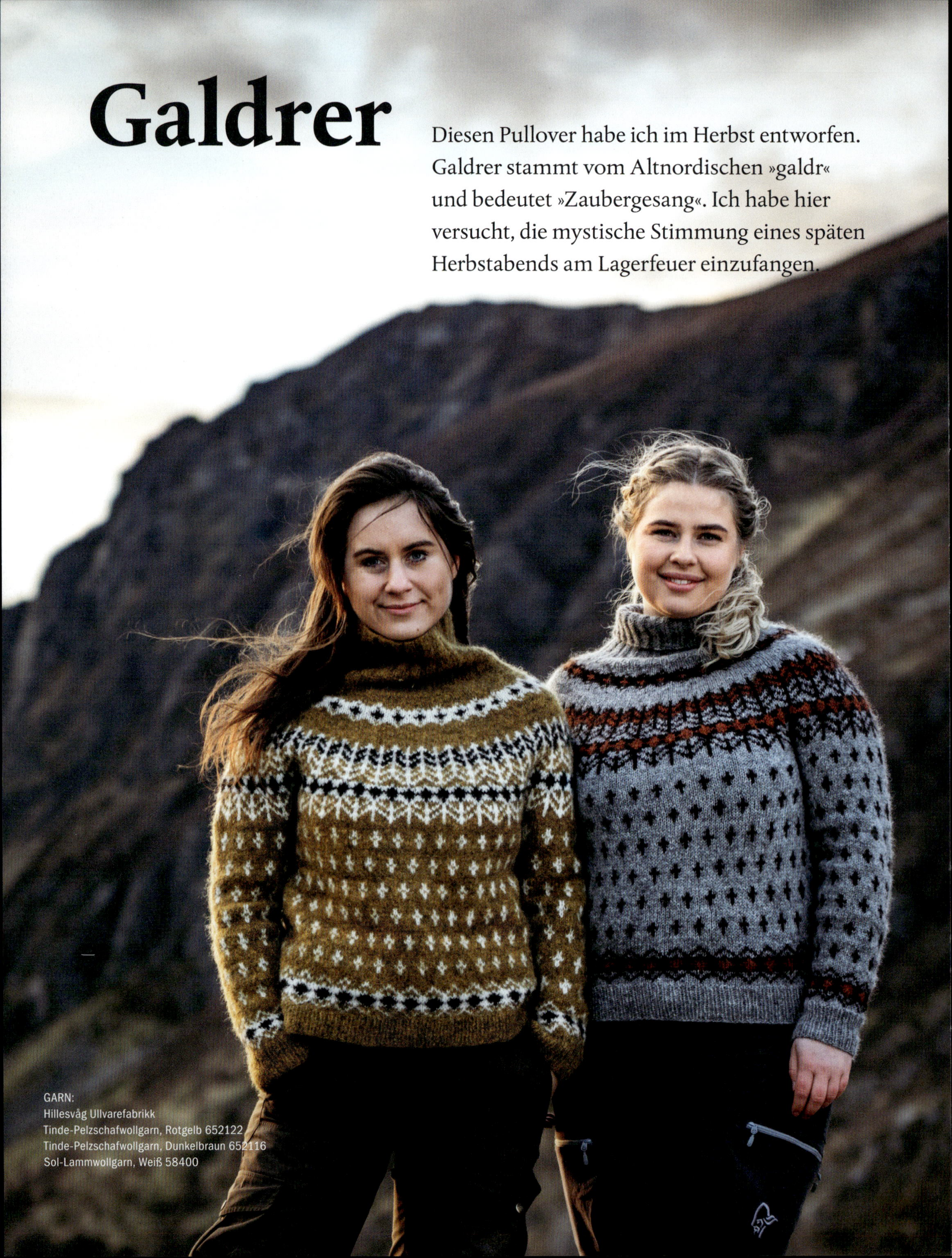

GARN:
Hillesvåg Ullvarefabrikk
Tinde-Pelzschafwollgarn, Rotgelb 652122
Tinde-Pelzschafwollgarn, Dunkelbraun 652116
Sol-Lammwollgarn, Weiß 58400

Galdrer-Pullover

Größen
S (M) L (XL) XXL

Maschenprobe
22 M mit Nadel Nr. 3,5 = 10 cm

Garn
Tinde-Pelzschafwollgarn von Hillesvåg Ullvarefabrikk

Garnmenge
Naturgrau (652115) = 400 (400) 500 (500) 600 g
Dunkelbraun (652116) = 100 (200) 200 (200) 200 g
Cognac (652103) = 100 g

Stricknadeln
Nadelspiel Nr. 3 und 3,5
Rundstricknadel Nr. 3 und 3,5, 40 cm lang
Rundstricknadel Nr. 3 und 3,5, 80 cm lang

Pullovermaße
Ärmellänge Damen: 47 (48) 49 (50) 51 cm
Ärmellänge Herren: 50 (52) 53 (54) 55 cm
(oder die gewünschte Länge)
Brustumfang (Damen und Herren):
90 (98) 111 (120) 125 cm
Rumpflänge Damen: 40 (42) 43 (44) 44 cm
Rumpflänge Herren: 44 (45) 46 (47) 47 cm
(oder die gewünschte Länge)

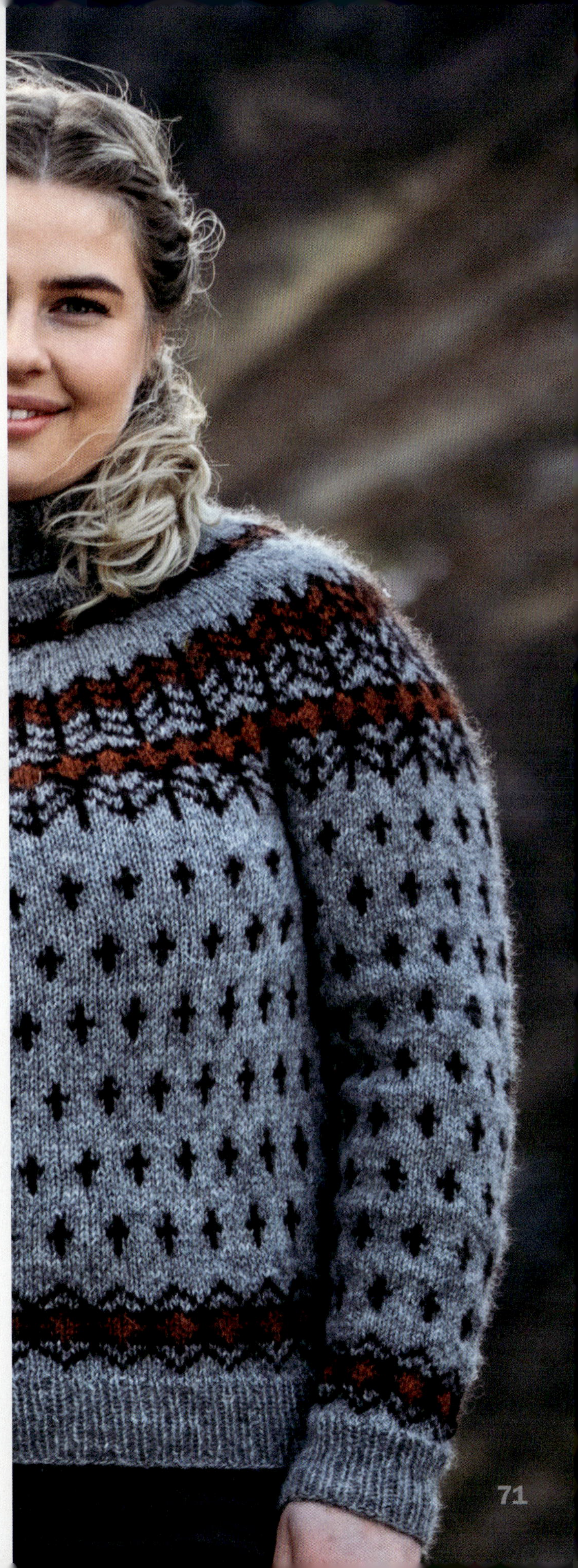

RUMPF

198 (216) 246 (264) 276 M in Naturgrau mit Rundstricknadel Nr. 3 anschlagen und für das Bündchen 6 cm im 1/1-Rippenmuster (= 1 M rechts, 1 M links im Wechsel) str. Zu Nadel Nr. 3,5 wechseln (ab jetzt wird glatt rechts gearbeitet) und nach Zählmuster A str (wer fest strickt, wählt für das Muster eine Nadelstärke größer). Einen M-Markierer auf jeder Seite setzen = 99 (108) 123 (132) 138 M für das Vorderteil und 99 (108) 123 (132) 138 M für das Rückenteil. Nach Zählmuster B str. Das Zählmuster in der Höhe wiederholen, bis die Arbeit 40 (42) 43 (44) 44 cm für Damen bzw. 44 (45) 46 (47) 47 für Herren misst. Mit 1 Rd in Naturgrau enden. Für die Armausschnitte 11 M auf jeder Seite auf einem Faden oder M-Halter stilllegen (die markierte M und beidseitig davon 5 M).
Die Arbeit beiseitelegen und die Ärmel str.

ÄRMEL

42 (48) 54 (54) 54 M in Naturgrau mit Nadelspiel Nr. 3 anschlagen und 6 cm im 1/1-Rippenmuster str. Zu Nadelspiel Nr. 3,5 wechseln (ab jetzt wird glatt rechts gearbeitet) und gleichmäßig verteilt 6 M zun = 48 (54) 60 (60) 60 M. Nach Zählmuster A str (evtl. die Nadelstärke wechseln) und direkt anschließend nach Zählmuster B weiterstr (es wird ab jetzt fortlaufend in der Höhe wiederholt). Die mittlere M unter dem Ärmel mit einem M-Markierer kennzeichnen (= Rd-Beginn) und alle 2 cm jeweils vor und nach der markierten Mittel-M 1 M bis auf insgesamt 74 (78) 86 (86) 90 M zun. Die zugenommenen M ins Muster integrieren. Weiterstr, bis der Ärmel 47 (48) 49 (50) 51 cm für Damen bzw. 50 (52) 53 (54) 55 cm für Herren misst. Mit 1 Rd in Naturgrau enden. Die mittleren 11 M unter dem Ärmel auf einem Faden oder M-Halter stilllegen (die markierte M und beidseitig davon 5 M).
Den zweiten Ärmel ebenso str.

RUNDPASSE

Die Ärmel-M auf die Rundstricknadel mit den Rumpf-M str = 302 (328) 374 (392) 412 M auf der Nadel. Nach Zählmuster C für die Rundpasse str (evtl. die Nadelstärke wechseln) und dabei wie gekennzeichnet abn. Wie für die entsprechende Größe angegeben enden.

ROLLKRAGEN

Es liegen 120 (132) 148 (156) 164 M auf der Nadel. 1 Rd rechte M str und dabei gleichmäßig verteilt auf insgesamt 112 (116) 116 (120) 120 M abn. Zu Nadel Nr. 3 wechseln und 20 cm im 2/2-Rippenmuster (= 2 M rechts, 2 M links im Wechsel) str, dann locker abk.

FERTIGSTELLEN

Siehe Seite 25.

Zählmuster A

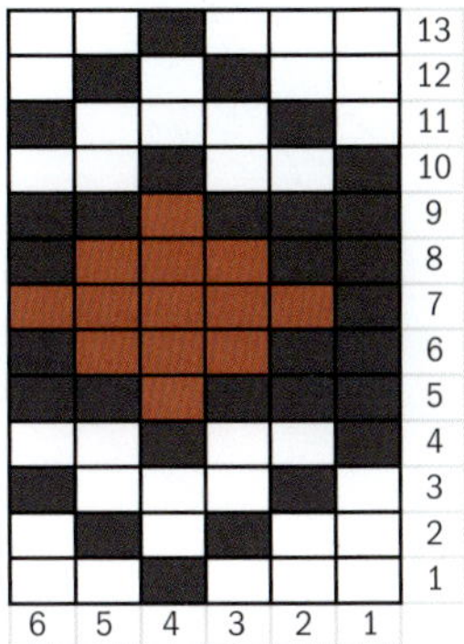

Zählmuster B

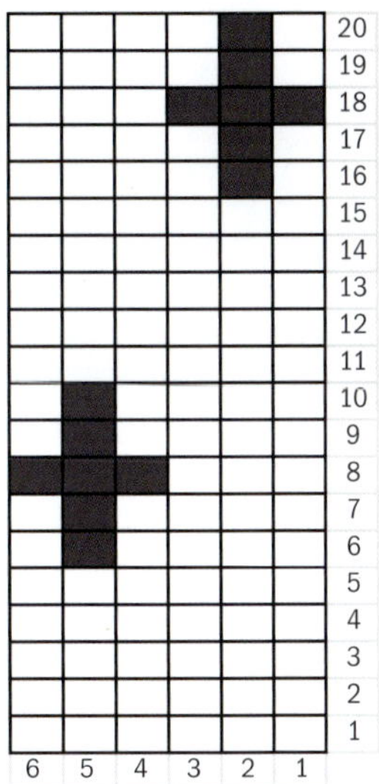

VV = 2 M rechts zusstr
V = 1 M

Zählmuster C (Rundpasse)

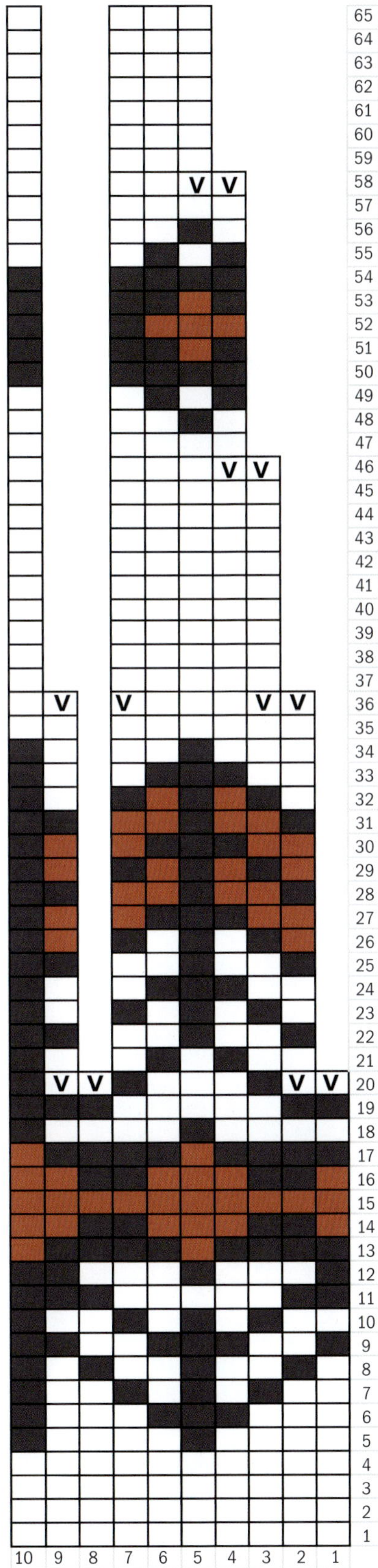

65 Für Größe XXL hier enden. Siehe in der Anleitung unter »Rollkragen«
63 Für Größe L, XL hier enden. Siehe Anleitung »Rollkragen«
62 Für Größe M hier enden. Siehe Anleitung »Rollkragen«
61 Für Größe S hier enden. Siehe Anleitung »Rollkragen«
58 Wie gekennzeichnet abn = 120 (132) 148 (156) 164 M
46 Wie gekennzeichnet abn = 150 (165) 185 (195) 205 M
43 Für Größe S, M, L überspringen
42 Für Größe S, M, L überspringen
36 Wie gekennzeichnet abn = 180 (198) 222 (234) 246 M
20 Wie gekennzeichnet abn = 240 (264) 296 (312) 328 M
3 Für Größe S, M überspringen
2 M-Zahl auf 300 (330) 370 (390) 410 M anpassen
1 302 (328) 374 (392) 412 M

Molinka

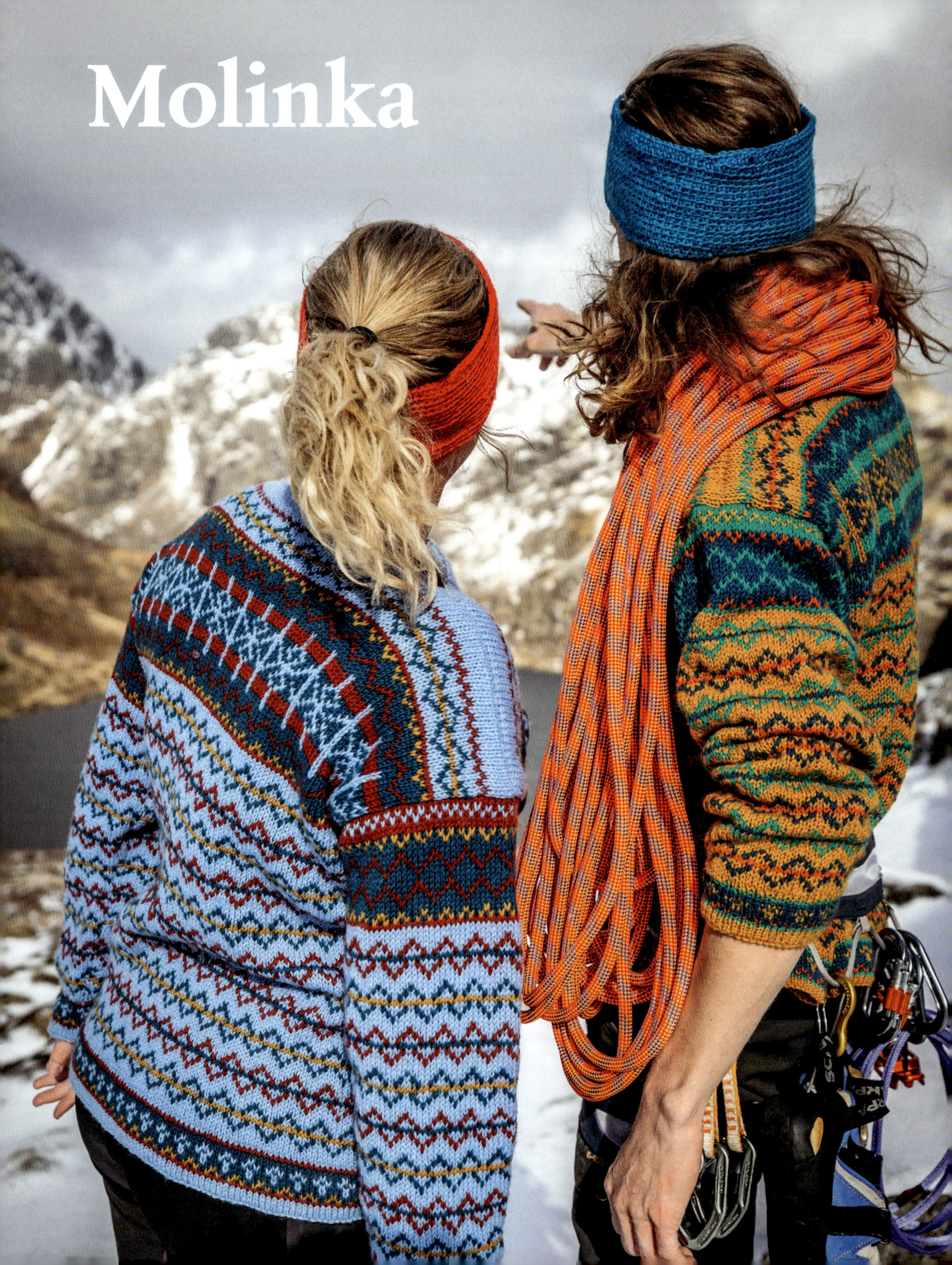

Dieser Pullover unterscheidet sich ein wenig stärker von den anderen, weil das Muster den gesamten Pullover bedeckt. Das hat mir schon immer gut gefallen. Als ich den ersten Molinka-Pullover strickte, war ich auf einer »hyttetur« (ein Wochenende oder länger in einem Ferienhäuschen in der Natur) im Haukadal mit den Hunden und Freundinnen. Wir aßen gut, machten Schneeschuhwanderungen und strickten viel. Immer wenn ich einen Molinka-Pullover sehe, denke ich an diese Zeit.

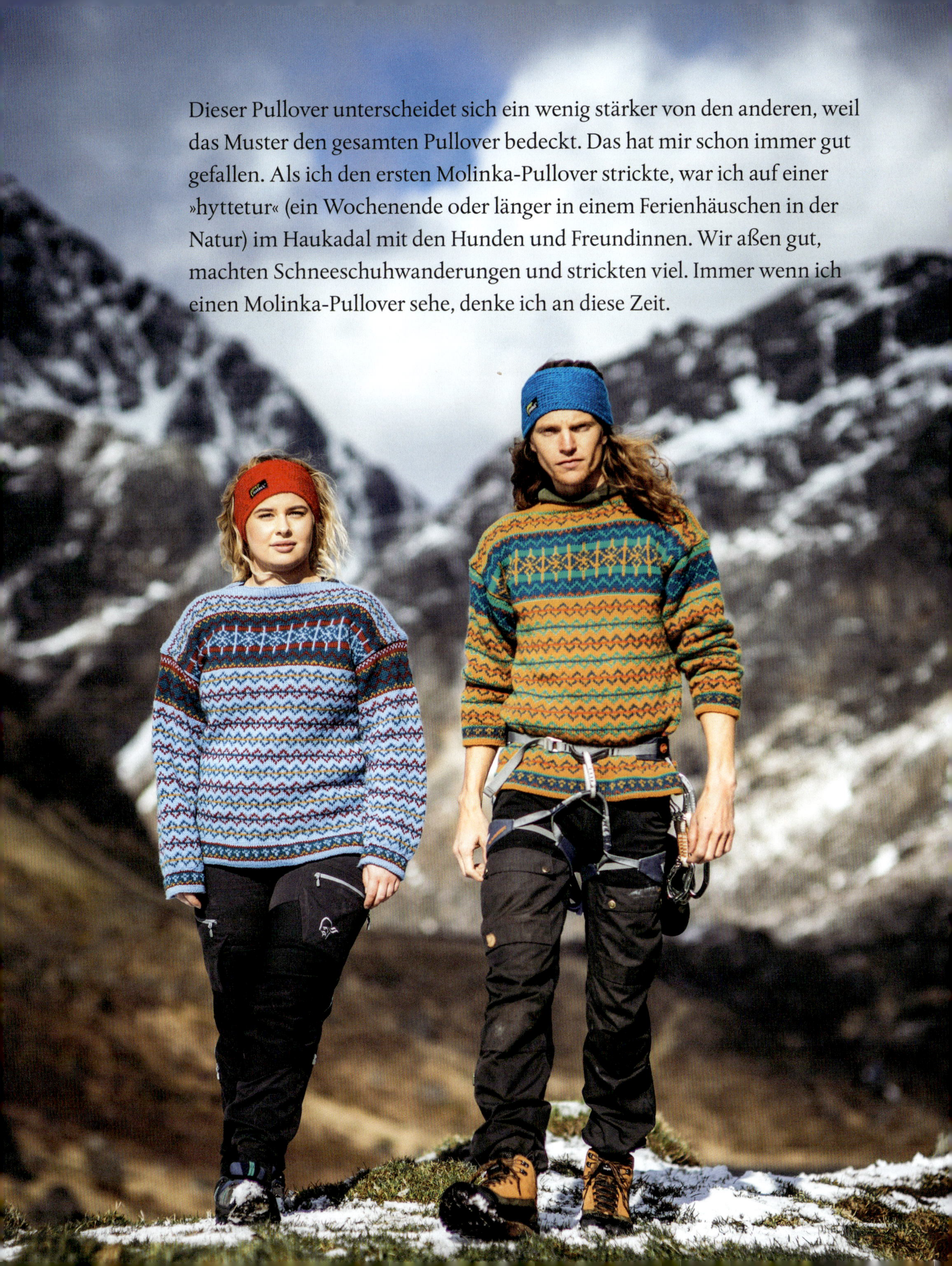

Molinka-Pullover

Größen
S (M) L (XL) XXL

Maschenprobe
22 M mit Nadel Nr. 3,5 = 10 cm

Garn
3-tråds Strikkegarn von Rauma

Garnmenge
Ocker (146): 350 (400) 450 (500) 550 g
Dunkelblau (184): 150 (200) 200 (200) 200 g
Meergrün (175): 150 (150) 150 (150) 200 g
Orange (177): 50 g für alle Größen

Stricknadeln
Nadelspiel Nr. 3 und 3,5
Rundstricknadel Nr. 3 und 3,5, 40 cm lang
Rundstricknadel Nr. 3 und 3,5, 80 cm lang

Pullovermaße
Pullover mit eingesetzten Ärmeln sitzen besser, wenn sie ein wenig weiter sind. Dafür den Brustumfang messen und 10 cm hinzurechnen.
Ärmellänge Damen: 47 (48) 49 (50) 51 cm
Ärmellänge Herren: 52 (53) 54 (55) 56 cm (oder die gewünschte Länge)
Brustumfang (Damen und Herren): 93 (103) 114 (125) 131 cm
Gesamtlänge Damen: 63 (65) 66 (67) 69 cm
Gesamtlänge Herren: 67 (69) 70 (72) 74 cm (oder die gewünschte Länge)

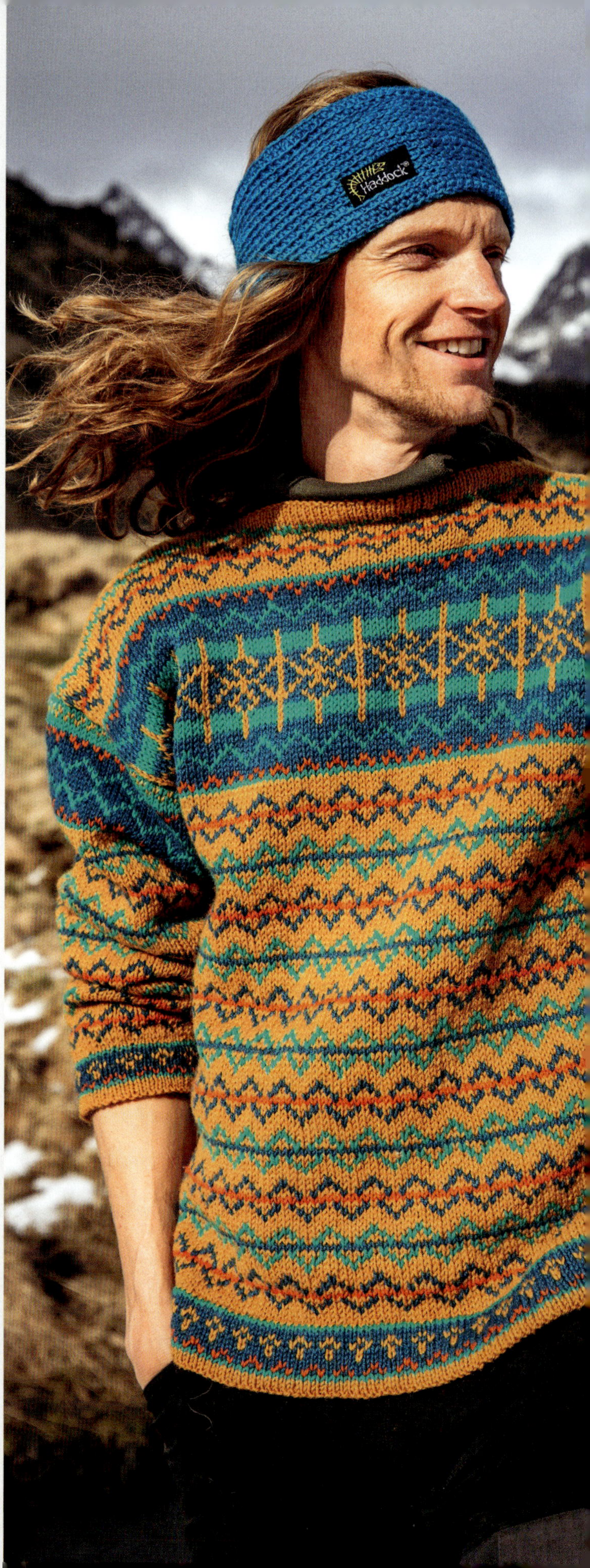

VORDER- UND RÜCKENTEIL

204 (228) 252 (276) 288 M in Ocker mit Rundstricknadel Nr. 3 anschlagen und 5 cm glatt rechts str. Dann für die Umbruchkante 1 Rd linke M str und anschließend nach Zählmuster A arbeiten. Die 5 cm nach innen umschlagen und festnähen. Zu Rundstricknadel Nr. 3,5 wechseln (evtl. eine Nadelstärke größer wählen) und nach Zählmuster B str. Das Zählmuster in der Höhe wiederholen, bis das Vorder- und Rückenteil ca. 41 (43) 44 (45) 47 cm für Damen bzw. ca. 45 (47) 48 (50) 52 cm für Herren misst. Am Rd-Beginn und nach 102 (114) 126 (138) 144 M einen M-Markierer setzen. Nach Zählmuster C str. Dann 1 Rd linke M für die Umbruchkante und noch 2 cm glatt rechts str. Die M abk und die 2 cm nach innen umschlagen und festnähen. Die Arbeit beiseitelegen und die Ärmel str.

ÄRMEL

44 (48) 48 (52) 52 M in Ocker mit Nadelspiel Nr. 3 anschlagen und 13 Rd glatt rechts str. Dann für die Umbruchkante 1 Rd linke M str und anschließend nach Zählmuster A arbeiten (evtl. die Nadelstärke wechseln). Den Rand nach innen umschlagen und festnähen. Zu Nadelspiel Nr. 3,5 wechseln und 1 Rd in Ocker str, dabei gleichzeitig gleichmäßig verteilt auf insgesamt 60 (64) 64 (68) 68 M zun. Die mittlere M unter dem Ärmel mit einem M-Markierer kennzeichnen (= Rd-Beginn). Die markierte M stets links str, so ist der Rd-Anfang noch leichter im Blick zu behalten. Alle 2 cm jeweils vor und nach dieser markierten Mittel-M 1 M zun, bis insgesamt 96 (104) 104 (104) 106 M vorhanden sind. (Hinweis: Das Muster geht unter dem Ärmel nicht auf.) Nach Zählmuster B str. Das Zählmuster in der Höhe wiederholen, bis der Ärmel 38 (39) 40 (41) 42 cm für Damen bzw. 43 (44) 45 (46) 47 cm für Herren misst. Dann nach Zählmuster D für den Ärmel str. Den Ärmel auf links drehen und für den Beleg 5 Rd glatt rechts str, dann abk. Der Beleg wird beim Fertigstellen auf der Innenseite des Pullovers über die Schnittkante genäht.
Den zweiten Ärmel ebenso str.

FERTIGSTELLEN

Fäden vernähen. Den Pullover leicht dämpfen (mit einem normalen Bügeleisen über einem feuchten Tuch bügeln). Den Armausschnitt markieren, die Höhe muss dabei der Breite des Ärmels entsprechen. Rechts und links sowie unterhalb davon eine Naht mit der Nähmaschine setzen. Dann die Arbeit an den Schultern zusammennähen. Dabei bleiben die mittleren je 46 (52) 52 (54) 56 M von Vorder- und Rückenteil für den Halsausschnitt (= insgesamt 92 (104) 104 (108) 112 M) offen. Nun die Arbeit zwischen den beiden Armausschnittnähten aufschneiden. Die Ärmel von Hand oder mit der Nähmaschine einnähen. Zuletzt jeweils die Belege über die Schnittkante nähen.
Siehe auch www.suedwest-verlag.de/nordisch-stricken

Den Pullover so lange in kaltes Wasser legen (max. 30 °C), bis keine Luft mehr darin ist. Flach liegend trocknen lassen und in Form ziehen. Keinesfalls zum Trocknen aufhängen, da er sonst ausleiert.

Zählmuster A

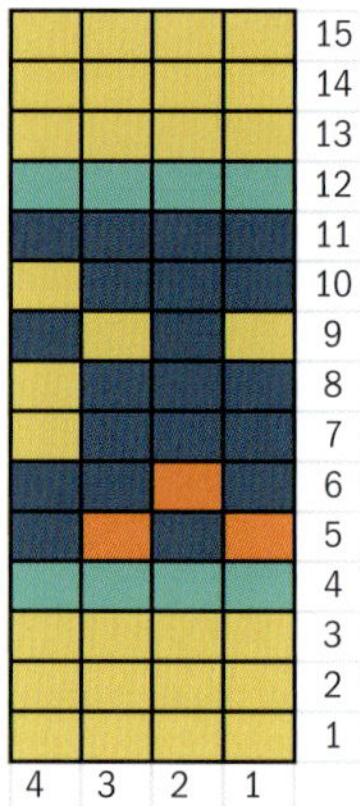

Zählmuster C (Vorder- und Rückenteil)

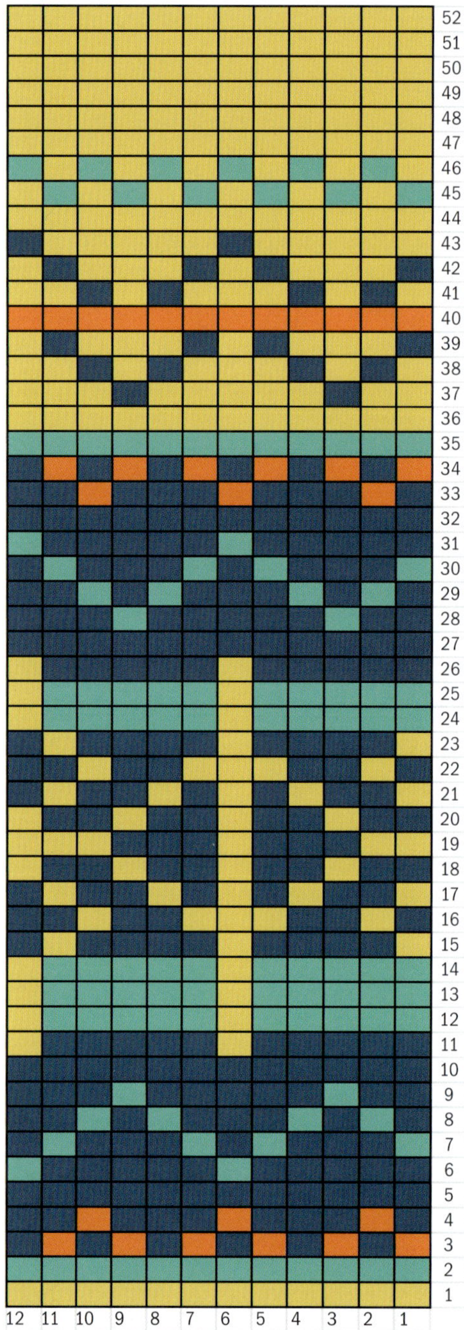

Zählmuster B

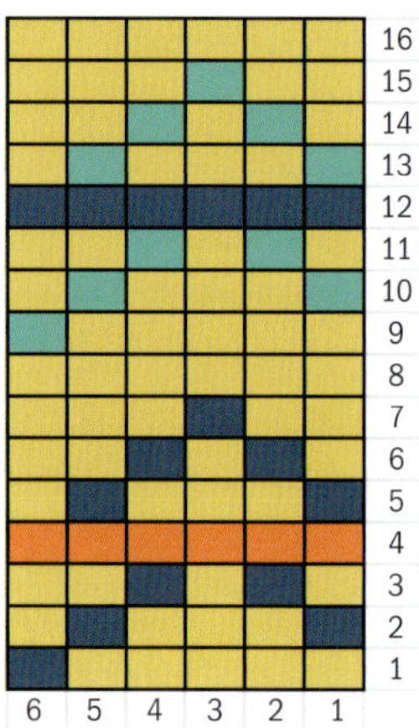

Zählmuster D

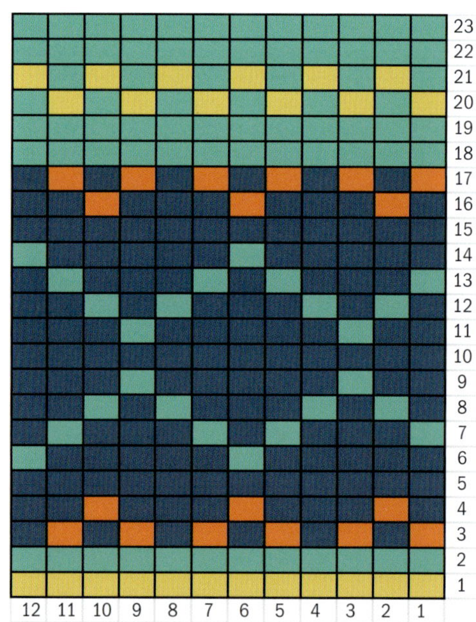

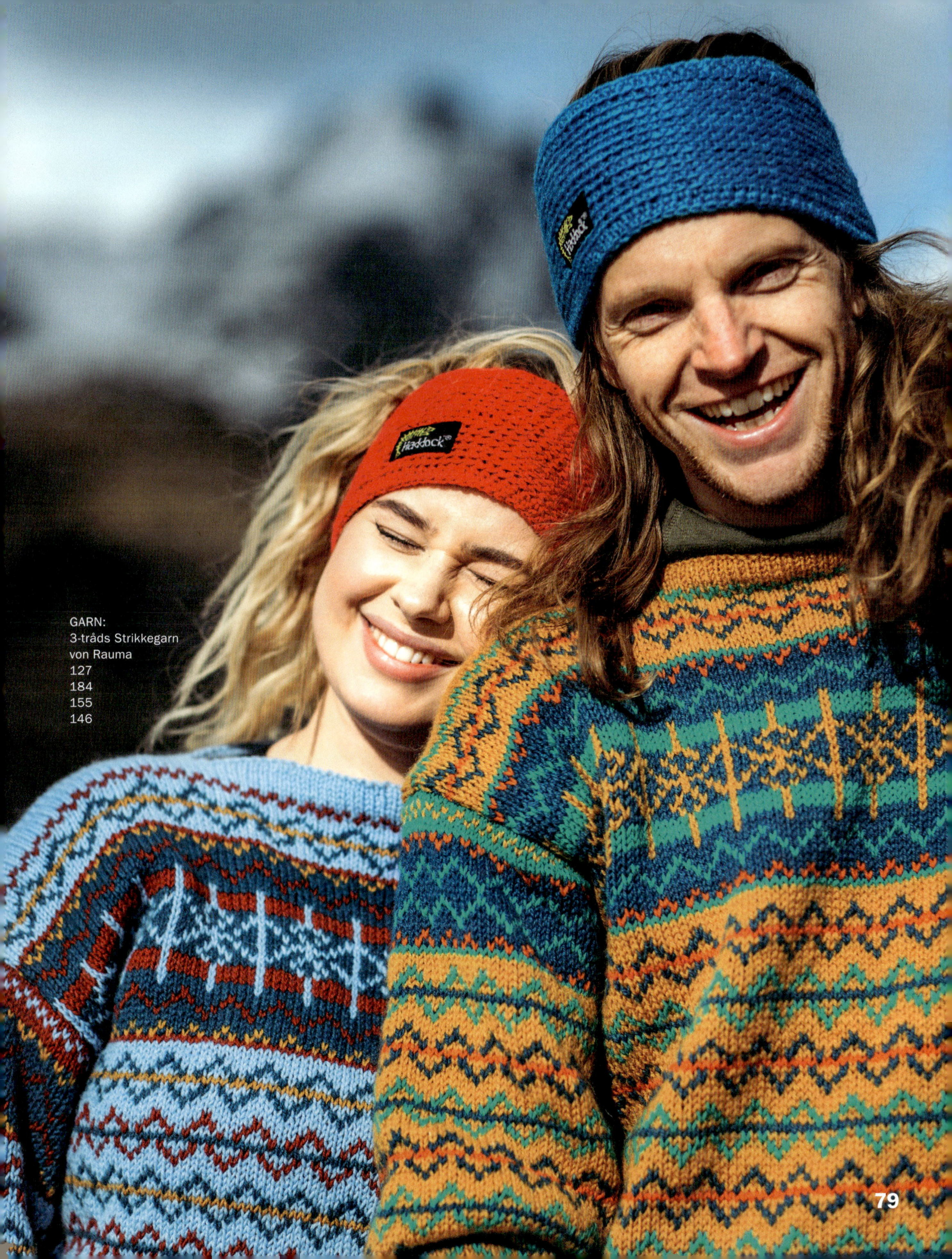

GARN:
3-tråds Strikkegarn
von Rauma
127
184
155
146

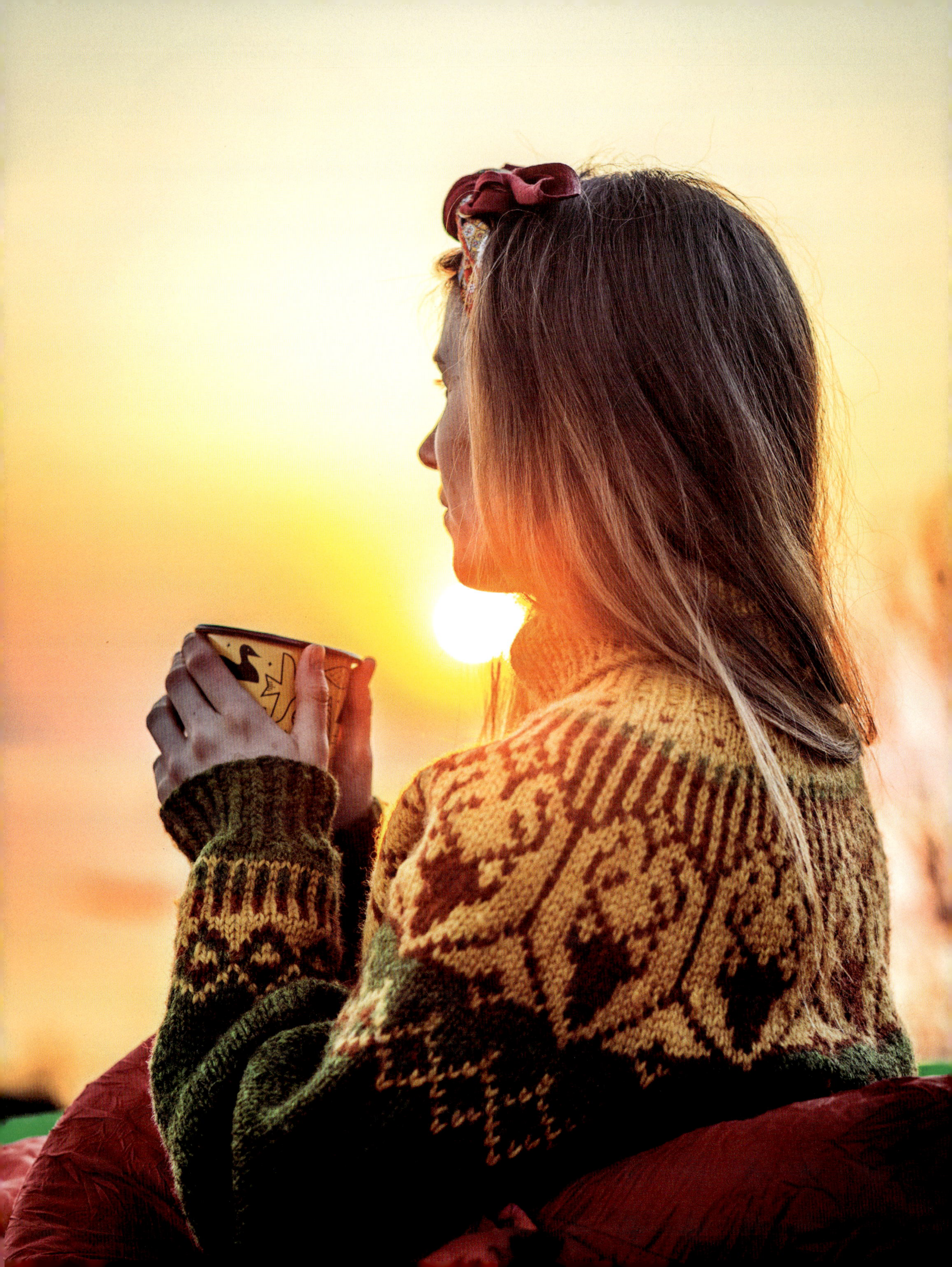

Nordkalotte

Die Nordkalotte ist die nördlichste Region der fennoskandinavischen Halbinsel und umfasst Teile von Norwegen, Schweden, Finnland und Russland. Als ich mich an einem kalten Herbstabend daranmachte, das Nordkalottenmuster zu zeichnen, ließ ich mich vom Leben im hohen Norden inspirieren. Schneebedecktes Land und Rentiere, die sich durch die langen Winter mit extremer Kälte und Sturm kämpfen.

Der Nordkalottenpullover und die Nordkalottenjacke sind eine Hommage an die schönsten und robustesten Tiere, die wir in Norwegen haben.

Nordkalotten-pullover

Größen
S (M) L (XL) XXL

Maschenprobe
14 M mit Nadel Nr. 6 = 10 cm

Garn
Vamsegarn von Rauma

Garnmenge
Rost (401): 300 (350) 400 (400) 450 g
Marineblau (077): 100 g
Naturweiß (001): 200 (200) 200 (250) 250 g

Stricknadeln
Nadelspiel Nr. 4,5 und 6
Rundstricknadel Nr. 4,5 und 6, 40 cm lang
Rundstricknadel Nr. 4,5 und 6, 80 cm lang

Pullovermaße
Ärmellänge Damen: 48 (49) 50 (51) 52 cm
Ärmellänge Herren: 53 (54) 55 (56) 57 cm
Brustumfang (Damen und Herren):
94 (102) 111 (120) 128 cm
Rumpflänge Damen: 42 (43) 44 (45) 45 cm
Rumpflänge Herren: 44 (45) 46 (47) 47 cm

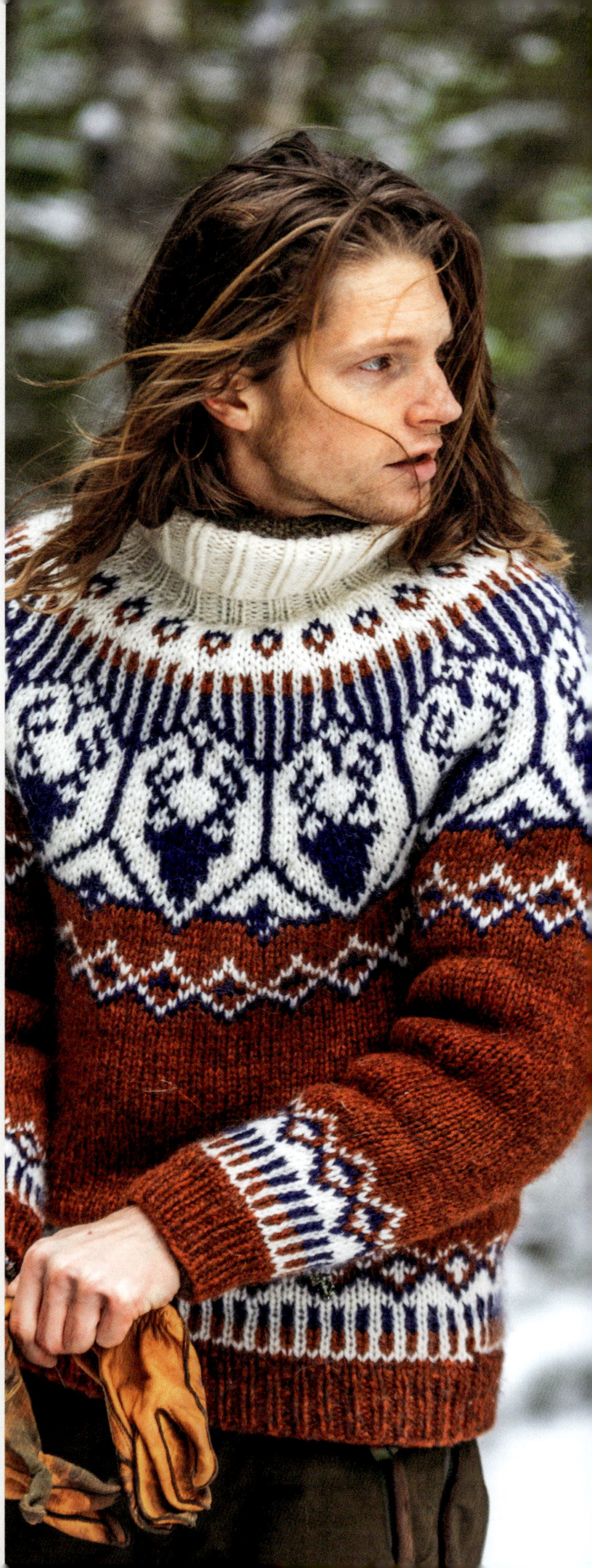

RUMPF

132 (144) 156 (168) 180 M in Rost mit Rundstricknadel Nr. 4,5 anschlagen und für das Bündchen 6 cm im 1/1-Rippenmuster (= 1 M rechts, 1 M links im Wechsel) str. Am Rd-Beginn einen M-Markierer setzen. Zu Nadel Nr. 6 wechseln (ab jetzt wird glatt rechts gearbeitet) und nach Zählmuster A str (wer fest strickt, wählt für das Muster eine Nadelstärke größer). Dann in Rost weiterstr, bis der Rumpf 36 (37) 38 (39) 39 cm für Damen bzw. 38 (39) 40 (41) 41 cm für Herren misst. Nach Zählmuster B str (evtl. die Nadelstärke wechseln). Der Rumpf sollte nun 42 (43) 44 (45) 45 cm für Damen bzw. 44 (45) 46 (47) 47 cm für Herren lang sein. Nach 66 (72) 78 (84) 90 M einen M-Markierer setzen, sodass nun auf beiden Seiten ein Markierer ist (Vorder- und Rückenteil sind eingeteilt). Für die Armausschnitte 9 (7) 9 (7) 6 M auf jeder Seite auf einem Faden oder M-Halter stilllegen.
Die Arbeit beiseitelegen und die Ärmel str.

ÄRMEL

38 (38) 40 (40) 40 M in Rost mit Nadelspiel Nr. 4,5 anschlagen und 6 cm im 1/1-Rippenmuster str. Zu Nadelspiel Nr. 6 wechseln (ab jetzt wird glatt rechts gearbeitet) und in der 1. Rd gleichmäßig verteilt 4 (10) 8 (8) 8 M zun = 42 (48) 48 (48) 48 M. Nun nach Zählmuster A str (evtl. die Nadelstärke wechseln). Dann in Rost weiterarbeiten. Die mittlere M unter dem Ärmel mit einem M-Markierer kennzeichnen und alle 2 (2,5) 2,5 (3) 3 cm jeweils vor und nach dieser markierten Mittel-M 1 M zun, bis insgesamt 60 (60) 66 (66) 66 M vorhanden sind. Ohne Zun in Rost weiterstr, bis der Ärmel 42 (43) 44 (45) 46 cm für Damen bzw. 47 (48) 49 (50) 51 cm für Herren misst. Nun nach Zählmuster B str (evtl. die Nadelstärke wechseln). Der Ärmel sollte nun 48 (49) 50 (51) 52 cm für Damen bzw. 53 (54) 55 (56) 57 cm für Herren lang sein. Die mittleren 9 (8) 9 (8) 6 M unter dem Ärmel auf einem Faden oder M-Halter stilllegen.
Den zweiten Ärmel ebenso str.

RUNDPASSE

Die Ärmel-M auf die Rundstricknadel mit den Rumpf-M str. Dabei einen M-Markierer am ersten Übergang zwischen Ärmel und Rumpf setzen = Rd-Beginn. Es liegen nun 216 (234) 252 (270) 288 M auf der Nadel. Nach Zählmuster C für die Rundpasse str (evtl. die Nadelstärke wechseln) und dabei wie gekennzeichnet abn. Hinweis: Nicht alle Musterdetails von Zählmuster B am Rumpf treffen genau auf die Musterdetails von Zählmuster B an den Ärmeln.

ROLLKRAGEN

20 cm im 2/2-Rippenmuster (= 2 M rechts, 2 M links im Wechsel) mit Nadel Nr. 4,5 str, dann locker abk.

FERTIGSTELLEN

Siehe Seite 25.

Zählmuster A (unterer Ärmel und Rumpf)

Zählmuster B (oberer Ärmel und Rumpf)

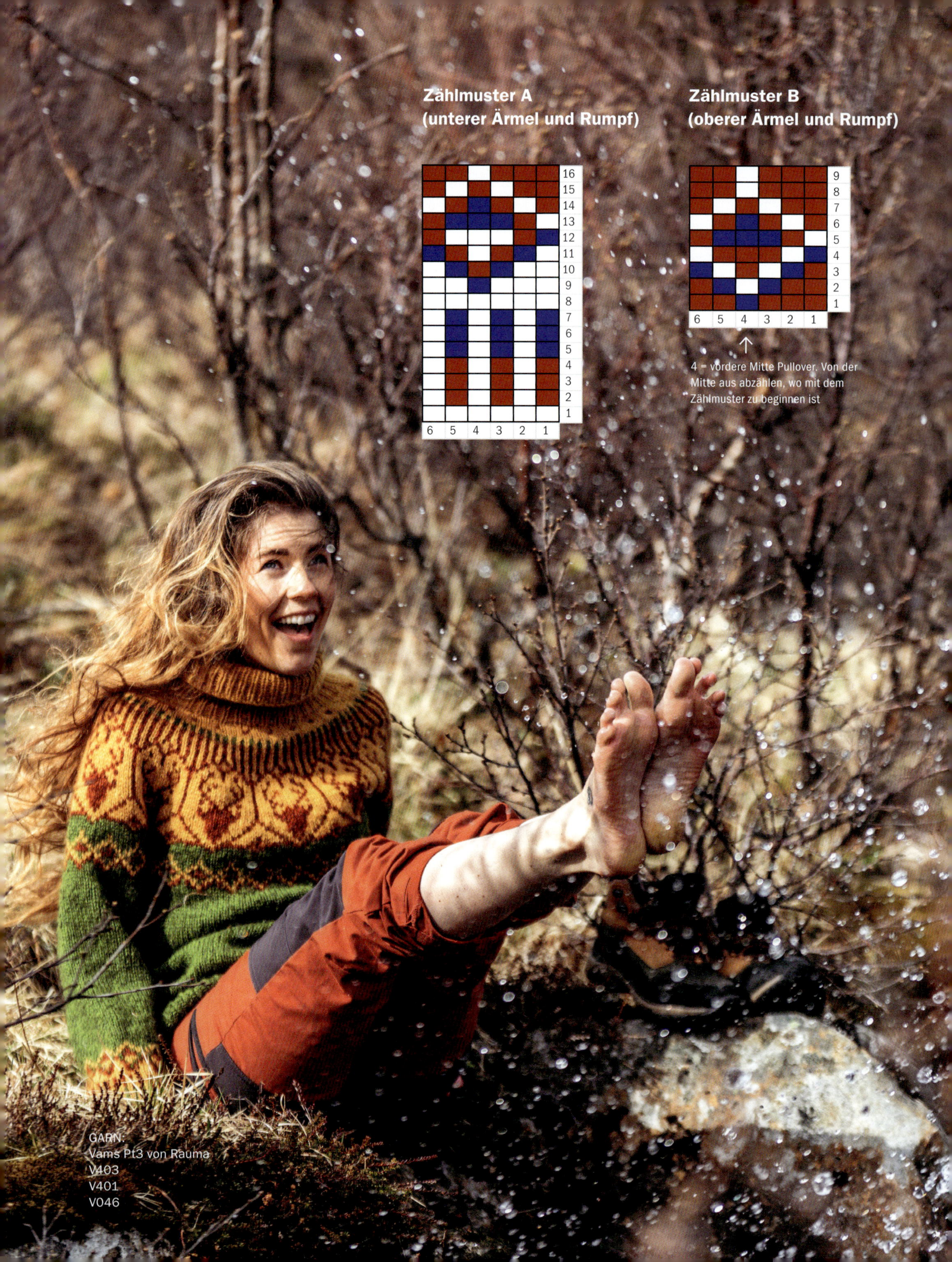

4 = vordere Mitte Pullover. Von der Mitte aus abzählen, wo mit dem Zählmuster zu beginnen ist

GARN:
Vams Pt3 von Rauma
V403
V401
V046

Zählmuster C (Rundpasse)

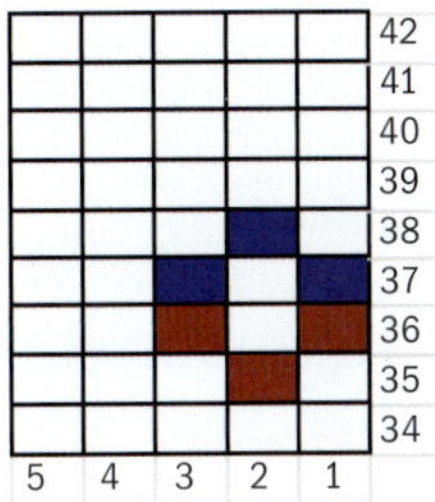

42 Für Größe M, L, XL und XXL gleichmäßig verteilt 0 (16) 16 (26) 26 M abn = 84 M
41 Für Größe S hier enden
40 Gleichmäßig verteilt 34 (20) 30 (30) 40 M abn = 76 (100) 100 (110) 110 M
38 Für Größe S, M, L überspringen
37 Für Größe S, M, L überspringen
36 Für Größe S, M, L überspringen
34 Gleichmäßig verteilt 34 (36) 38 (40) 42 M abn = 110 (120) 130 (140) 150 M

2 = vordere Mitte Pullover

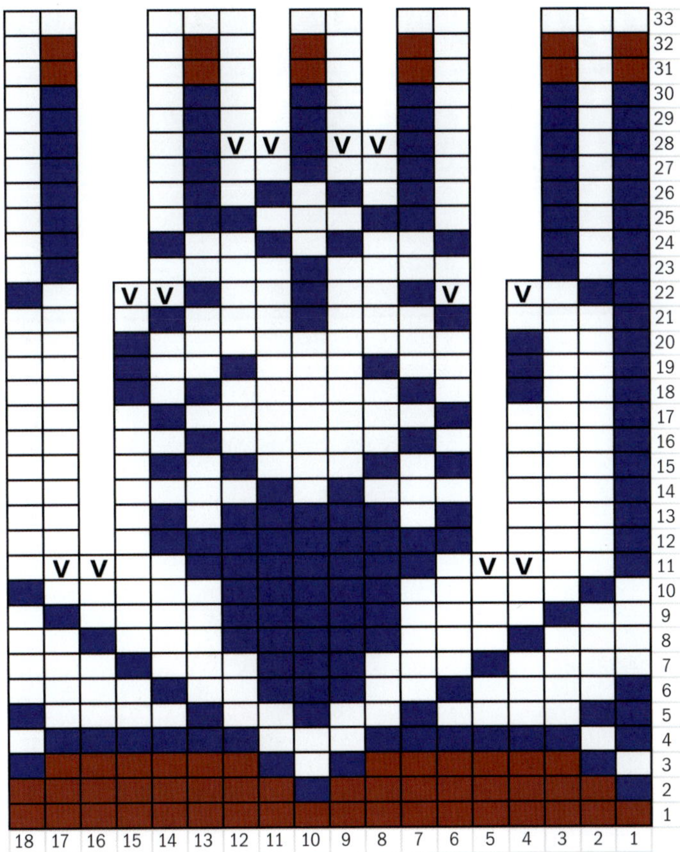

30 Für Größe S, M überspringen
29 Für Größe S, M überspringen
28 Wie gekennzeichnet abn = 144 (156) 168 (180) 192 M
22 Wie gekennzeichnet abn = 168 (182) 196 (210) 224 M
20 Für Größe S überspringen
11 Wie gekennzeichnet abn = 192 (208) 224 (240) 256 M
1 216 (234) 252 (270) 288 M

10 = vordere Mitte Pullover. Von der Mitte aus abzählen, wo mit dem Zählmuster zu beginnen ist

VV = 2 M rechts zusstr
V = 1 M

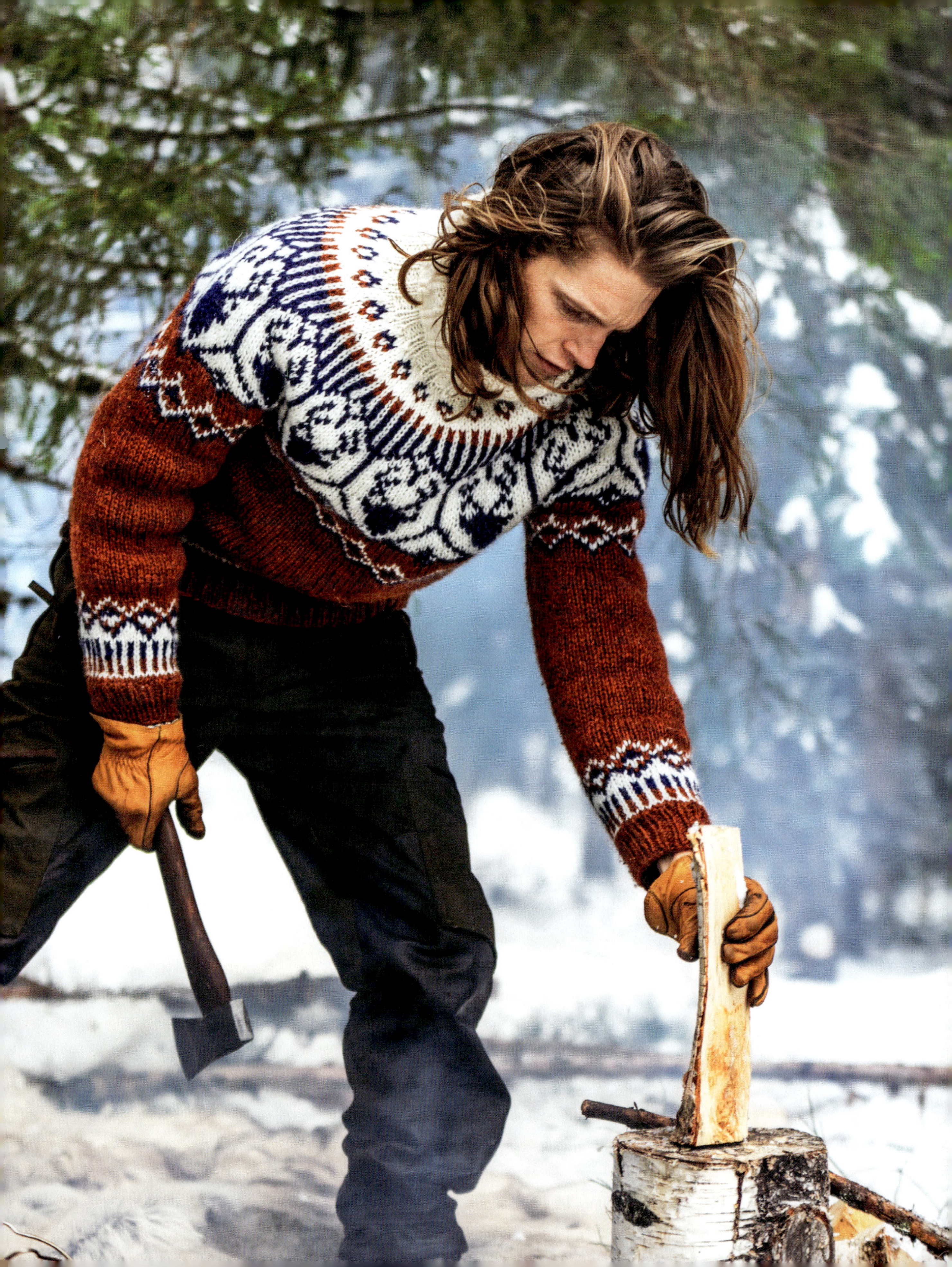

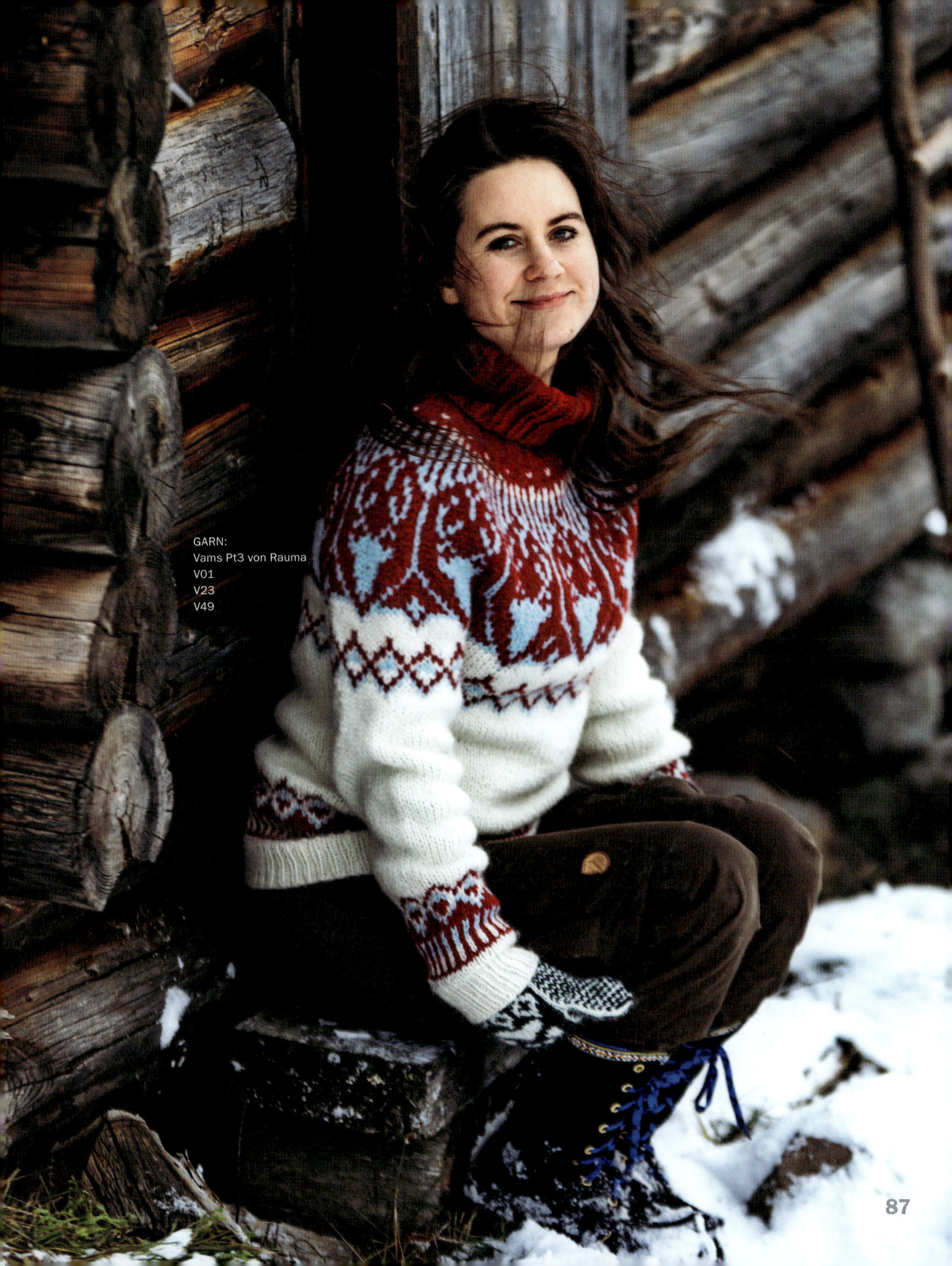

GARN:
Vams Pt3 von Rauma
V01
V23
V49

Nordkalotten-jacke

Größen
S (M) L (XL) XXL

Maschenprobe
22 M mit Nadel Nr. 3,5 = 10 cm

Garn
3-tråds Strikkegarn von Rauma

Garnmenge
Braun meliert (164) = 450 (500) 550 (600) 650 g
Hellgrau (103) = 100 (100) 100 (150) 150 g
Koksgrau (107) = 100 g
Dunkelrot (128) = 100 g

Knöpfe
7 (7) 8 (8) 8 Knöpfe aus Büffelhorn (25 mm)

Stricknadeln
Nadelspiel Nr. 3 und 3,5
Rundstricknadel Nr. 3 und 3,5, 40 cm lang
Rundstricknadel Nr. 3 und 3,5, 80 cm lang

Jackenmaße
Ärmellänge Damen: 47 (48) 49 (50) 51 cm
Ärmellänge Herren: 50 (52) 53 (54) 55 cm
(oder die gewünschte Länge)
Brustumfang: 93 (101) 107 (114) 123 cm
Rumpflänge Damen: 40 (42) 43 (44) 44 cm
Rumpflänge Herren: 44 (45) 46 (47) 47 cm
(oder die gewünschte Länge)

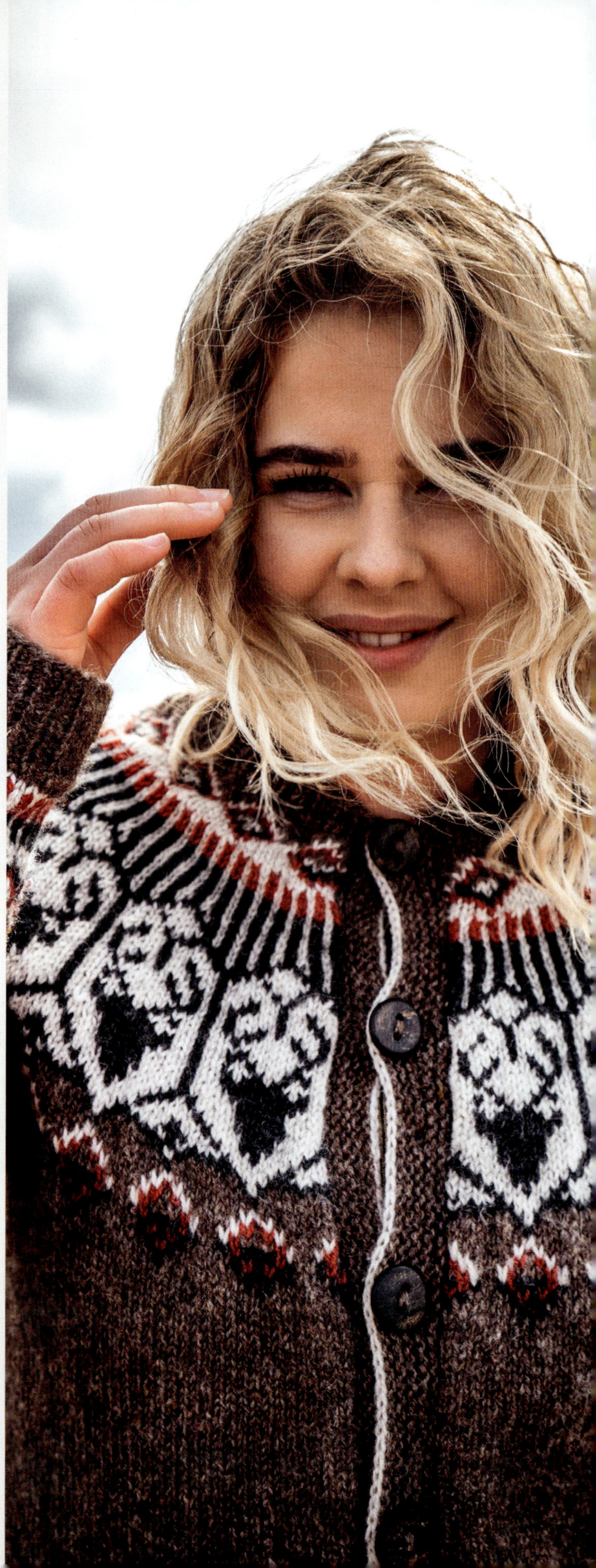

RUMPF

199 (217) 229 (247) 265 M in Braun meliert mit Rundstricknadel Nr. 3 anschlagen und für das Bündchen in Reihen 6 cm im 1/1-Rippenmuster (= 1 M rechts, 1 M links im Wechsel) str. Die 1. Reihe ist eine Rückreihe, diese mit 1 M links beginnen, damit sie auf der Vorderseite der Jacke rechts erscheint. (Es ist wichtig, dass die äußersten M rechte M sind, denn aus ihnen werden später die M für die Knopfleisten aufgefasst.) Nun für die Steek-M auf der rechten Nadel 5 M dazu anschlagen (siehe auch Seite 23). Diese M werden stets glatt links gestrickt und nicht mitgezählt. Ab jetzt wird in Rd glatt rechts gestrickt (außer über die Steek-M). Zu Rundstricknadel 3,5 wechseln und nach Zählmuster A str (evtl. eine Nadelstärke größer wählen). Der Rapport besteht aus 6 M + 1 M, sodass das Muster auf beiden Seiten der Knopfleisten symmetrisch ist (das gilt auch für die Passe). An beiden Seiten einen M-Markierer setzen: 101 (109) 115 (123) 133 M für das Rückenteil und jeweils 49 (54) 57 (62) 66 M für beide Vorderteile. Glatt rechts in Braun meliert weiterstr, bis die Arbeit 40 (42) 43 (44) 44 cm für Damen oder 44 (45) 46 (47) 47 cm für Herren misst. Für die Armausschnitte 11 M auf jeder Seite auf einem Faden oder M-Halter stilllegen (die markierte M und beidseitig davon 5 M).
Die Arbeit beiseitelegen und die Ärmel str.

ÄRMEL

42 (48) 48 (54) 54 M in Braun meliert mit Nadelspiel Nr. 3 anschlagen und 6 cm im 1/1-Rippenmuster str. Zu Nadelspiel Nr. 3,5 wechseln (ab jetzt wird glatt rechts gearbeitet) und gleichmäßig verteilt 6 M zun = 48 (54) 54 (60) 60 M. Nach Zählmuster A str (evtl. die Nadelstärke wechseln) und dann in Braun meliert weiterarbeiten. Die mittlere M unter dem Ärmel mit einem M-Markierer kennzeichnen (= Rd-Beginn) und alle 2 cm jeweils vor und nach der markierten Mittel-M 1 M bis auf insgesamt 76 (78) 82 (86) 86 M zun. Weiterstr, bis der Ärmel 47 (48) 49 (50) 51 cm für Damen bzw. 50 (52) 53 (54) 55 cm für Herren misst. Die mittleren 11 M unter dem Ärmel auf einem Faden oder M-Halter stilllegen (die markierte M und beidseitig davon 5 M).
Den zweiten Ärmel ebenso str.

RUNDPASSE

Die Ärmel-M auf die Rundstricknadel mit den Rumpf-M str = 307 (329) 349 (375) 393 M auf der Nadel. Nach Zählmuster B für die Rundpasse str (evtl. die Nadelstärke wechseln) und dabei wie gekennzeichnet abn.

Zählmuster A

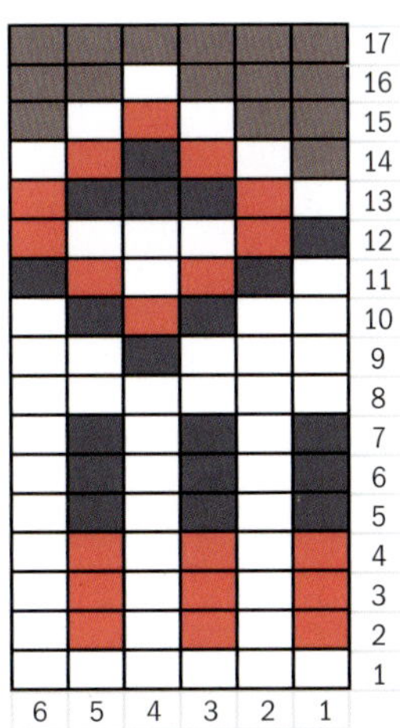

Zählmuster B (Rundpasse)

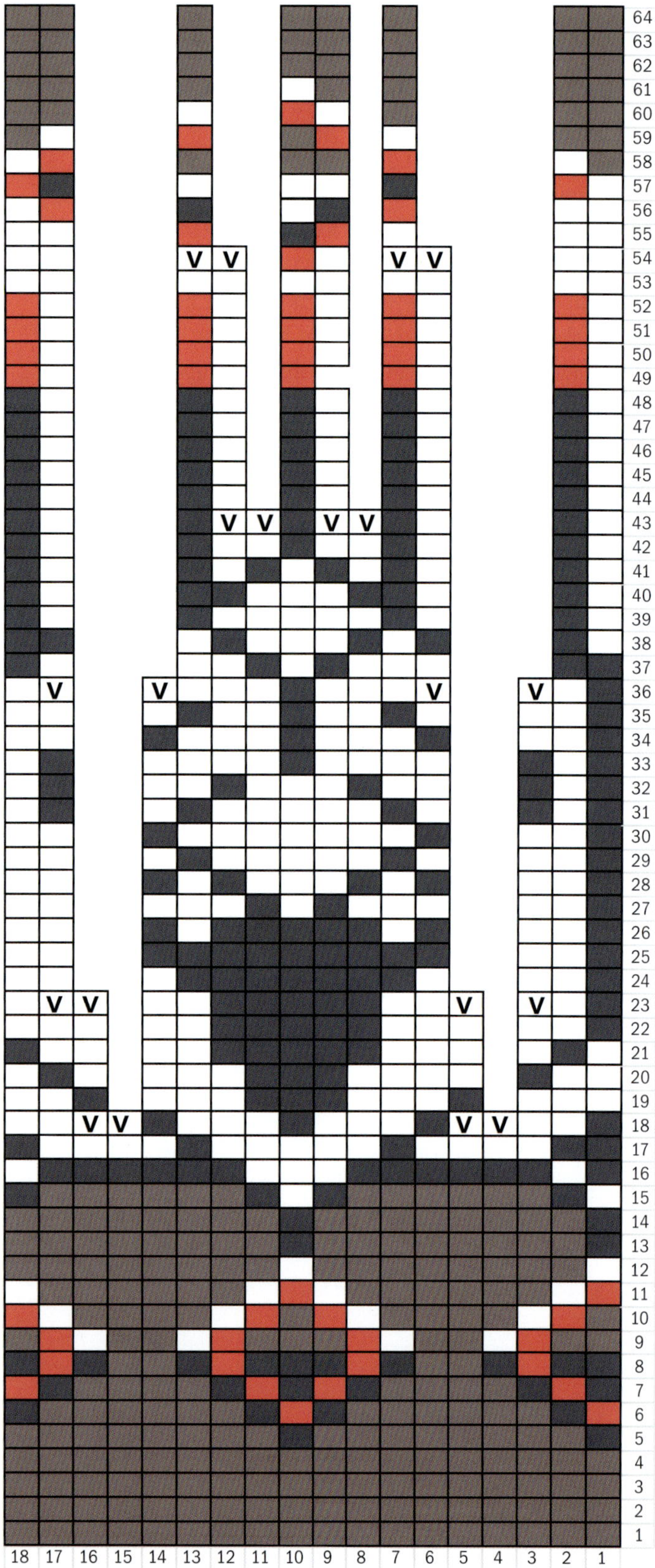

63 Gleichmäßig verteilt 24 (28) 36 (40) 48 M abn = 113 (117) 117 (121) 121 M

54 Wie gekennzeichnet abn = 137 (145) 153 (161) 169 M

49 Für Größe S, M, L überspringen

44 Für Größe S, M, L überspringen

43 Wie gekennzeichnet abn = 171 (181) 191 (201) 211 M

36 Wie gekennzeichnet abn = 205 (217) 229 (241) 253 M

23 Wie gekennzeichnet abn = 239 (253) 267 (281) 295 M

18 Wie gekennzeichnet abn = 273 (289) 305 (321) 337 M

13 Für Größe S, M, L überspringen

4 Für Größe S überspringen

3 Für Größe S, M, L überspringen

2 M-Zahl auf 307 (325) 343 (361) 379 M anpassen

1 307 (329) 349 (375) 393 M

VV = 2 M rechts zusstr
V = 1 M

Hier beginnen

HALSAUSSCHNITT

Es liegen 113 (117) 117 (121) 121 M auf der Nadel (die Steek-M sind darin nicht enthalten). Die Steek-M abk und zu Rundstricknadel Nr. 3 wechseln. In Reihen 3 cm im 1/1-Rippenmuster str, die M locker abk.

FERTIGSTELLEN

Fäden vernähen und die offenen Kanten unter den Ärmeln zusammen abk oder im M-Stich schließen. Mit der Nähmaschine rechts und links der gewünschten Schnittkante über die Steek-M nähen. Am besten dreimal darübernähen, damit die Naht sicher hält. Dann zwischen den beiden Nähten aufschneiden und die Knopfleisten arbeiten.

Rechte Vorderteilkante: Mit Nadel Nr. 3 in Braun meliert M entlang der rechten Vorderteilkante herausstricken. Dazu 2 M aus den Rand-M herausstricken, 1 M überspringen, 2 M herausstricken, 1 M überspringen usw. Anschließend 3 cm kraus rechts (jede Reihe rechts) str. Dann die M in Hellgrau abk. In Hellgrau später auch die Knöpfe annähen.

Linke Vorderteilkante: Wie bei der rechten Vorderteilkante str, dabei jedoch 7 (7) 8 (8) 8 Knopflöcher gleichmäßig verteilt einarbeiten. Das unterste Knopfloch ca. 2 cm vom unteren Rand und das oberste ca. 1 cm vom oberen Rand. Noch 1,5 cm kraus rechts str, dann in Hellgrau abk.

Knopfloch: 2 M abk und in der folgenden Reihe wieder dazu anschlagen.

Belege: Jeweils auf der Rückseite der Knopfleisten (aus den M der 1. Reihe) M herausstricken. 5 Reihen glatt rechts str. Die Belege jeweils über die Schnittkanten legen und festnähen. Alternativ ein hübsches Band über die Schnittkanten nähen.

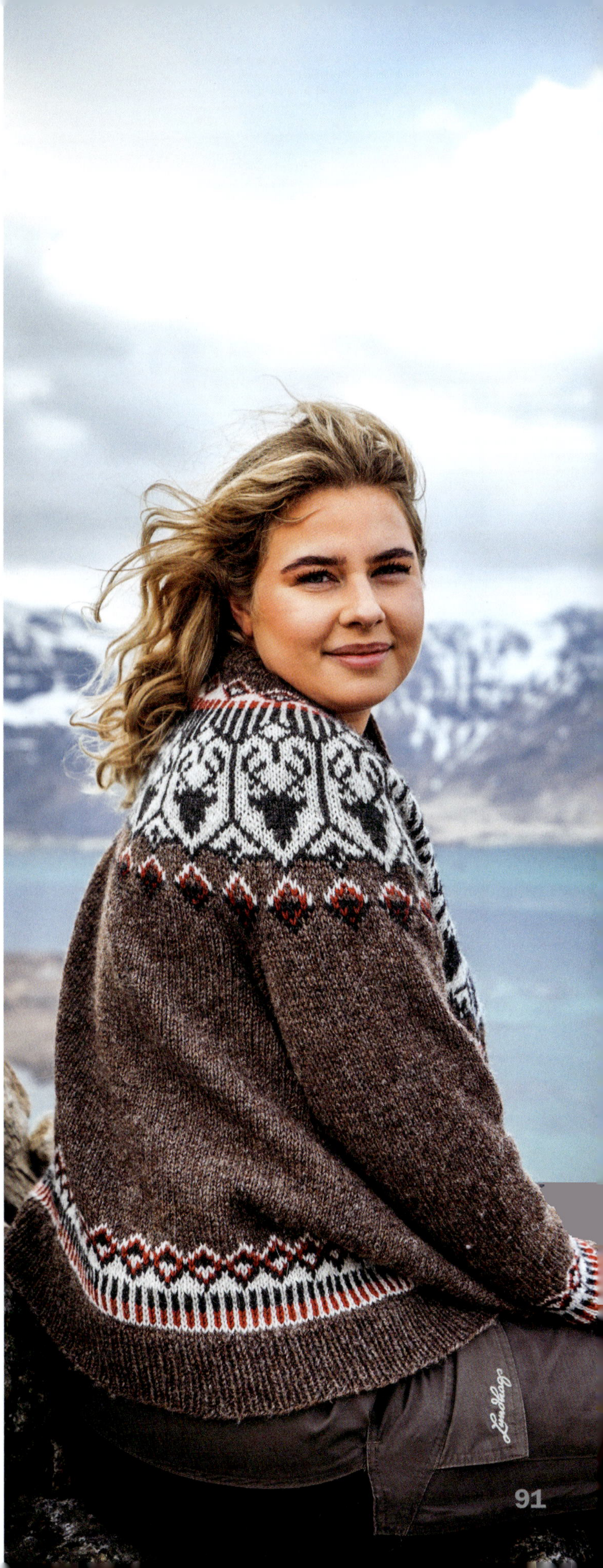

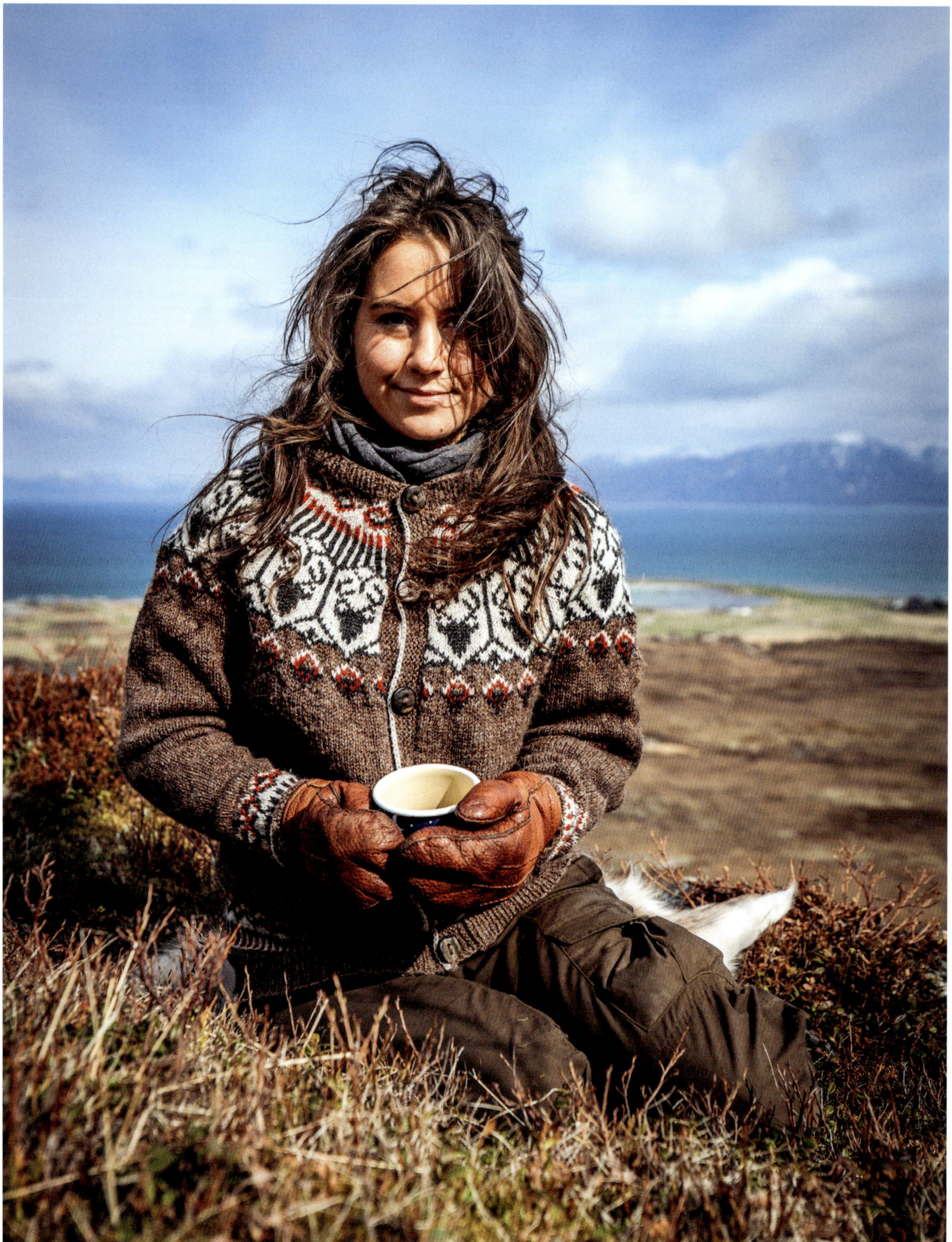

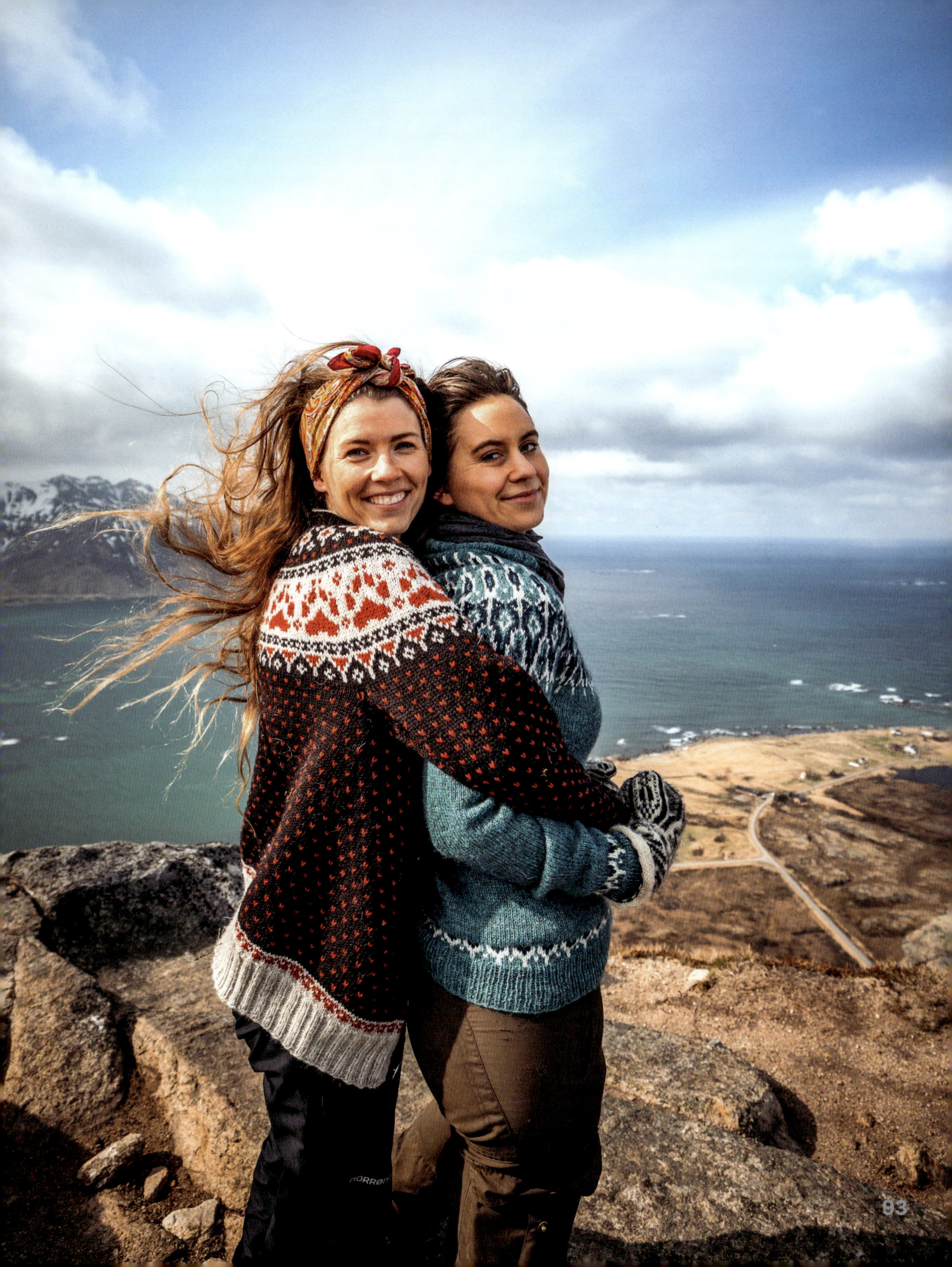

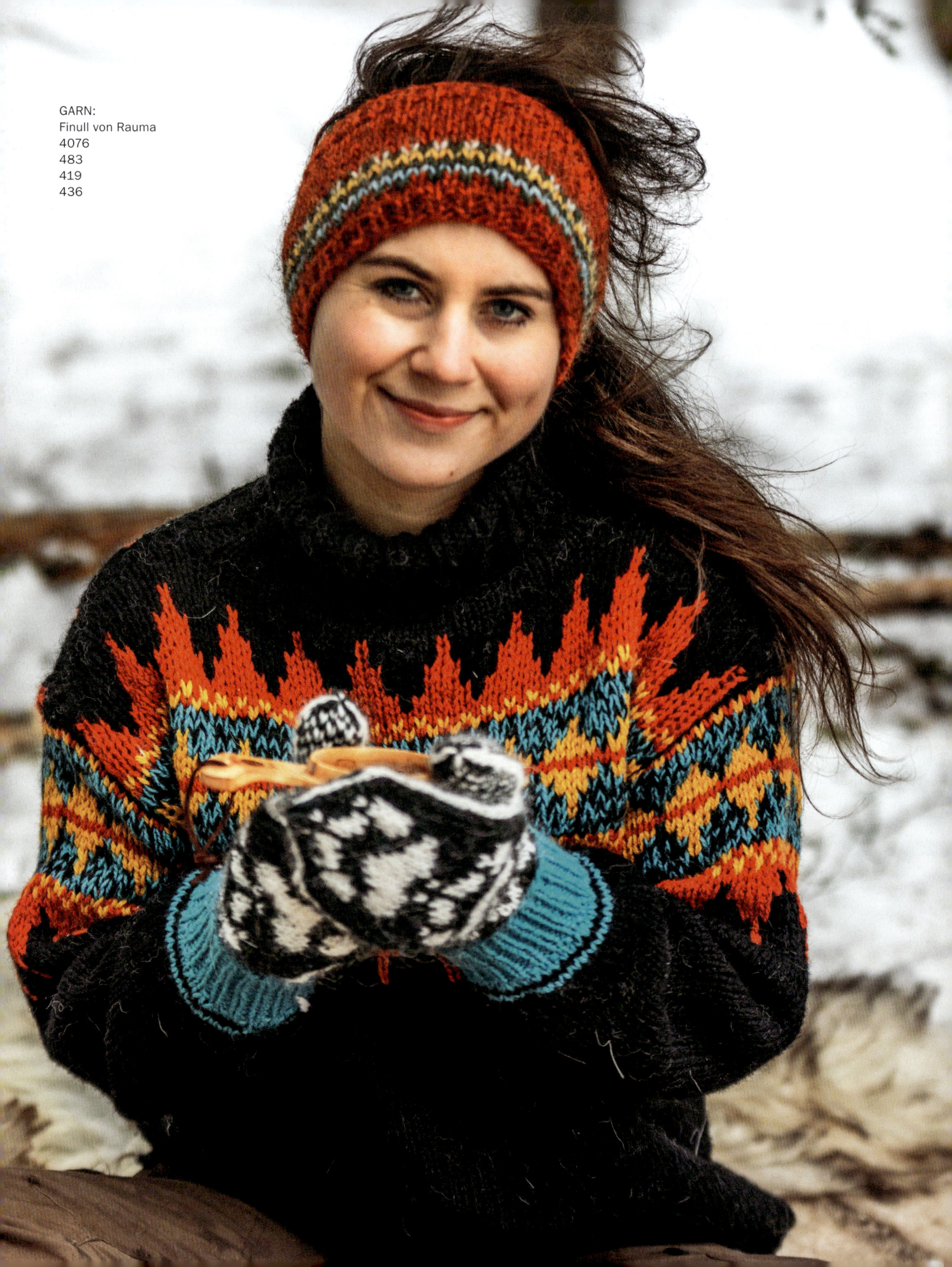

GARN:
Finull von Rauma
4076
483
419
436

Norwegischer Waldpullover

Dieser Pullover ist einer meiner absoluten Favoriten! Als ich begann, ihn zu stricken, hatte ich das Zählmuster vorher nicht aufgezeichnet, es entstand, während ich strickte. Das Ergebnis war dieser Pullover, den ich norwegischen Waldpullover nannte. Mein eigener Waldpullover hat die Farben Schwarz, Rot, Ocker und Dunkeltürkis – und ich wohne in diesem Pullover.

Norwegischer Waldpullover

Größen
S (M) L (XL) XXL

Maschenprobe
14 M mit Nadel Nr. 6 = 10 cm

Garn
Finull von Rauma
Durchgehend mit doppeltem Faden verstricken (einen Faden aus dem Inneren des Knäuels und einen Faden von außen nehmen)

Garnmenge
Hellgrau (0403) = 400 (450) 500 (600) 650 g
Ocker (4076) = 50 (50) 50 (100) 100 g
Waldgrün (0486) = 100 g für alle Größen
Maulwurfsbraun (0464) = 50 (50) 100 (100) 100 g

Stricknadeln
Nadelspiel Nr. 4,5 und 6
Rundstricknadel Nr. 4,5 und 6, 40 cm lang
Rundstricknadel Nr. 4,5 und 6, 80 cm lang

Pullovermaße
Pullover mit eingesetzten Ärmeln sitzen besser, wenn sie ein wenig weiter sind. Dafür den Brustumfang messen und 10 cm hinzurechnen.
Ärmellänge Damen: 49 (50) 51 (52) 53 cm
Ärmellänge Herren: 54 (55) 56 (57) 58 cm
Brustumfang (Damen und Herren):
94 (102) 111 (120) 128 cm
Gesamtlänge Damen: 63 (65) 66 (67) 69 cm
Gesamtlänge Herren: 67 (69) 70 (72) 74 cm

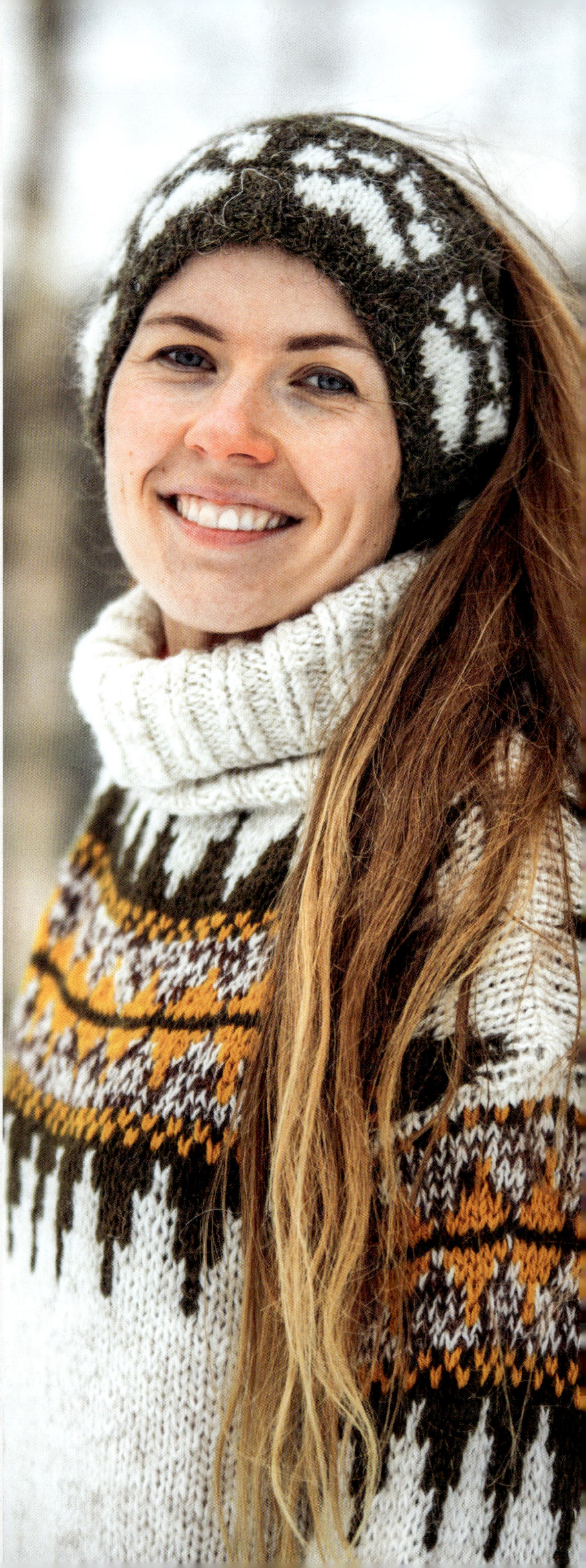

VORDER- UND RÜCKENTEIL

Bei diesem Pullover doppelfädig arbeiten, das heißt, einen Faden aus dem Inneren des Knäuels und einen Faden von außen nehmen. 132 (144) 156 (168) 180 M in Hellgrau mit Rundstricknadel Nr. 3 anschlagen und 6 cm im 1/1-Rippenmuster (= 1 M rechts, 1 M links im Wechsel) str. Zu Rundstricknadel Nr. 6 wechseln (ab jetzt wird glatt rechts gearbeitet) und weiter in Hellgrau str, bis Vorder- und Rückenteil 39 (41) 42 (43) 45 cm für Damen bzw. 43 (45) 46 (48) 50 cm für Herren lang sind. Einen M-Markierer auf jeder Seite setzen = 66 (72) 78 (84) 90 M für das Vorderteil und 66 (72) 78 (84) 90 M für das Rückenteil. Nach Zählmuster A str (wer fest strickt, wählt für das Muster eine Nadelstärke größer).
Die Arbeit beiseitelegen und die Ärmel str.

ÄRMEL

36 (38) 38 (42) 42 M in Maulwurfsbraun 6 cm im 1/1-Rippenmuster mit Nadelspiel Nr. 4,5 str. Zu Nadelspiel Nr. 6 wechseln (ab jetzt wird glatt rechts gestrickt) und in der 1. Rd gleichmäßig verteilt 6 M zun = 42 (44) 44 (48) 48 M. Nach Zählmuster B str. Die mittlere M unter dem Ärmel mit einem M-Markierer kennzeichnen (= Rd-Beginn) und alle 2 cm jeweils vor und nach dieser markierten Mittel-M 1 M zun, bis insgesamt 60 (60) 66 (72) 72 M vorhanden sind. In Hellgrau weiterstr, bis der Ärmel 32 (33) 34 (35) 36 cm für Damen bzw. 37 (38) 39 (40) 41 cm für Herren misst. Dann nach Zählmuster C str (evtl. die Nadelstärke wechseln). Der Ärmel sollte nun 49 (50) 51 (52) 53 cm für Damen bzw. 54 (55) 56 (57) 58 cm für Herren lang sein. Den Ärmel auf links drehen und für den Beleg 4 Rd glatt rechts str. Der Beleg wird beim Fertigstellen auf der Innenseite des Pullovers über die Schnittkante genäht. Die M locker abk.
Den zweiten Ärmel ebenso str.

FERTIGSTELLEN

Fäden vernähen und den Pullover leicht dämpfen (mit einem normalen Bügeleisen über einem feuchten Tuch bügeln). Jeweils die Stelle, wo der Armausschnitt sein soll, mit einem Kontrastfaden markieren (senkrechte Linie mit großen Vorstichen zwischen 2 M): Die Höhe muss dabei der Breite des Ärmels entsprechen. Rechts und links zur Markierung mit 1 M Abstand sowie die kurze Querverbindung mit der Nähmaschine nähen. Dazu zwei- bis dreimal mit Geradstich und kurzer Stichlänge darübernähen.
Dann die Arbeit an den Schultern verbinden, dazu die Kanten zusammen abk oder im M-Stich schließen (dabei die M für den Rollkragen auf eine Hilfsnadel legen, siehe Rollkragen). Nun die Arbeit zwischen den beiden Nähten aufschneiden. Die Ärmel von Hand oder mit der Nähmaschine einnähen. Zuletzt jeweils die Belege über die Schnittkante nähen.
Siehe auch www.suedwest-verlag.de/nordisch-stricken

ROLLKRAGEN

Die mittleren 37 (37) 39 (39) 41 M des Vorderteils und die mittleren 37 (37) 39 (39) 41 M des Rückenteils auf die kurze Rundstricknadel Nr. 4,5 nehmen. 1 M von jeder Schulter auffassen, damit am Übergang vom Halsausschnitt zur Schulter kein Loch bleibt. Nun liegen 76 (76) 80 (80) 84 M auf der Nadel. 20 cm in Hellgrau im 2/2-Rippenmuster (= 2 M rechts, 2 M links im Wechsel) str, dann locker abk.

Den Pullover so lange in kaltes Wasser legen (max. 30 °C), bis keine Luft mehr darin ist. Den Pullover flach liegend trocknen lassen und in Form ziehen. Keinesfalls zum Trocknen aufhängen, da er sonst ausleiert.

Zählmuster A (Vorder- und Rückenteil)

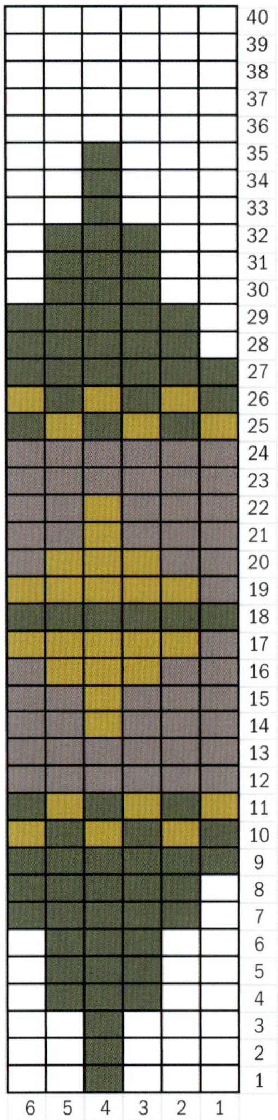

Zählmuster B (Ärmel)

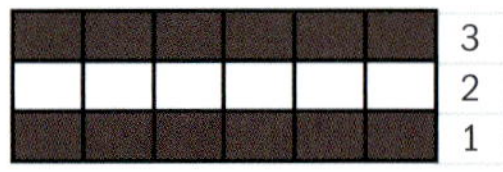

Zählmuster C (Ärmel)

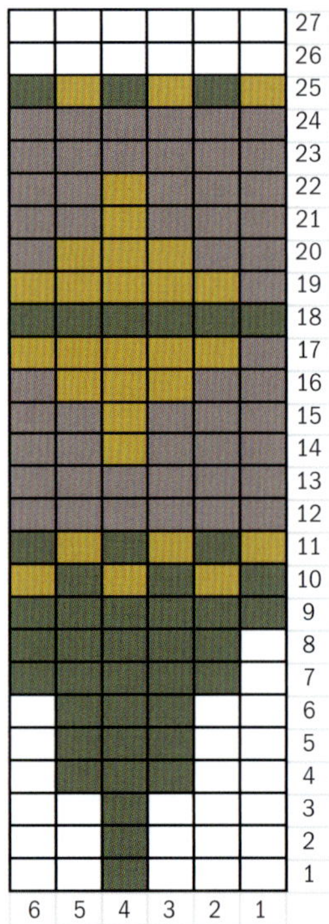

- Mit doppeltem Faden in Maulwurfsbraun
- Mit doppeltem Faden in Waldgrün
- Mit doppeltem Faden in Hellgrau
- Mit doppeltem Faden in Ocker
- Ein Faden in Hellgrau und ein Faden in Maulwurfsbraun

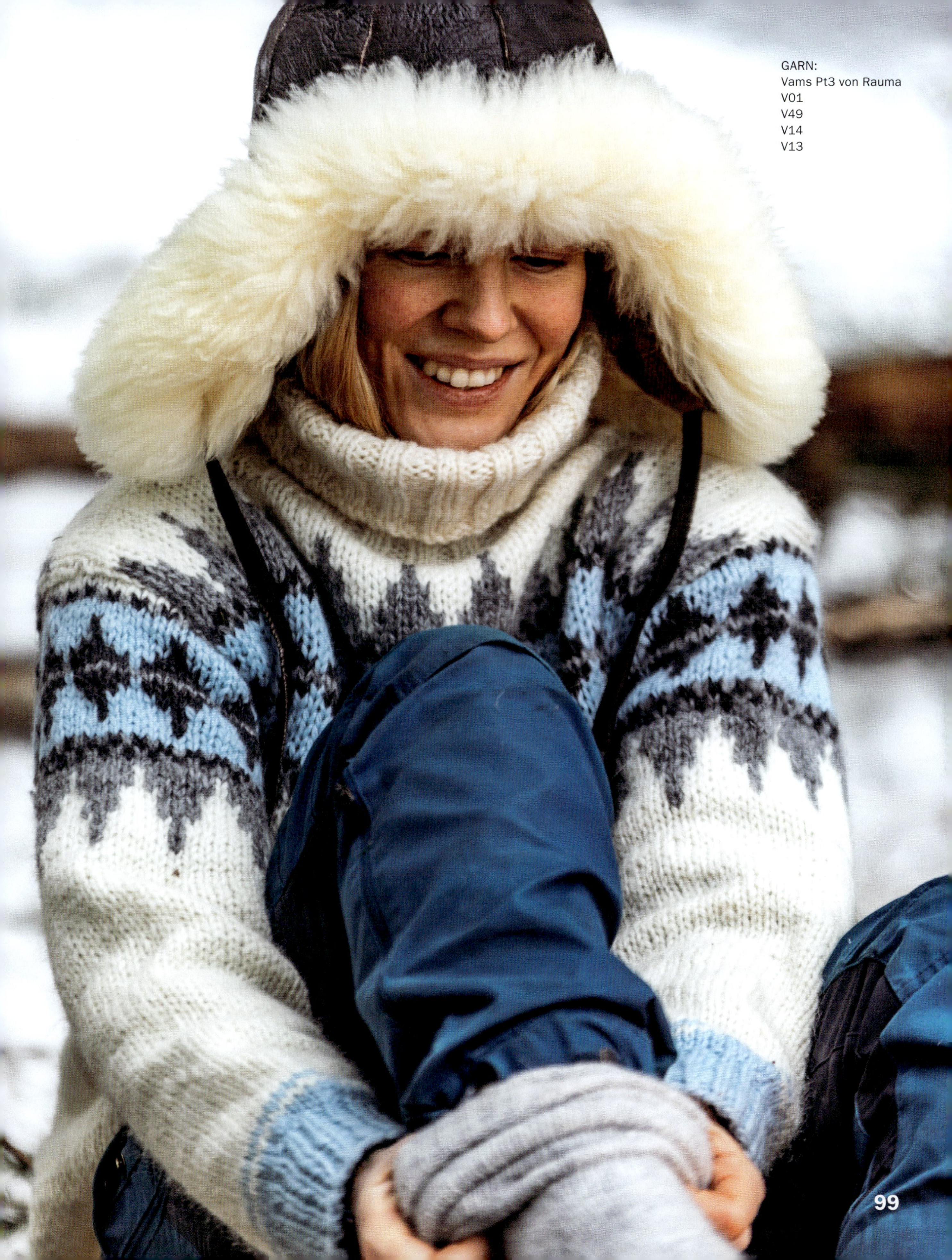

GARN:
Vams Pt3 von Rauma
V01
V49
V14
V13

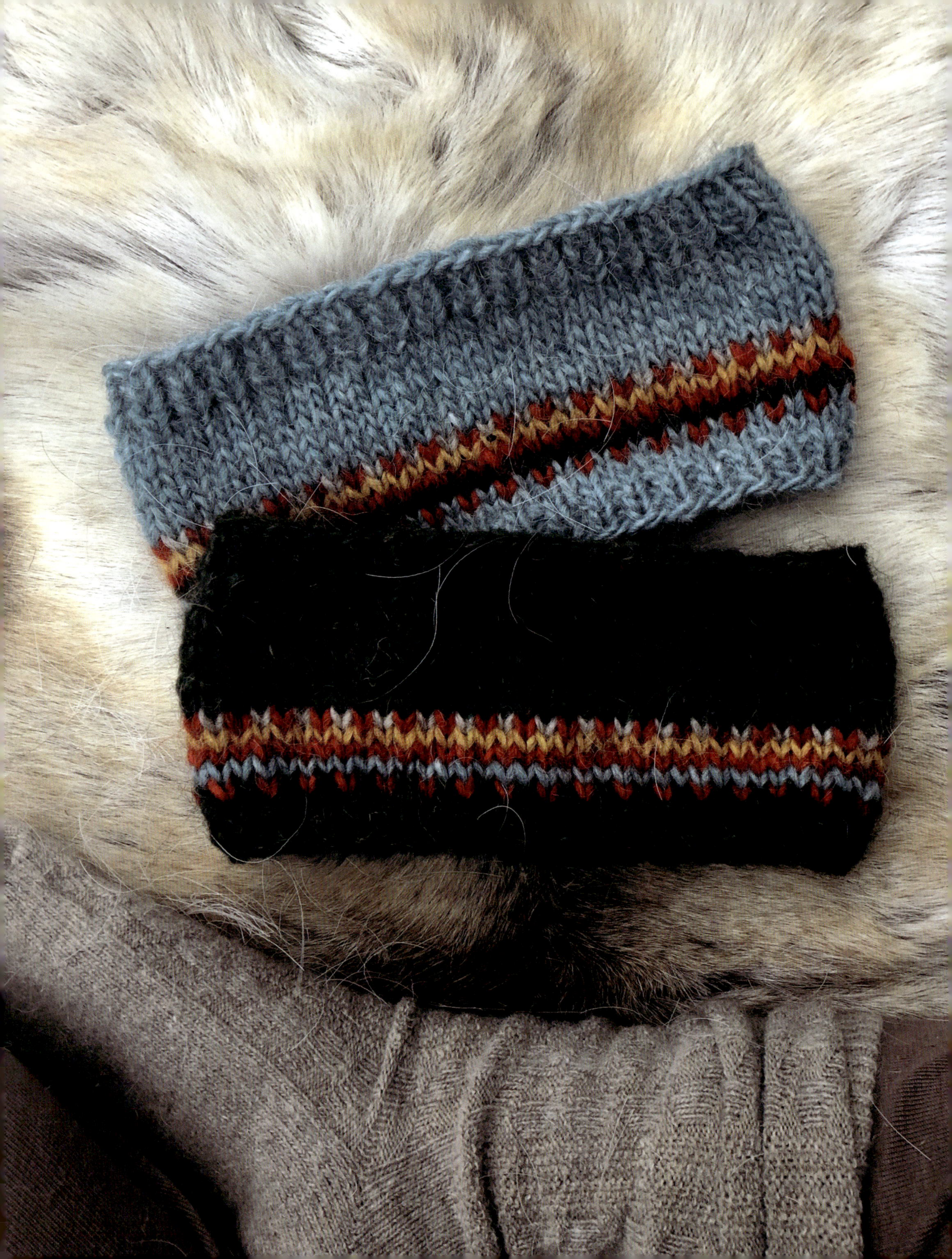

Dezember-Stirnband

Größen
Damen (Herren)
Umfang = 53 (56) cm
Höhe = 13 (13) cm

Maschenprobe
13 M mit Nadel Nr. 6 = 10 cm

Garn
Reste von Álafosslopi
Garnalternativen:
Blåne-Pelzschafwollgarn oder
Troll von Hillesvåg Ullvarefabrikk.

Zypressengrün meliert 809966
Arktischtürkis 801232
Honiggelb meliert 809964
Glutorange 801236
Hellbeige 800086

Stricknadeln
Rundstricknadel Nr. 4,5, 50 cm lang
Rundstricknadel Nr. 6, 50 cm lang

70 (74) M mit Rundstricknadel Nr. 4,5 anschlagen und die Arbeit zur Rd schließen. 3 Rd im 1/1-Rippenmuster (= 1 M rechts, 1 M links im Wechsel) str. Zu Nadel Nr. 6 wechseln und nach dem Zählmuster arbeiten. Zu Nadel 4,5 wechseln und 3 Rd im 1/1-Rippenmuster str, dann abk. Fäden vernähen.

Zählmuster

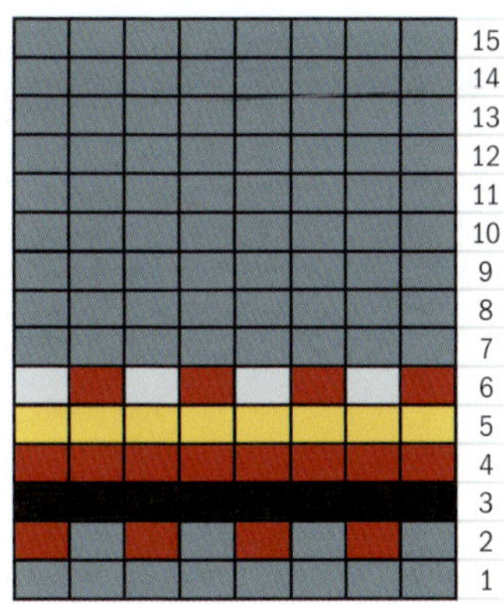

Mehr Accessoires findest du auf https://linkaneumann.com/ (in englischer und norwegischer Sprache) oder auf www.ravelry.com/designers/linka-karoline-neumann

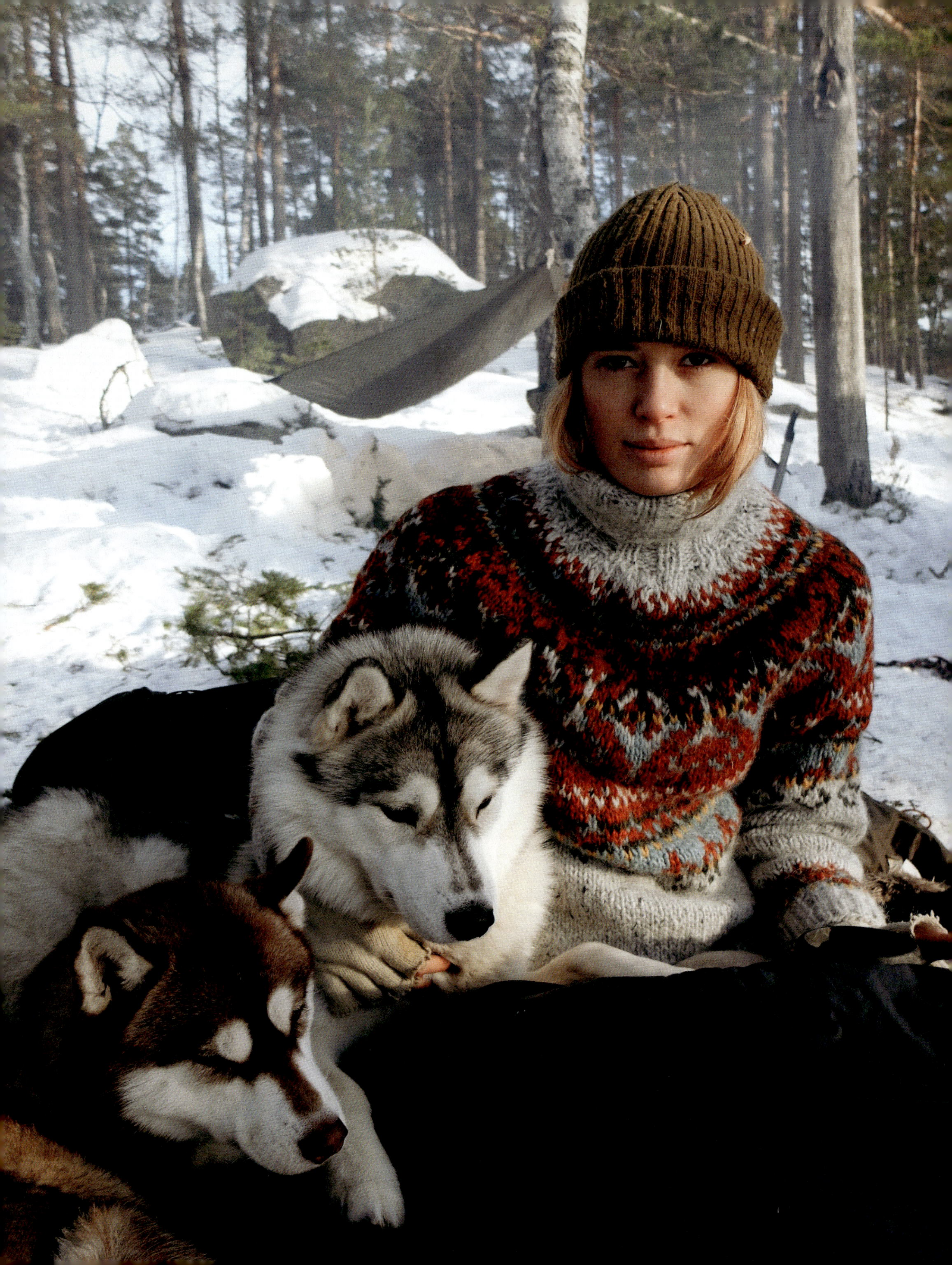

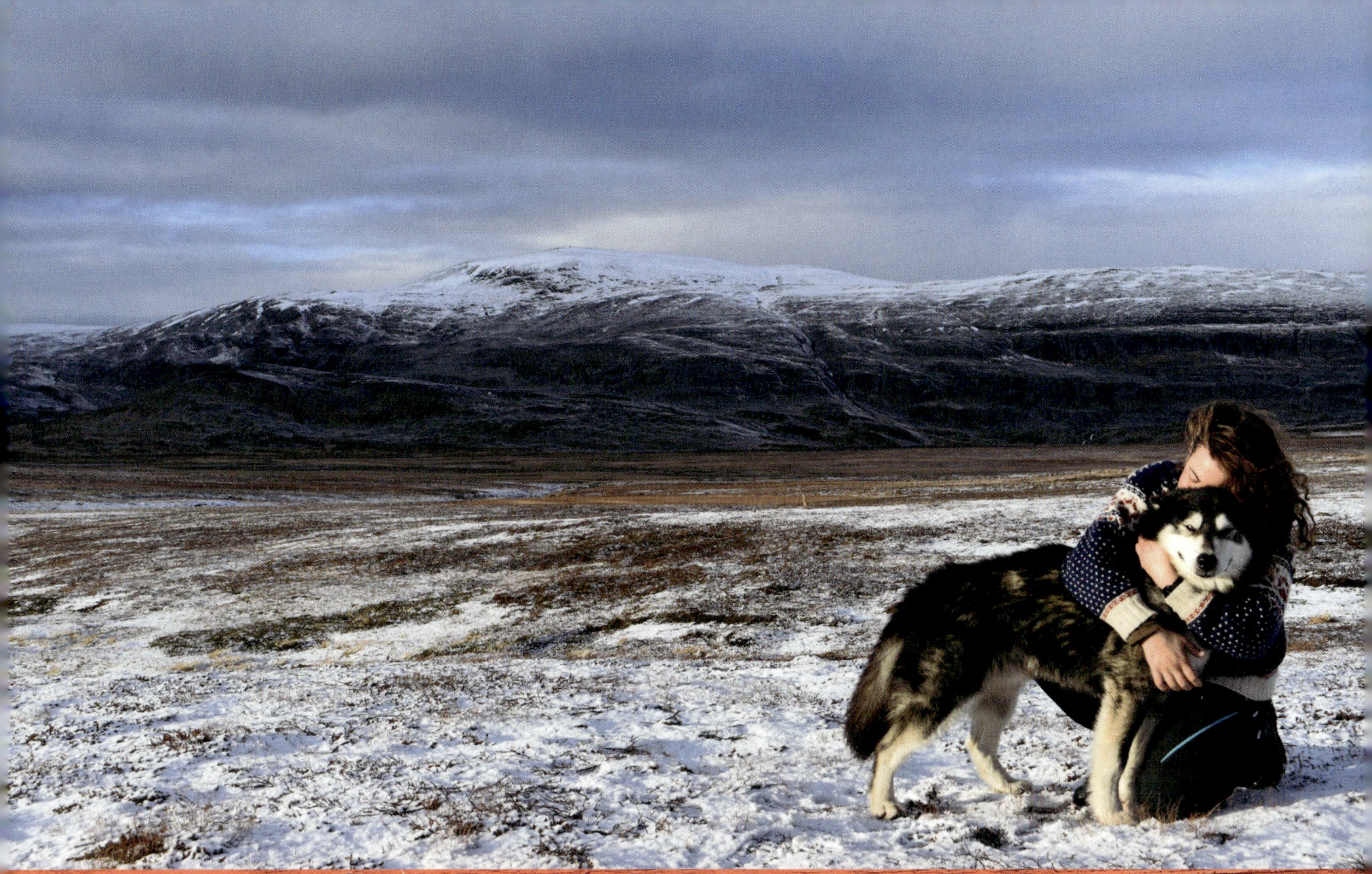

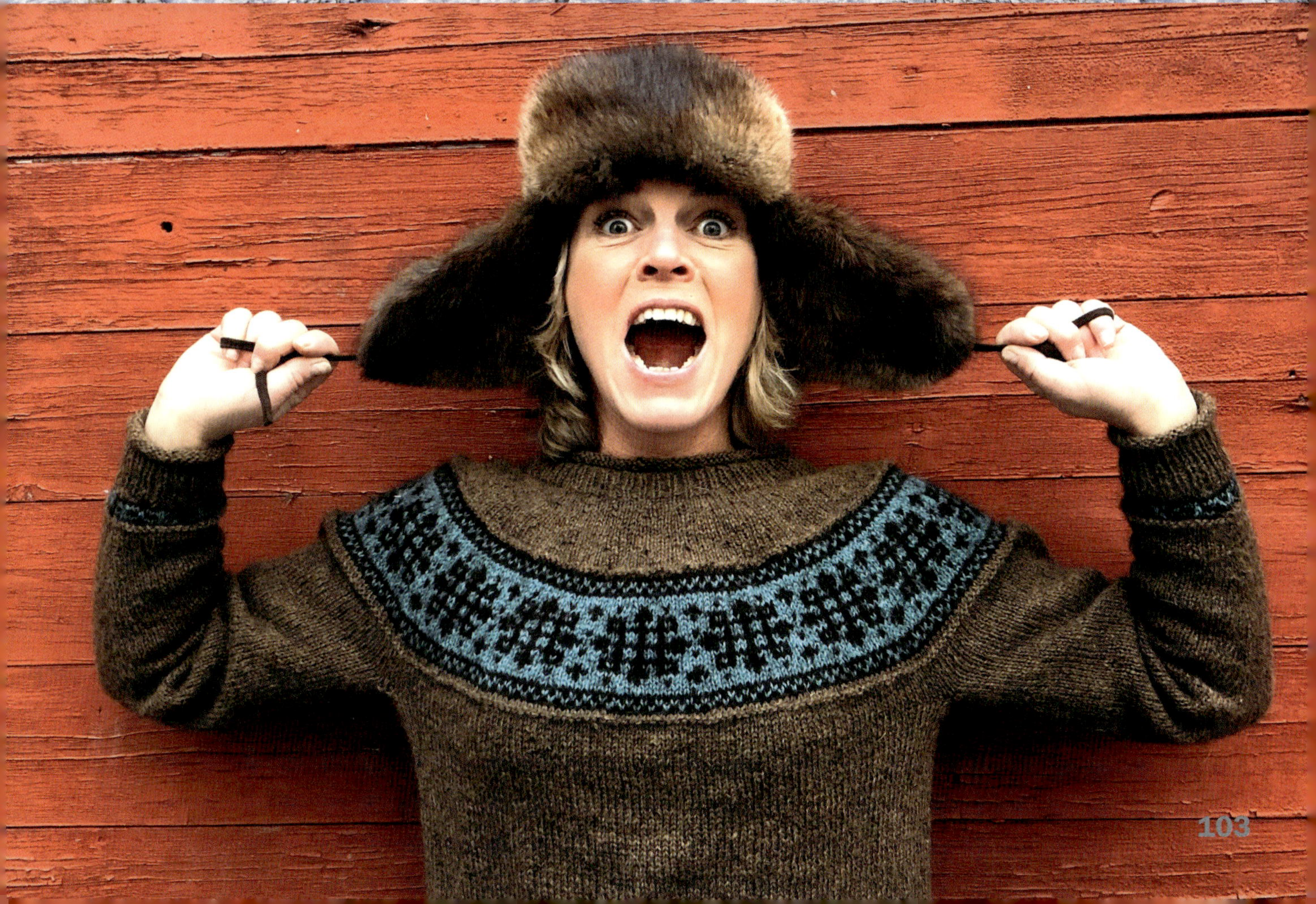

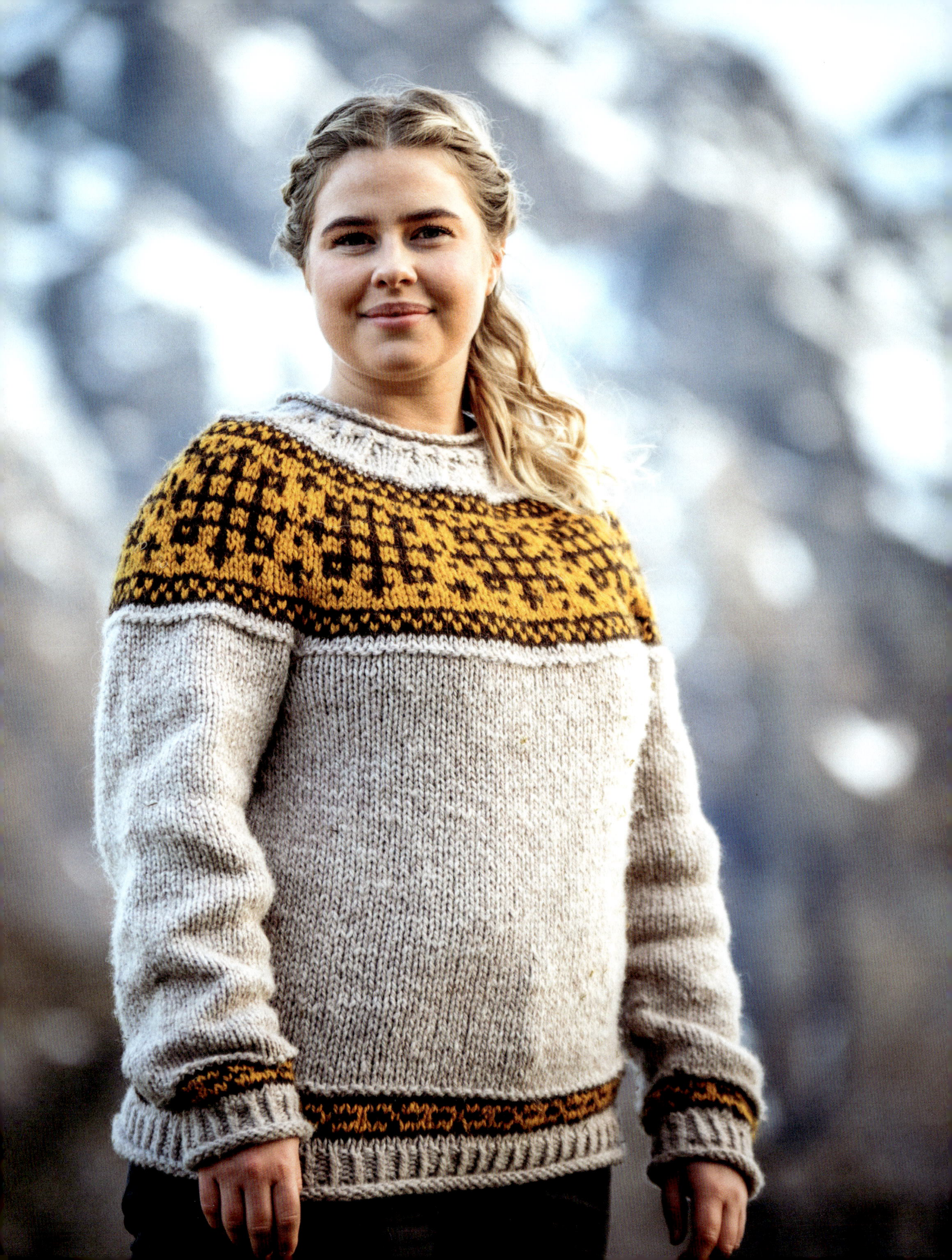

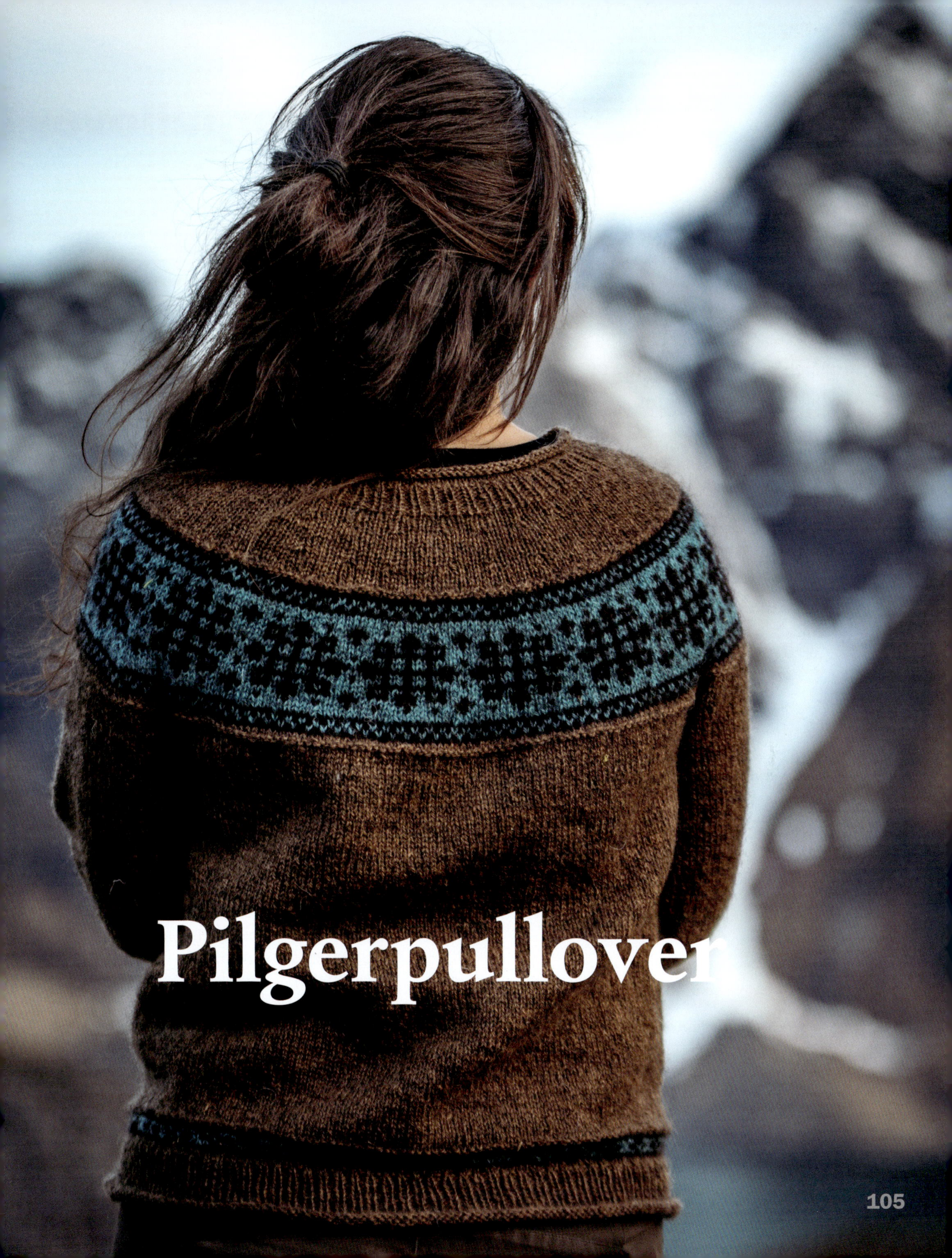

Pilgerpullover

Pilgerpullover Polar

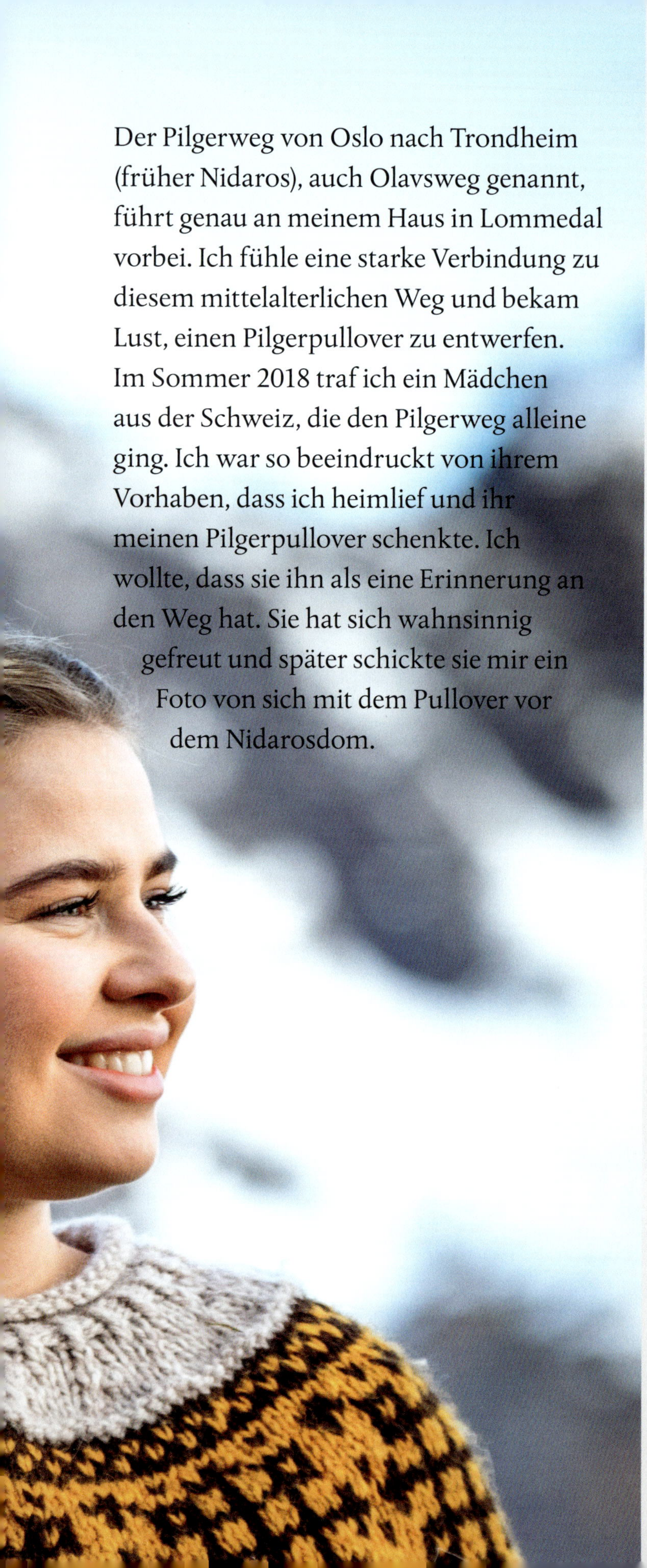

Der Pilgerweg von Oslo nach Trondheim (früher Nidaros), auch Olavsweg genannt, führt genau an meinem Haus in Lommedal vorbei. Ich fühle eine starke Verbindung zu diesem mittelalterlichen Weg und bekam Lust, einen Pilgerpullover zu entwerfen. Im Sommer 2018 traf ich ein Mädchen aus der Schweiz, die den Pilgerweg alleine ging. Ich war so beeindruckt von ihrem Vorhaben, dass ich heimlief und ihr meinen Pilgerpullover schenkte. Ich wollte, dass sie ihn als eine Erinnerung an den Weg hat. Sie hat sich wahnsinnig gefreut und später schickte sie mir ein Foto von sich mit dem Pullover vor dem Nidarosdom.

Größen
S (M) L (XL) XXL

Maschenprobe
13 M mit Nadel Nr. 6 = 10 cm

Garn
Troll von Hillesvåg Ullvarefabrikk
Garnalternative:
Blåne-Pelzschafwollgarn von Hillesvåg Ullvarefabrikk

Garnmenge
Troll meliert, Hellbraun (02705):
500 (500) 600 (700) 700 g
Troll meliert, Orange (127011):
100 (200) 200 (200) 200 g
Troll Dunkelbraun (02749):
100 (100) 200 (200) 200 g
Rollkragen: 100 g zusätzlich in der Grundfarbe

Stricknadeln
Nadelspiel Nr. 4,5 und 6
Rundstricknadel Nr. 4,5 und 6, 40 cm lang
Rundstricknadel Nr. 4,5 und 6, 80 cm lang

Pullovermaße
Ärmellänge Damen: 47 (48) 49 (50) 51 cm
Ärmellänge Herren: 50 (51) 52 (53) 54 cm
Brustumfang (Damen und Herren):
93 (101) 110 (120) 129 cm
Rumpflänge Damen: 41 (42) 43 (44) 45 cm
Rumpflänge Herren: 43 (44) 45 (46) 47 cm

RUMPF

120 (132) 144 (156) 168 M in Hellbraun mit Rundstricknadel Nr. 4,5 anschlagen und für den Rollrand 5 Rd glatt rechts str. Dann 7 Rd im 1/1-Rippenmuster (= 1 M rechts, 1 M links im Wechsel) arbeiten. Am Rd-Beginn einen M-Markierer setzen. Zu Nadel Nr. 6 wechseln (ab jetzt wird glatt rechts gearbeitet) und nach Zählmuster A str (wer fest strickt, wählt für das Muster eine Nadelstärke größer). Dann in Hellbraun weiterstr, bis der Rumpf 41 (42) 43 (44) 45 cm für Damen bzw. 43 (44) 45 (46) 47 cm für Herren misst. Nach 60 (66) 72 (78) 84 M einen M-Markierer setzen, sodass nun auf beiden Seiten ein Markierer ist (Vorder- und Rückenteil sind eingeteilt). Für die Armausschnitte 7 (9) 10 (11) 12 M auf jeder Seite auf einem Faden oder M-Halter stilllegen.
Die Arbeit beiseitelegen und die Ärmel str.

ÄRMEL

30 (30) 30 (36) 36 M in Hellbraun mit Nadelspiel Nr. 4,5 anschlagen und für den Rollrand 5 Rd glatt rechts str. Dann 7 Rd im 1/1-Rippenmuster arbeiten Zu Nadelspiel Nr. 6 wechseln (ab jetzt wird glatt rechts gearbeitet) und in der 1. Rd gleichmäßig verteilt 6 M zun = 36 (36) 36 (42) 42 M. Nach Zählmuster A str (evtl. die Nadelstärke wechseln) und in Hellbraun weiterarbeiten. Die mittlere M unter dem Ärmel mit einem M-Markierer kennzeichnen und in jeder 7. Rd jeweils vor und nach dieser markierten Mittel-M 1 M zun, bis insgesamt 52 (54) 56 (60) 62 M vorhanden sind. Ohne Zun weiterstr, bis der Ärmel 47 (48) 49 (50) 51 cm für Damen bzw. 50 (51) 52 (53) 54 cm für Herren misst. Die mittleren 6 (9) 10 (10) 11 M unter dem Ärmel auf einem Faden oder M-Halter stilllegen.
Den zweiten Ärmel ebenso str.

RUNDPASSE

Die Ärmel-M auf die Rundstricknadel mit den Rumpf-M str. Dabei einen M-Markierer am ersten Übergang zwischen Ärmel und Rumpf setzen = Rd-Beginn. Es liegen nun 198 (204) 216 (234) 246 M auf der Nadel. Nach Zählmuster B für die Rundpasse str (evtl. die Nadelstärke wechseln) und dabei wie gekennzeichnet abn.

RUNDHALSAUSSCHNITT

Zu Nadel Nr. 4,5 wechseln. 2 cm im 1/1-Rippenmuster str, für den Rollrand 5 Rd glatt rechts str, dann locker abk.

ROLLKRAGEN

An der angegebenen Stelle im Zählmuster wie angegeben zun. Zu Nadel Nr. 4,5 wechseln und im 2/2-Rippenmuster (= 2 M rechts, 2 M links im Wechsel) str. Nach 20 cm oder der gewünschten Länge alle M locker abk.

FERTIGSTELLEN

Siehe Seite 25.

Zählmuster A

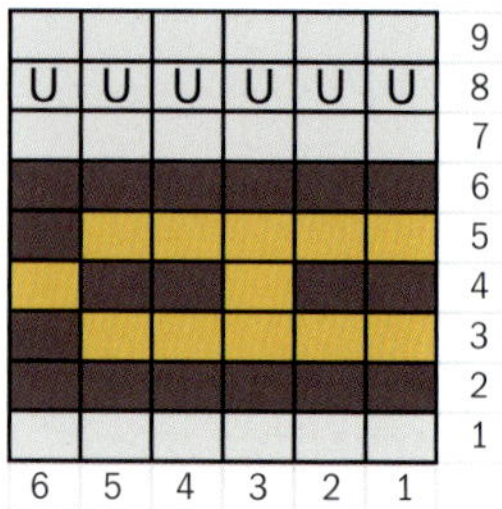

8 Diese Rd links str

Zählmuster B

VV = 2 M rechts zusstr
V = 1 M
U = 1 linke M

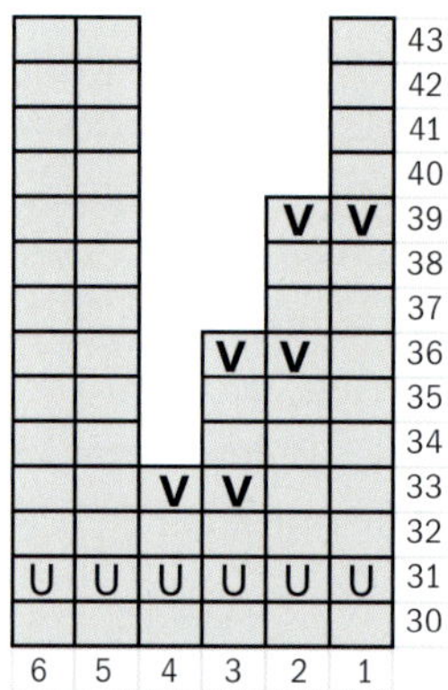

43 Für den Rollkragen 6 (4) 2 (0) 0 M zun = 72 (76) 80 (84) 84 M
42 Für den Rundhalsausschnitt hier enden
41 Für Größe S, M, L, XL überspringen
40 Für Größe S, M, L überspringen
39 Wie gekennzeichnet abn = 66 (72) 78 (84) 84 M
38 Für Größe S, M überspringen
36 Wie gekennzeichnet abn = 88 (96) 104 (112) 112 M
35 Für Größe S, M überspringen
33 Wie gekennzeichnet abn = 110 (120) 130 (140) 140 M
32 Für Größe XL und XXL 1 M abn = 168 M. Für Größe S, M, L überspringen
31 Diese Rd links str
30 2 (1) 0 (0) 0 M zun

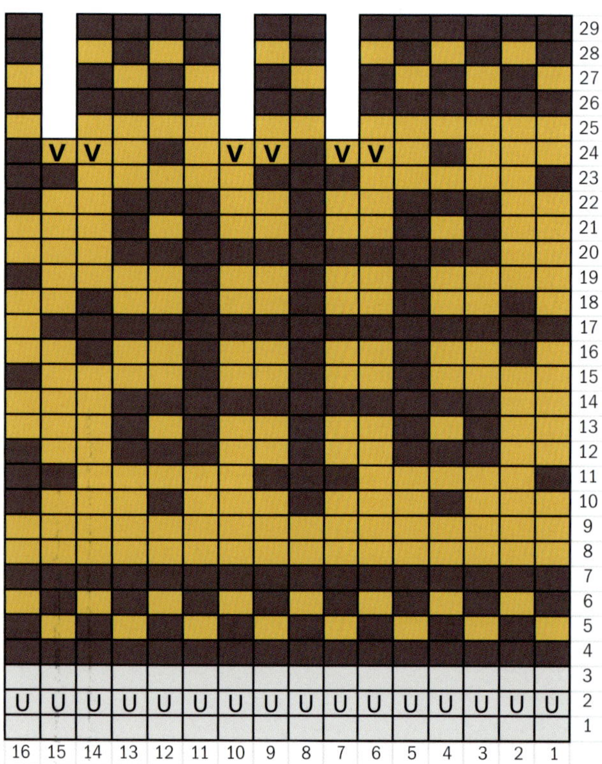

24 Wie gekennzeichnet abn = 130 (143) 156 (169) 169 M
9 Gleichmäßig verteilt 38 (28) 24 (26) 38 M abn = 160 (176) 192 (208) 208 M
2 Diese Rd links str
1 198 (204) 216 (234) 246 M

8 = vordere Mitte Pullover. Von der Mitte aus abzählen, wo mit dem Zählmuster zu beginnen ist

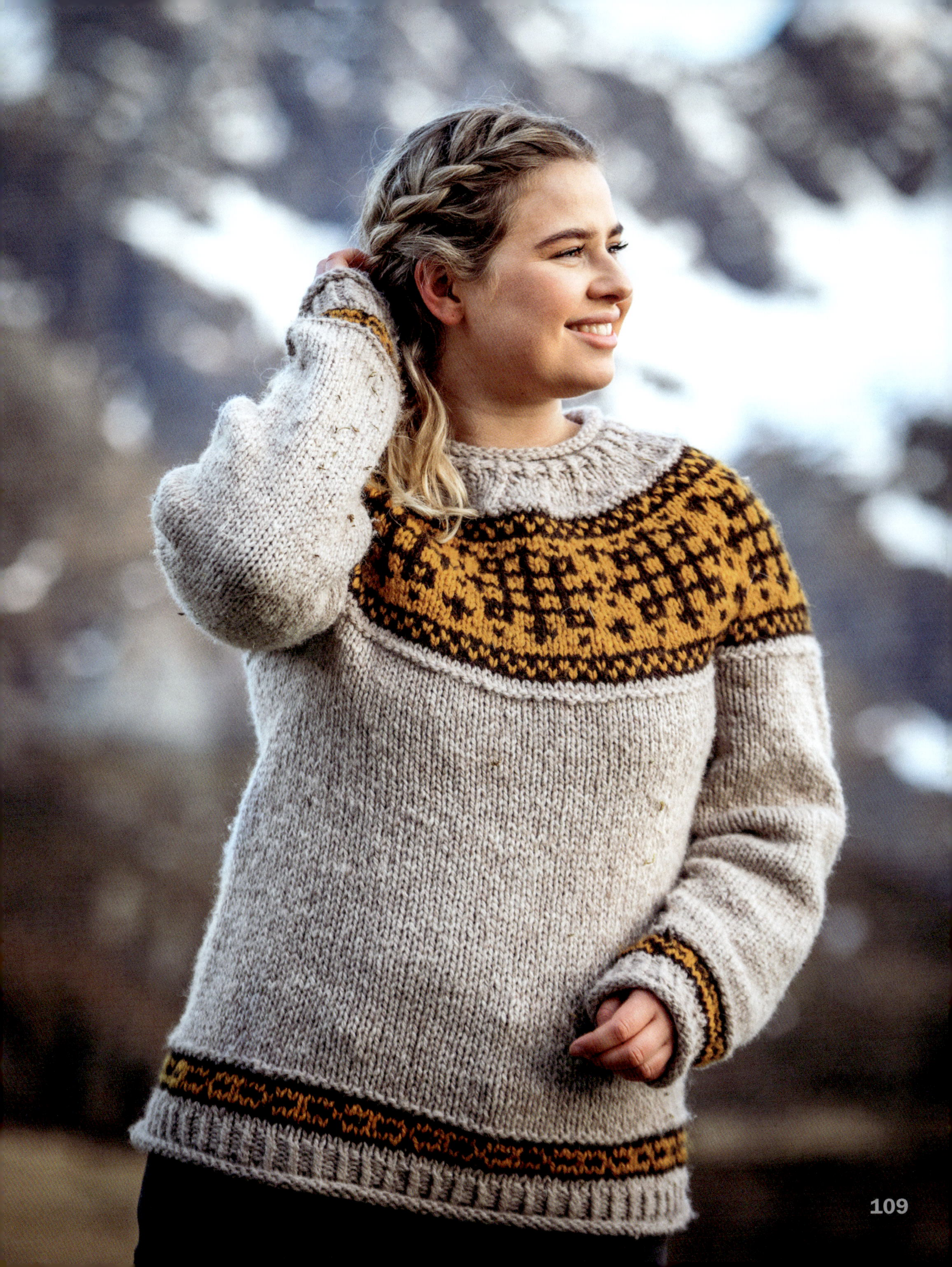

Der Original-Pilgerpullover wurde mit Nadel Nr. 6 gestrickt, aber an milden Tagen, wenn es zum Wandern nach draußen geht oder nur zu einem Spaziergang durch Feld und Flur, kann ein dünnerer Pullover sinnvoll sein. Dieser wird mit Tinde (Wollgarn vom Pelzschaf) gestrickt. Das Garn ist weich, leicht und luftig.

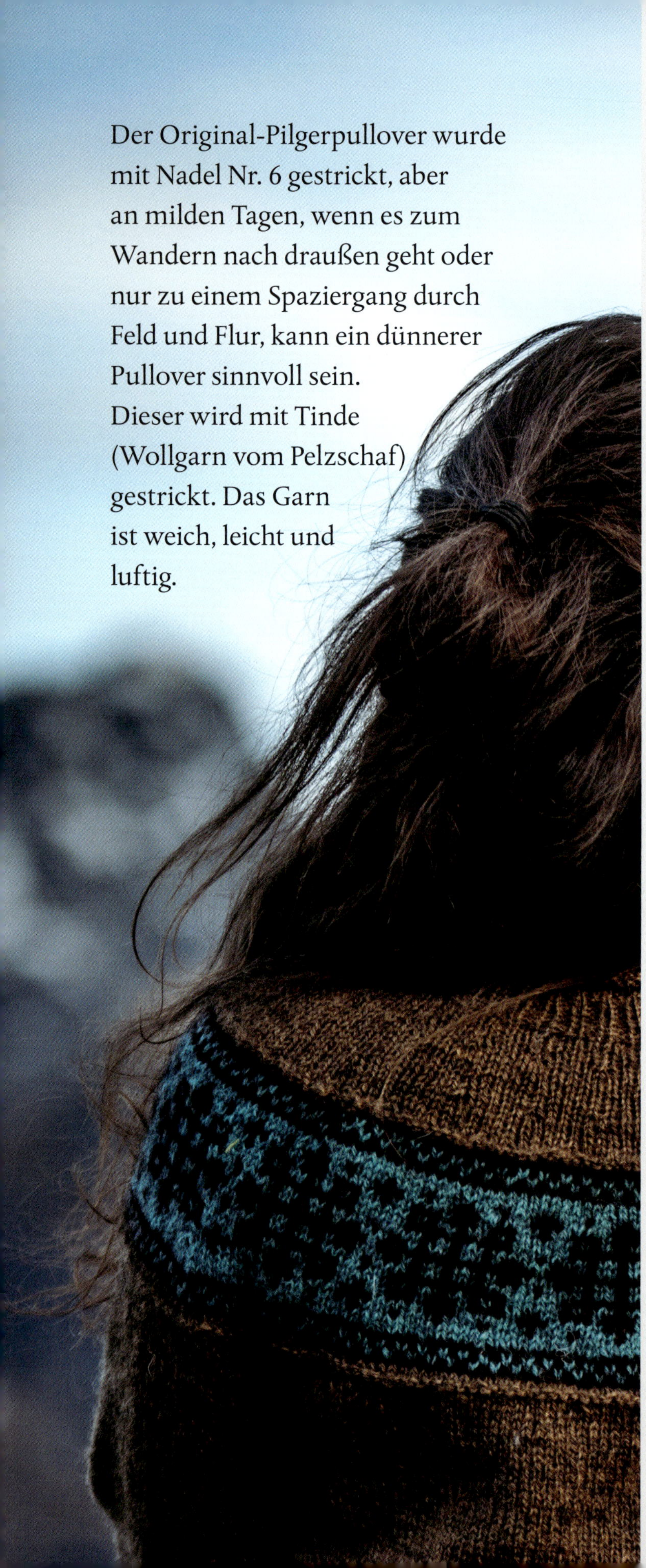

Pilgerpullover dünn

Größen
S (M) L (XL) XXL

Maschenprobe
22 M mit Nadel Nr. 3,5 = 10 cm

Garn
Tinde-Pelzschafwollgarn von Hillesvåg Ullvarefabrikk

Garnmenge
Rundhalsausschnitt
Hellbraun (652102) = 400 (500) 500 (500) 600 g
Helltürkis (652130) = 100 g
Dunkelbraun (652116) = 100 g
Rollkragen
Für alle Größen: 100 g zusätzlich in der Grundfarbe Hellbraun (652102)

Stricknadeln
Nadelspiel Nr. 3 und 3,5
Rundstricknadel Nr. 3 und 3,5, 40 cm lang
Rundstricknadel Nr. 3 und 3,5, 80 cm lang

Pullovermaße
Ärmellänge Damen: 47 (48) 49 (50) 51 cm
Ärmellänge Herren: 50 (52) 53 (54) 55 cm
Brustumfang (Damen und Herren): 90 (100) 109 (117) 123 cm
Rumpflänge Damen: 40 (42) 43 (44) 44 cm
Rumpflänge Herren: 44 (45) 46 (47) 47 cm

RUMPF

198 (222) 240 (258) 270 M in Hellbraun mit Rundstricknadel Nr. 3 anschlagen und für den Rollrand 6 Rd glatt rechts str. Dann 4 cm im 1/1-Rippenmuster (= 1 M rechts, 1 M links im Wechsel) arbeiten. Zu Nadel Nr. 3,5 wechseln (ab jetzt wird glatt rechts gearbeitet) und nach Zählmuster A str (wer fest strickt, wählt für das Muster eine Nadelstärke größer). Einen M-Markierer auf jeder Seite setzen = 99 (111) 120 (129) 135 M für das Vorderteil und 99 (111) 120 (129) 135 M für das Rückenteil. In Hellbraun weiterstr, bis der Rumpf 40 (42) 43 (44) 44 cm für Damen bzw. 44 (45) 46 (47) 47 cm für Herren misst (oder die gewünschte Länge hat). Für die Armausschnitte 11 M auf jeder Seite auf einem Faden oder M-Halter stilllegen (die markierte M und beidseitig davon 5 M). Die Arbeit beiseitelegen und die Ärmel str.

ÄRMEL

40 (44) 44 (44) 48 M in Hellbraun mit Nadelspiel Nr. 3 anschlagen und für den Rollrand 6 Rd glatt rechts str. Dann 4 cm im 1/1-Rippenmuster arbeiten Zu Nadelspiel Nr. 3,5 wechseln (ab jetzt wird glatt rechts gearbeitet) und gleichzeitig in der 1. Rd gleichmäßig verteilt auf 48 (54) 54 (60) 60 M zun. Nach Zählmuster A str (evtl. die Nadelstärke wechseln) und in Hellbraun weiterarbeiten. Die mittlere M unter dem Ärmel mit einem M-Markierer kennzeichnen und alle 2 cm jeweils vor und nach dieser markierten Mittel-M 1 M zun, bis insgesamt 74 (78) 82 (82) 86 M vorhanden sind. Ohne Zun weiterstr, bis der Ärmel 47 (48) 49 (50) 51 cm für Damen bzw. 50 (52) 53 (54) 55 cm für Herren misst. Die mittleren 11 M unter dem Ärmel auf einem Faden oder M-Halter stilllegen (die markierte M und beidseitig davon 5 M).
Den zweiten Ärmel ebenso str.

RUNDPASSE

Die Ärmel-M auf die Rundstricknadel mit den Rumpf-M str = 302 (334) 360 (378) 398 M auf der Nadel. Nach Zählmuster B für die Rundpasse str (evtl. die Nadelstärke wechseln), dabei wie gekennzeichnet abn und wie für die entsprechende Größe angegeben enden.

HALSAUSSCHNITT

Rundhalsausschnitt: Wie für die entsprechende Größe angegeben enden. Es sollten nun 120 (132) 140 (148) 156 M auf der Nadel liegen. 1 Rd in Hellbraun str, dabei gleichmäßig verteilt auf 112 (116) 116 (120) 120 M abn. Zu Nadel Nr. 3 wechseln. 3 cm im 1/1-Rippenmuster und für den Rollrand 6 Rd glatt rechts str, dann locker abk.
Rollkragen: Wie für die entsprechende Größe angegeben enden. Es liegen 120 (132) 140 (148) 156 M auf der Nadel. 1 Rd in Hellbraun str, dabei gleichmäßig verteilt auf 112 (116) 116 (120) 120 M abn. Zu Nadel Nr. 3 wechseln und 20 cm im 2/2-Rippenmuster (= 2 M rechts, 2 M links im Wechsel) str. Dann alle M locker abk.

FERTIGSTELLEN

Siehe Seite 25.

Zählmuster A

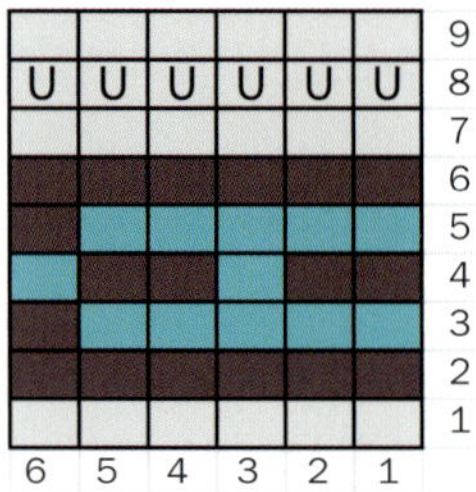

8 ← Diese Rd links str

VV = 2 M rechts zusstr
V = 1 M
U = 1 linke M

Zählmuster B

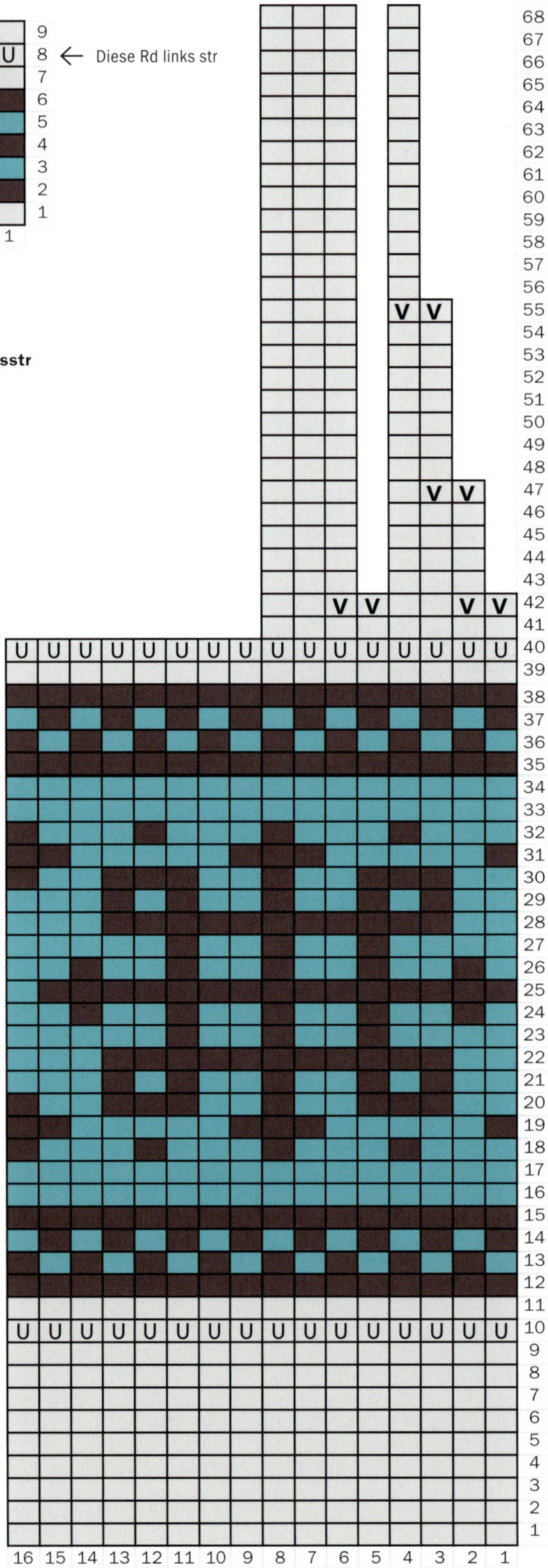

68 Für Größe XXL hier enden. Siehe in der Anleitung unter »Halsausschnitt«

64 Für Größe L, XL hier enden. Siehe in der Anleitung unter »Halsausschnitt«

60 Für Größe S, M hier enden. Siehe in der Anleitung unter »Halsausschnitt«

55 Wie gekennzeichnet abn = 120 (132) 140 (148) 156 M

47 Wie gekennzeichnet abn = 150 (165) 175 (185) 195 M

42 Wie gekennzeichnet abn = 180 (198) 210 (222) 234 M

40 Diese Rd links str

34 Gleichmäßig verteilt 32 (24) 24 (24) 24 M abn = 240 (264) 280 (296) 312 M

17 Gleichmäßig verteilt 28 (38) 44 (56) 54 M abn = 272 (288) 304 (320) 336 M

10 Diese Rd links str

9 Gleichmäßig verteilt 2 (8) 12 (2) 8 M abn = 300 (326) 348 (376) 390 M

1 302 (334) 360 (378) 398 M

8 = vordere Mitte Pullover. Von der Mitte aus abzählen, wo mit dem Zählmuster zu beginnen ist

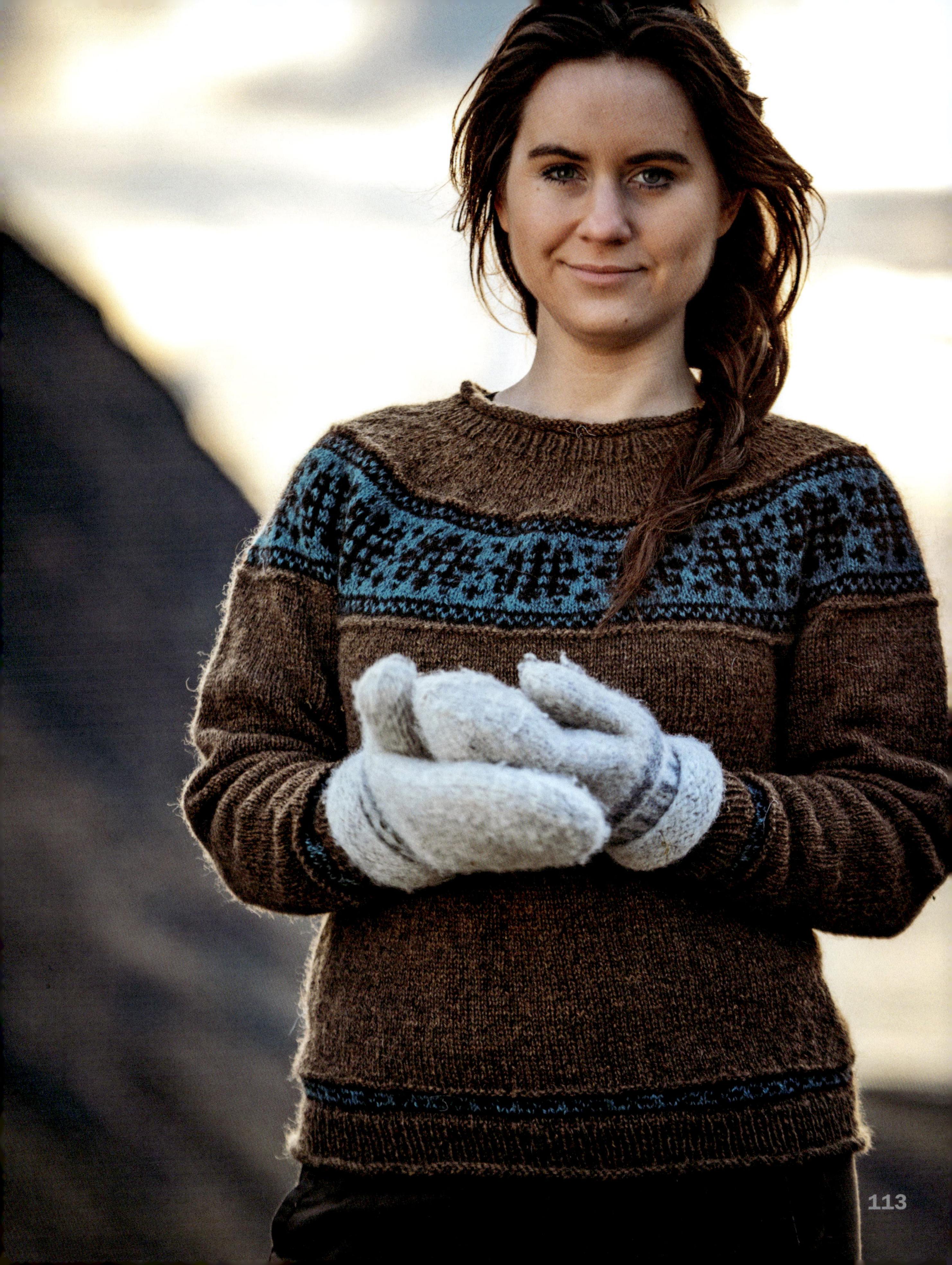

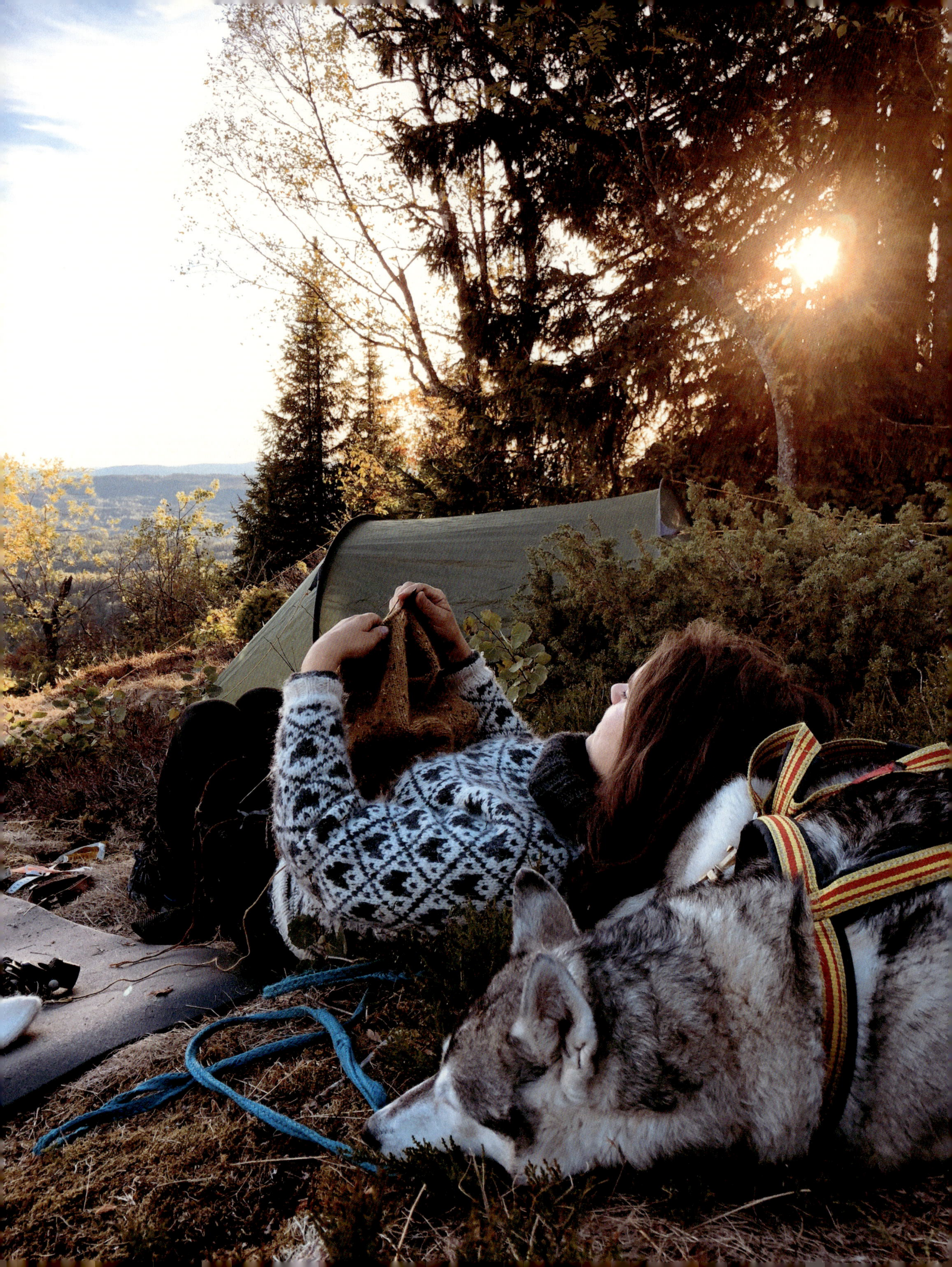

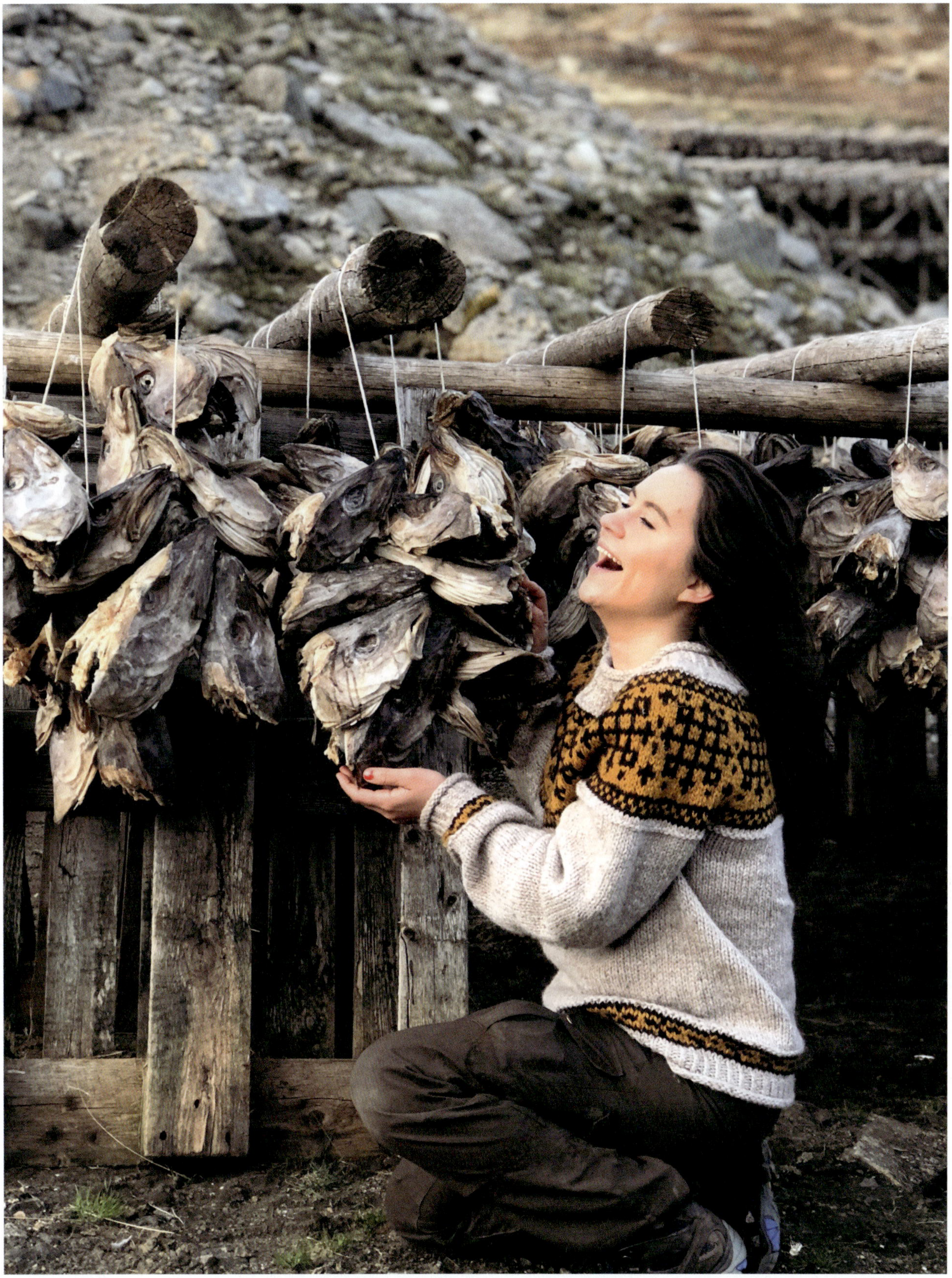

Sturmpullover

Da ich Farben liebe, stricke ich nicht oft einfarbige Kleidungsstücke. Um mich jedoch herauszufordern, beschloss ich, einen einfacheren Pullover zu entwerfen.
Der Sturmpullover wird mit doppeltem Faden Sølje (Wollgarn vom Pelzschaf) gestrickt, ein glänzendes, weiches und luftiges Garn in tollen Farben.

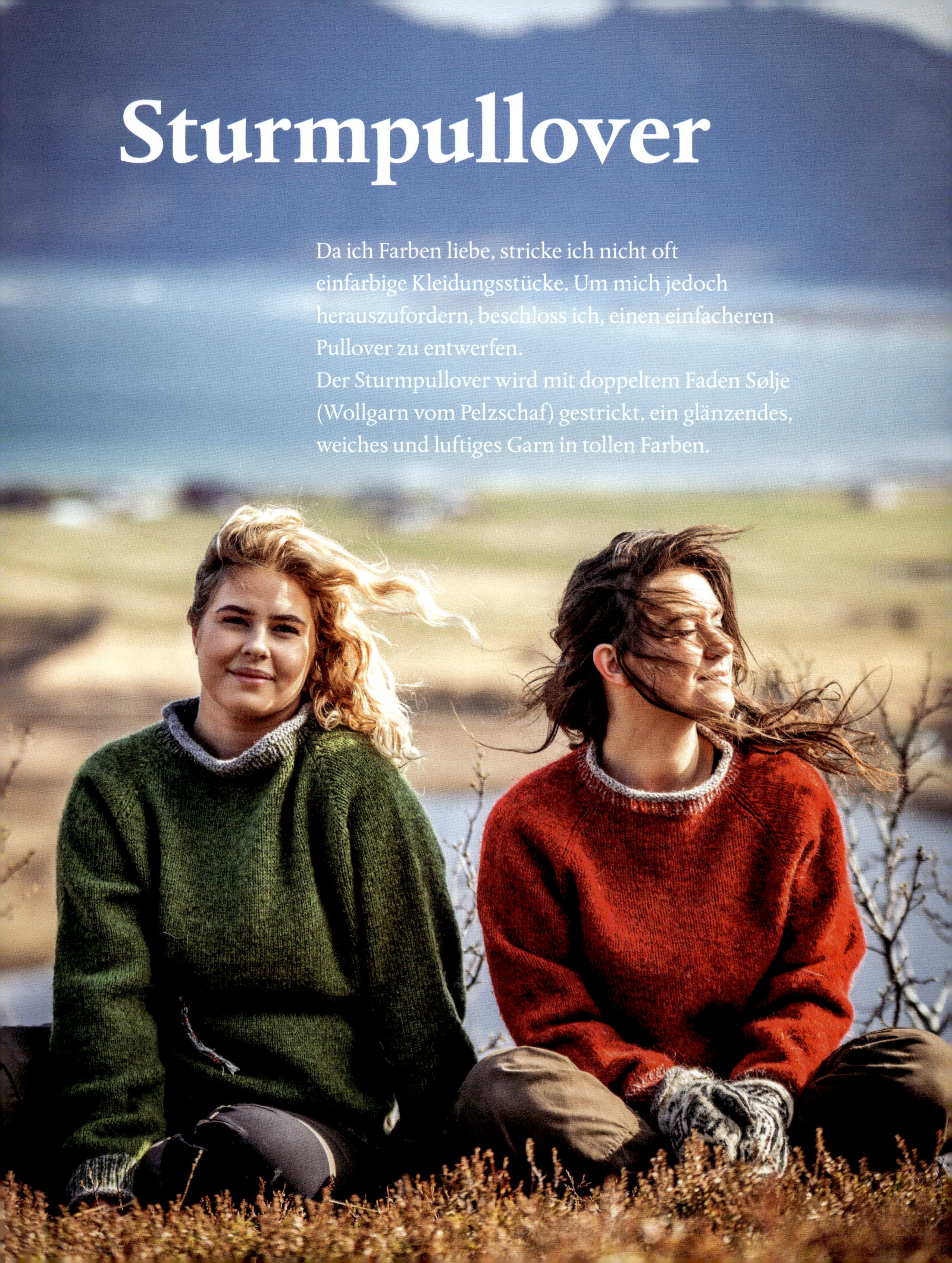

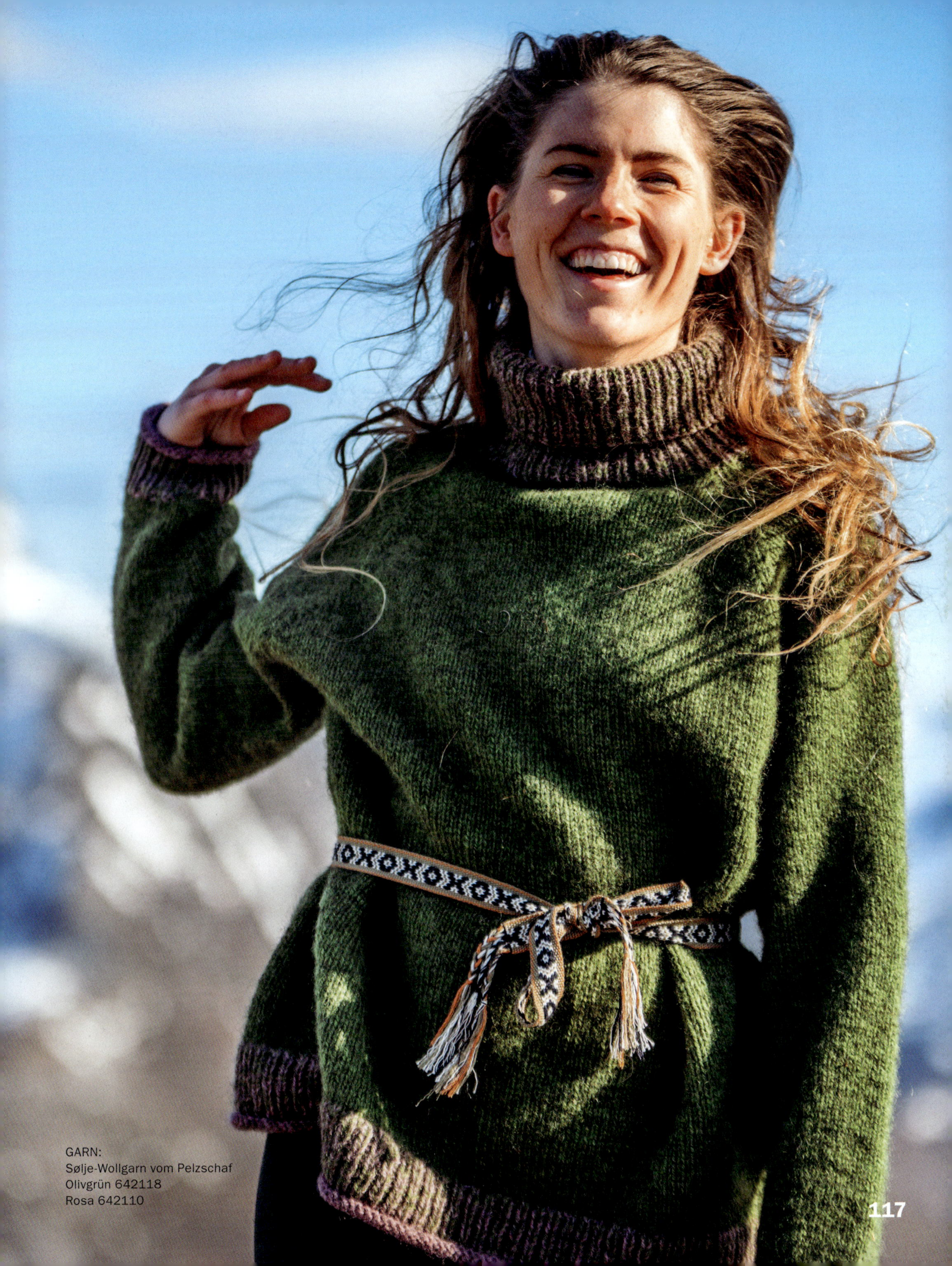

GARN:
Sølje-Wollgarn vom Pelzschaf
Olivgrün 642118
Rosa 642110

Sturm-pullover

Größen
S (M) L (XL) XXL

Maschenprobe
18 M mit Nadel Nr. 4,5 = 10 cm

Garn
Sølje-Pelzschafwollgarn von Hillesvåg Ullvarefabrikk
Durchgehend mit doppeltem Faden verstricken

Garnmenge
Rot (642132): 500 (500) 600 (600) 700 g
Hellrötliches Beige (642136): 100 g für alle Größen

Stricknadeln
Nadelspiel Nr. 4 und 4,5
Rundstricknadel Nr. 4 und 4,5, 40 cm lang
Rundstricknadel Nr. 4 und 4,5, 80 cm lang

Pullovermaße
Ärmellänge Damen: 47 cm
Ärmellänge Herren: 55 cm
Brustumfang (Damen und Herren):
93 (102) 111 (120) 130 cm
Rumpflänge Damen: 42 cm
Rumpflänge Herren: 46 cm
(oder die gewünschte Länge)

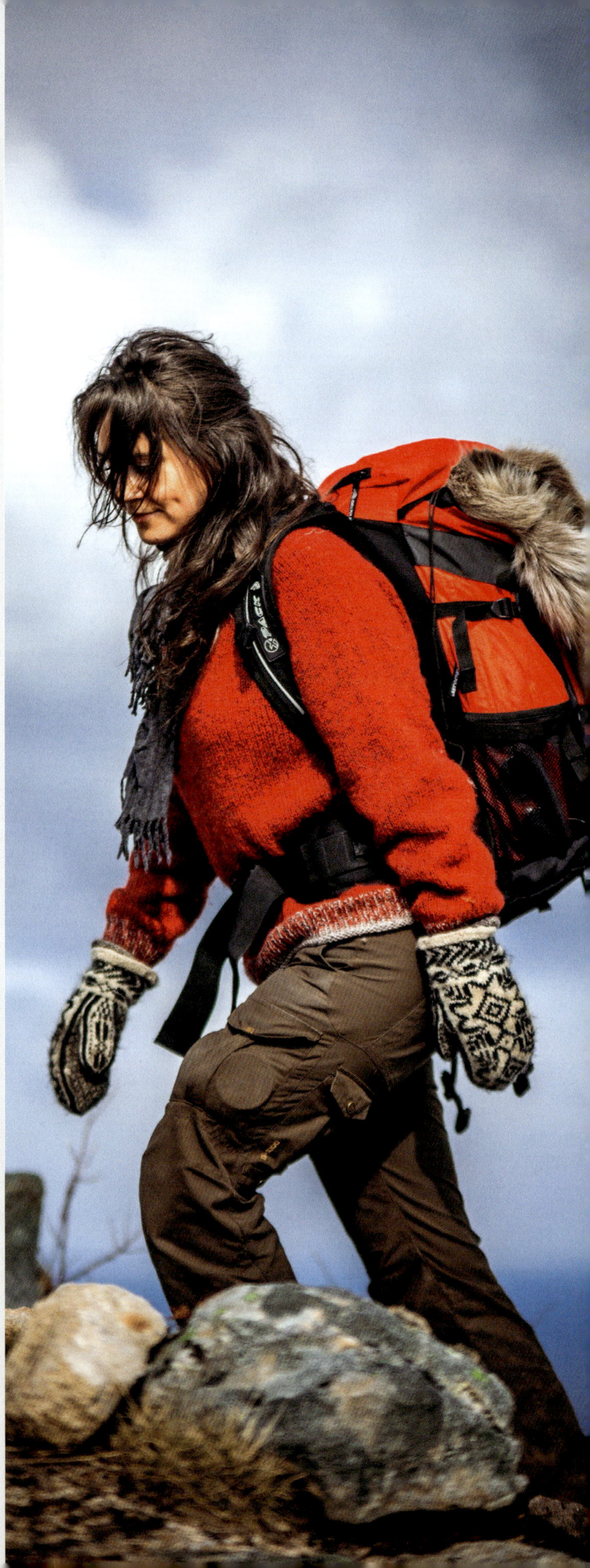

RUMPF

168 (184) 200 (216) 234 M mit Rundstricknadel Nr. 4 mit doppeltem Faden in hellrötlichem Beige anschlagen. Für den Rollrand 6 Rd glatt rechts str. Dann mit einem Faden Rot und einem Faden hellrötlichem Beige 6 (6) 6 (7) 7 cm im 1/1-Rippenmuster (= 1 M rechts, 1 M links im Wechsel) arbeiten. Zu Nadel Nr. 4,5 wechseln. Ab jetzt mit doppeltem Faden in Rot glatt rechts str, bis der Rumpf 42 cm für Damen bzw. 46 cm für Herren misst. Einen M-Markierer auf jeder Seite setzen = 84 (92) 100 (108) 117 M für das Vorderteil und 84 (92) 100 (108) 117 M für das Rückenteil. Für die Armausschnitte 11 M auf jeder Seite auf einem Faden oder M-Halter stilllegen (die markierte M und beidseitig davon 5 M).
Die Arbeit beiseitelegen und die Ärmel str.

ÄRMEL

40 (40) 44 (44) 44 M mit Nadelspiel Nr. 4 mit doppeltem Faden in hellrötlichem Beige anschlagen. Für den Rollrand 6 Rd glatt rechts str. Dann mit einem Faden Rot und einem Faden hellrötlichem Beige 5 (5) 6 (7) 7 cm im 1/1-Rippenmuster arbeiten. Zu Nadelspiel Nr. 4,5 wechseln und (ab jetzt wird glatt rechts gestrickt) und gleichmäßig verteilt 8 (8) 12 (12) 12 M zun = 48 (48) 56 (56) 56. Ab jetzt mit doppeltem Faden in Rot str. Die mittlere M unter dem Ärmel mit einem M-Markierer kennzeichnen (= Rd-Beginn) und in jeder 8. Rd jeweils vor und nach dieser markierten Mittel-M 1 M zun, bis insgesamt 68 (72) 72 (78) 82 M vorhanden sind. Ohne Zun weiterstr, bis der Ärmel 47 cm für Damen bzw. 55 cm für Herren misst. Die mittleren 11 M unter dem Ärmel auf einem Faden oder M-Halter stilllegen (die markierte M und beidseitig davon 5 M).
Den zweiten Ärmel ebenso str.

RUNDPASSE, RAGLANABNAHMEN

Die Ärmel-M auf die Rundstricknadel mit den Rumpf-M str = 260 (284) 300 (328) 354 M. Dabei die M an den Übergängen vom Ärmel zum Rumpf und vom Rumpf zum Ärmel jeweils mit einem M-Markierer kennzeichnen = 4 markierte M. 10 (8) 8 (8) 8 Rd glatt rechts str, dann mit den Raglan-Abn beginnen. Beidseitig der markierten M betont abn. Auf der rechten Seite der markierten M 1 M linksgeneigt abn, dazu 2 M rechts verschränkt zusstr. Auf der linken Seite der markierten M rechts geneigt abn, dazu 2 M rechts zusstr. Diese Abn in jeder 2. Rd wiederholen, bis noch insgesamt 84 (84) 92 (96) 98 M vorhanden sind.

HALSAUSSCHNITT

Rundhalsausschnitt: Zu Nadel Nr. 4 wechseln und die M-Zahl auf 84 (84) 92 (96) 96 M anpassen. Mit einem Faden Rot und einem Faden hellrötlichem Beige 3 cm im 1/1-Rippenmuster str, für den Rollrand mit doppeltem Faden in hellrötlichem Beige 4 Rd glatt rechts str, dann locker abk.
Rollkragen: Zu Nadel Nr. 4 wechseln und die M-Zahl auf 84 (84) 92 (96) 96 M anpassen. Mit einem Faden Rot und einem Faden hellrötlichem Beige 20 cm im 1/1-Rippenmuster str, dann locker abk.

FERTIGSTELLEN

Siehe Seite 25.

Schwarzer Wolf

Schwarzer Wolf ist einer der ersten Pullover, die ich entworfen habe. Ein robuster und warmer Pullover aus dem warmen Vamsegarn von Rauma. Das Garn gibt es in vielen schönen Farben.

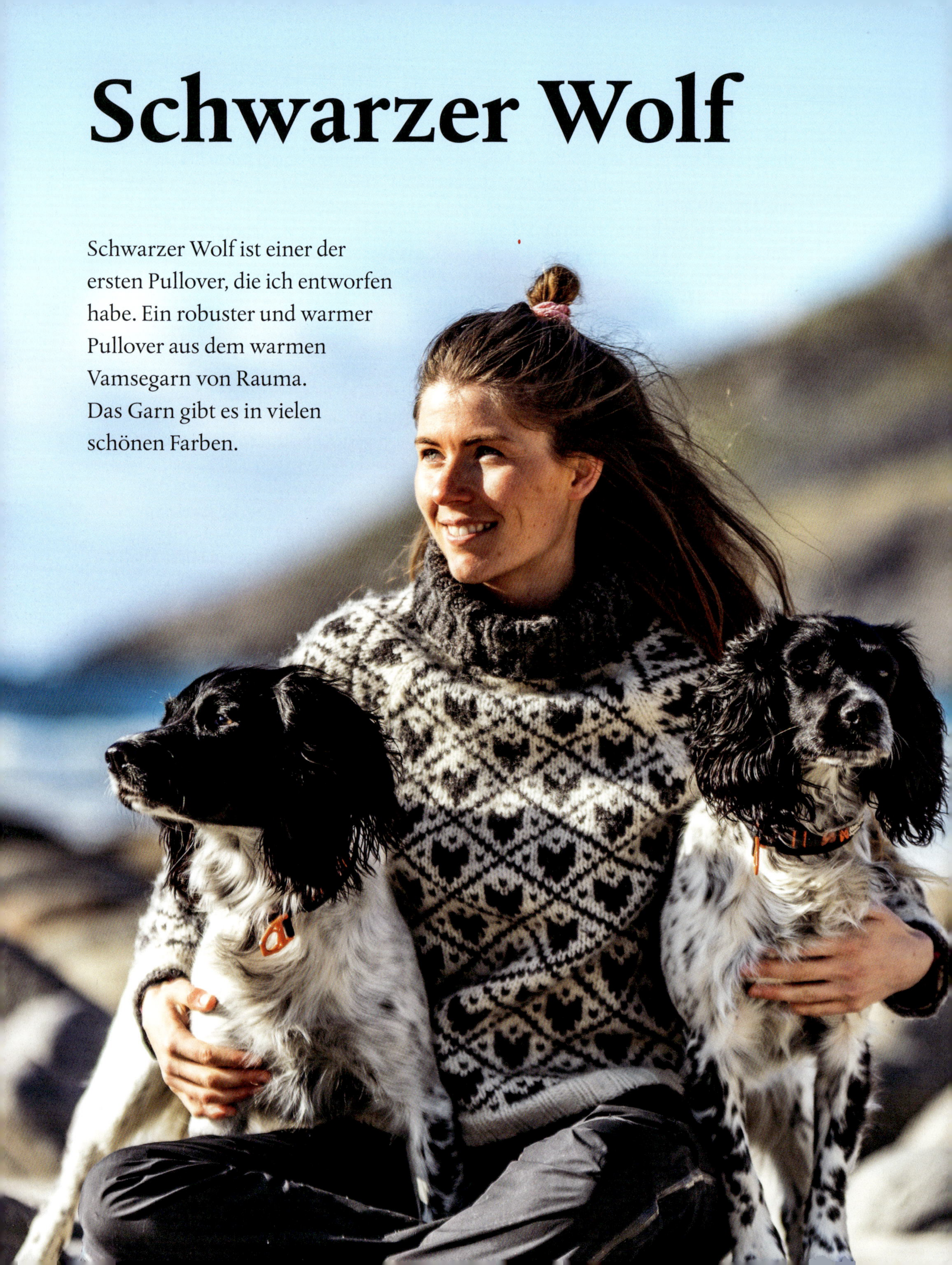

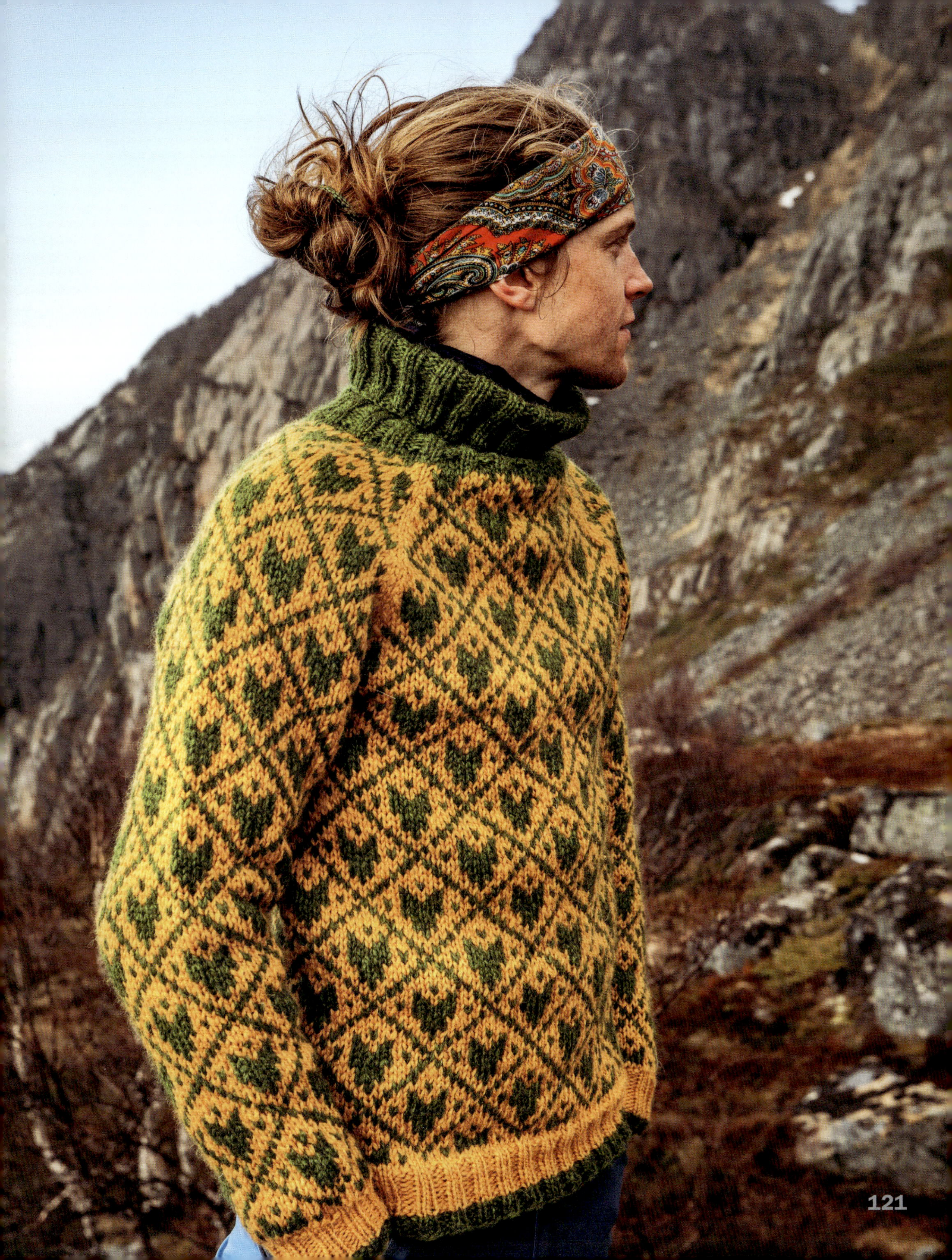

Schwarzer-Wolf-Pullover

Größen
S (M) L (XL) XXL

Maschenprobe
15 M mit Nadel Nr. 6 = 10 cm

Garn
Vamsegarn von Rauma

Garnmenge
Koksgrau (14): 300 (300) 350 (350) 400 g
Naturweiß (01): 300 (300) 350 (450) 450 g

Stricknadeln
Nadelspiel Nr. 4,5 und 6
Rundstricknadel Nr. 4,5 und 6, 40 cm lang
Rundstricknadel Nr. 4,5 und 6, 80 cm lang

Pullovermaße
Ärmellänge Damen: 47 cm
Ärmellänge Herren: 53 cm
(oder die gewünschte Länge)
Brustumfang (Damen und Herren):
93 (102) 111 (121) 130 cm
Rumpflänge Damen: 42 (42) 43 (43) 44 cm
Rumpflänge Herren: 43 (44) 45 (46) 47 cm

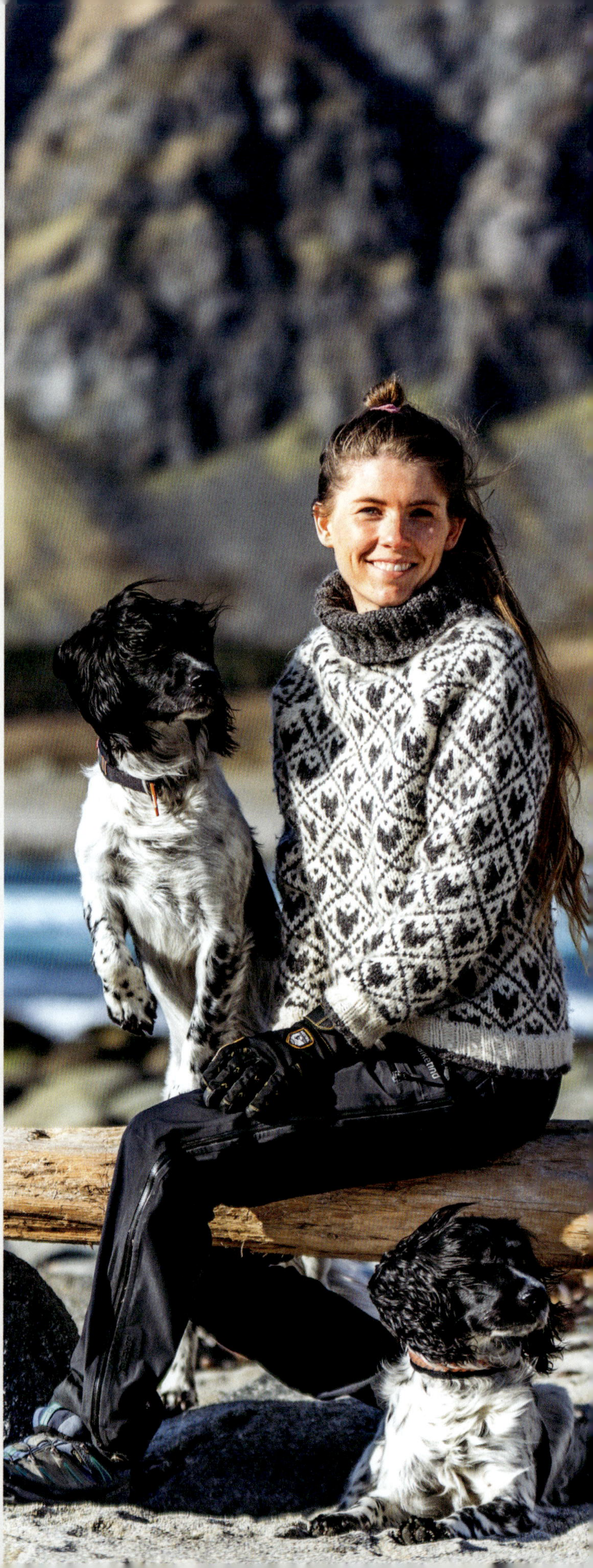

RUMPF

140 (152) 168 (180) 196 M mit Nadel Nr. 4,5 in Koksgrau anschlagen und 3 Rd im 2/2-Rippenmuster (= 2 M rechts, 2 M links im Wechsel) str. Zu Naturweiß wechseln und 1 Rd rechte M str. Im 2/2-Rippenmuster in Naturweiß weiterstr, bis die Arbeit 7 cm hoch ist. Zu Rundstricknadel Nr. 6 wechseln (ab jetzt wird glatt rechts gestrickt) und gleichmäßig verteilt 0 (2) 0 (2) 0 M zun = 140 (154) 168 (182) 196 M. Am Rd-Beginn und nach 70 (77) 84 (91) 98 M einen M-Markierer setzen = Vorder- und Rückenteil. Nach dem Zählmuster str. Das Zählmuster in der Höhe wiederholen, bis der Rumpf 42 (42) 43 (43) 44 cm für Damen bzw. 43 (44) 45 (46) 47 cm für Herren misst (oder die gewünschte Länge hat). Für die Armausschnitte 8 (8) 8 (10) 10 M auf jeder Seite auf einem Faden oder M-Halter stilllegen (die markierte M und beidseitig davon 4 (4) 4 (5) 5 M).
Die Arbeit beiseitelegen und die Ärmel str.

ÄRMEL

36 (36) 36 (40) 40 M mit dem Nadelspiel Nr. 4,5 in Koksgrau anschlagen und 3 Rd im 2/2-Rippenmuster str. Zu Naturweiß wechseln und 1 Rd rechte M str. Im 2/2-Rippenmuster in Naturweiß weiterstr, bis die Arbeit 7 cm hoch ist. Zu Nadelspiel Nr. 6 wechseln und gleichzeitig gleichmäßig verteilt 8 M zun = 44 (44) 44 (48) 48 M. Die mittlere M unter dem Ärmel mit einem M-Markierer kennzeichnen (= Rd-Beginn). Die markierte M stets links str, so ist der Rd-Anfang noch leichter im Blick zu behalten. Nun alle 2 cm jeweils vor und nach dieser markierten Mittel-M 1 M zun, bis insgesamt 66 (66) 66 (70) 70 M vorhanden sind. Die neuen M in das Muster integrieren. Ohne Zun weiterstr, bis der Ärmel 47 cm für Damen bzw. 53 cm für Herren misst (oder die gewünschte Länge hat). Die mittleren 8 (8) 8 (10) 10 M unter dem Ärmel auf einem Faden oder M-Halter stilllegen (die markierte M und beidseitig davon 4 (4) 4 (5) 5 M).
Den zweiten Ärmel ebenso str.

RAGLANABNAHMEN

Vor dem Zusammenfügen von Rumpf und Ärmeln den gesamten Text aufmerksam durchlesen.
Die Ärmel-M auf die Rundstricknadel mit den Rumpf-M str = 240 (254) 268 (282) 296 M. Dabei die M an den Übergängen vom Ärmel zum Rumpf und vom Rumpf zum Ärmel jeweils mit einem M-Markierer kennzeichnen = 4 markierte M. Die markierte M und die M rechts und links der markierten M stets in Naturweiß str (insgesamt also je 3 M in Naturweiß an jedem Übergang). Achtung, stets auch in Naturweiß abn!
4 (2) 3 (3) 3 Rd glatt rechts str, dann mit den Raglan-Abn beginnen. Beidseitig der markierten M betont abn. Auf der rechten Seite der markierten M 1 M links geneigt abn, dazu 2 M rechts verschränkt zusstr. Auf der linken Seite der markierten M rechts geneigt abn, dazu 2 M rechts zusstr. (Nicht vergessen: Die Abn stets in Naturweiß arbeiten!)
Diese Abn in jeder 2. Rd wiederholen, bis noch 96 (102) 100 (106) 104 M vorhanden sind. 1 Rd in Koksgrau str und dabei die M-Zahl auf 88 (88) 92 (92) 92 M anpassen. Den Rollkragen arbeiten.

Zählmuster

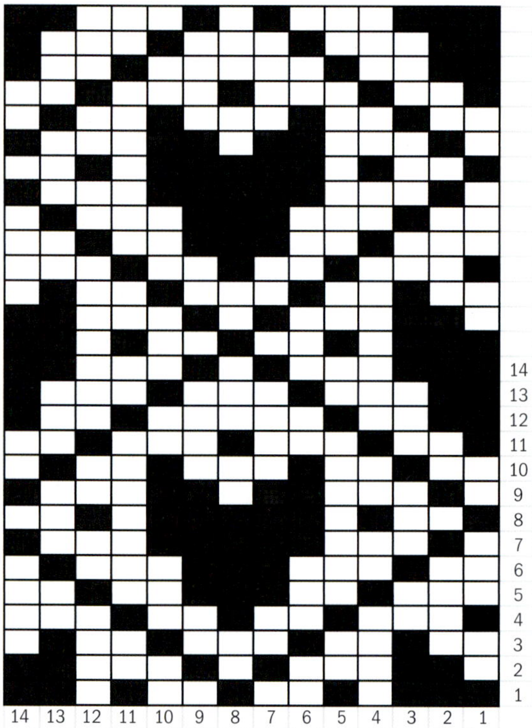

↑

8 = vordere Mitte Pullover. Von der Mitte aus abzählen, wo mit dem Zählmuster zu beginnen ist

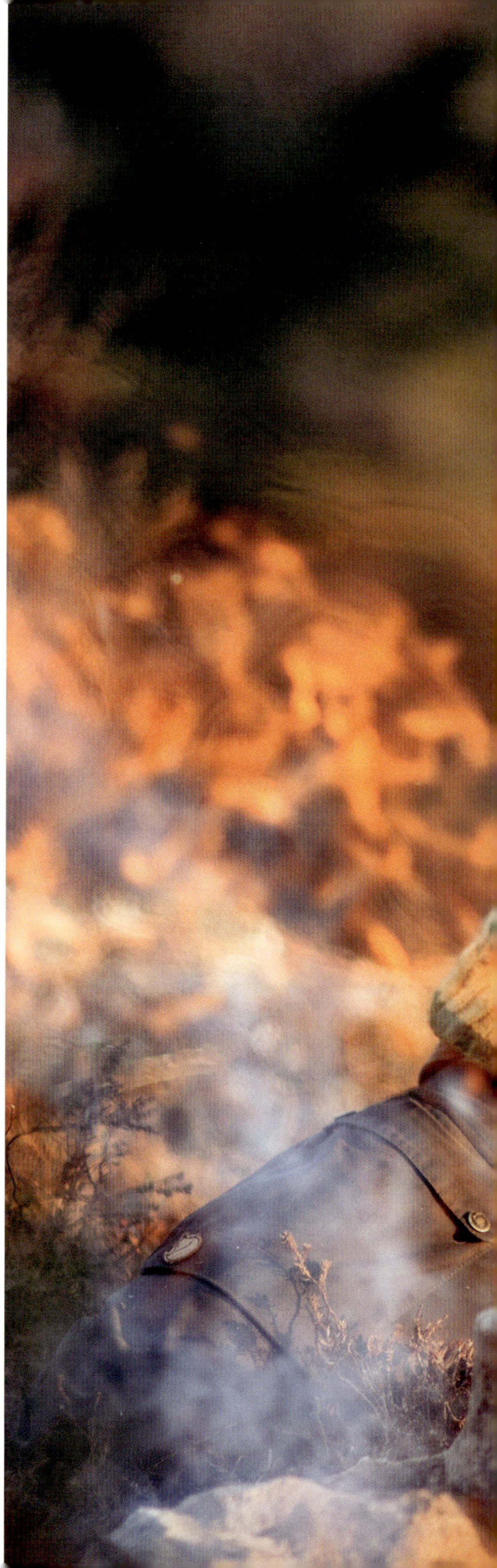

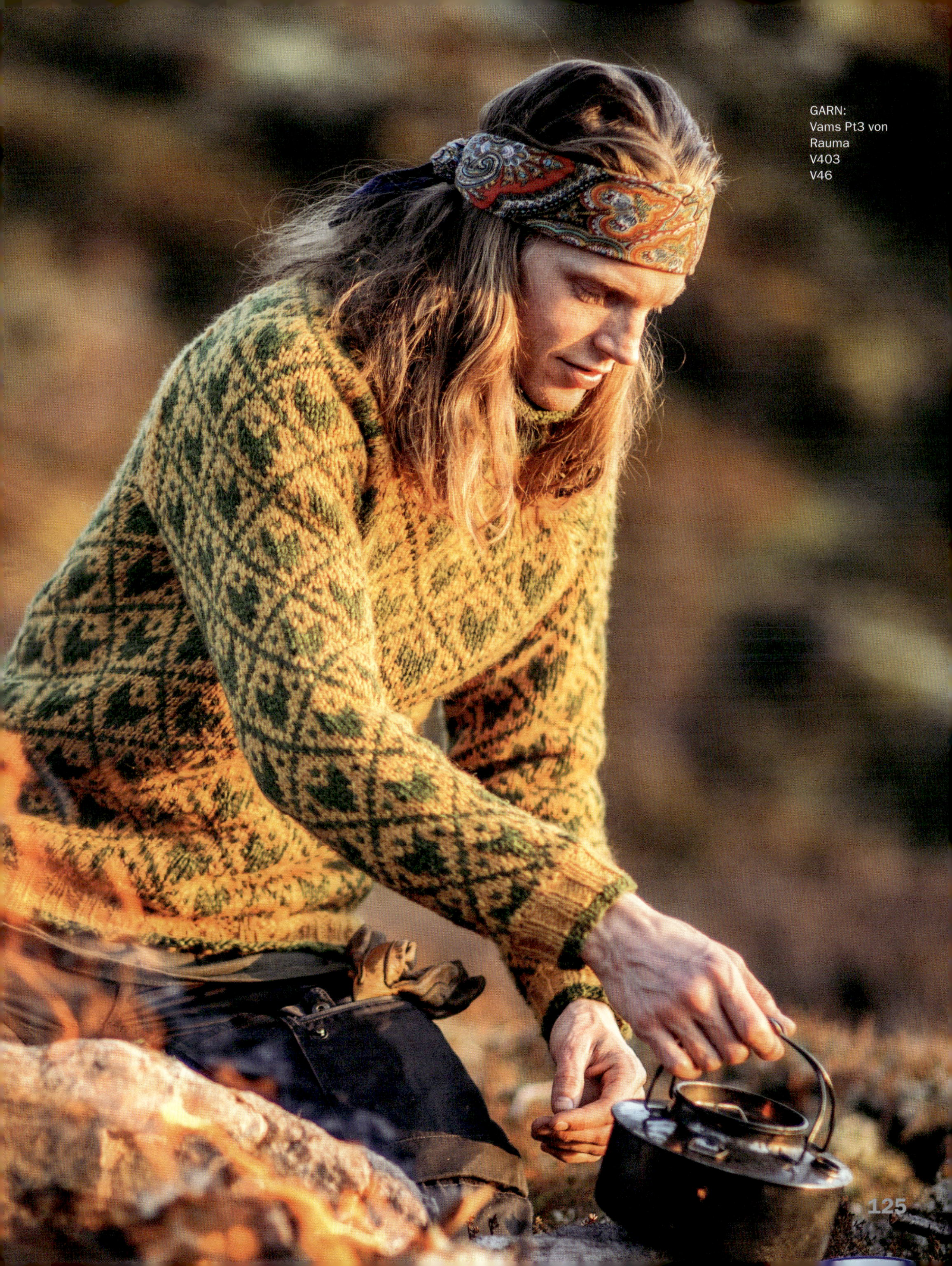

GARN:
Vams Pt3 von
Rauma
V403
V46

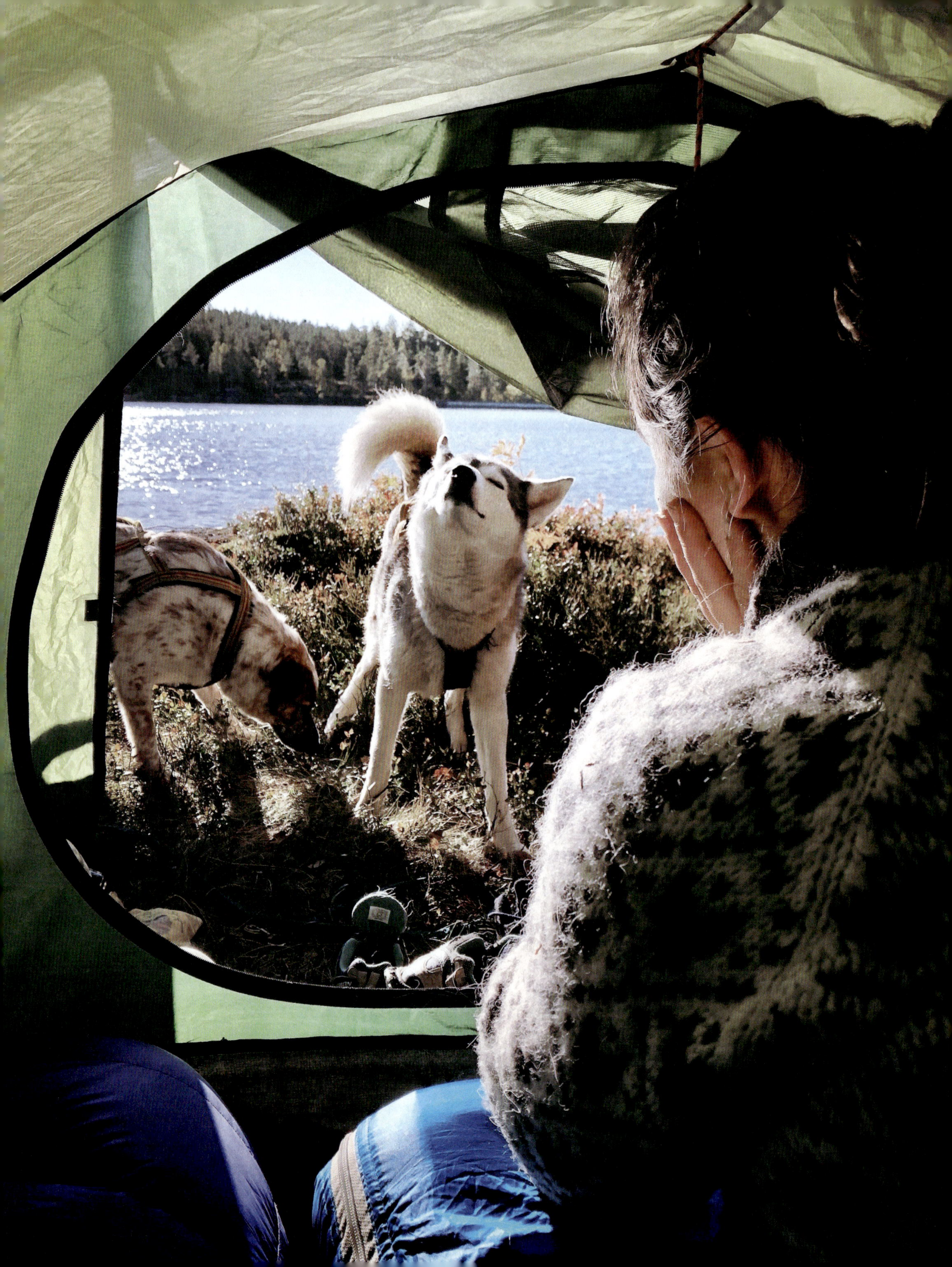

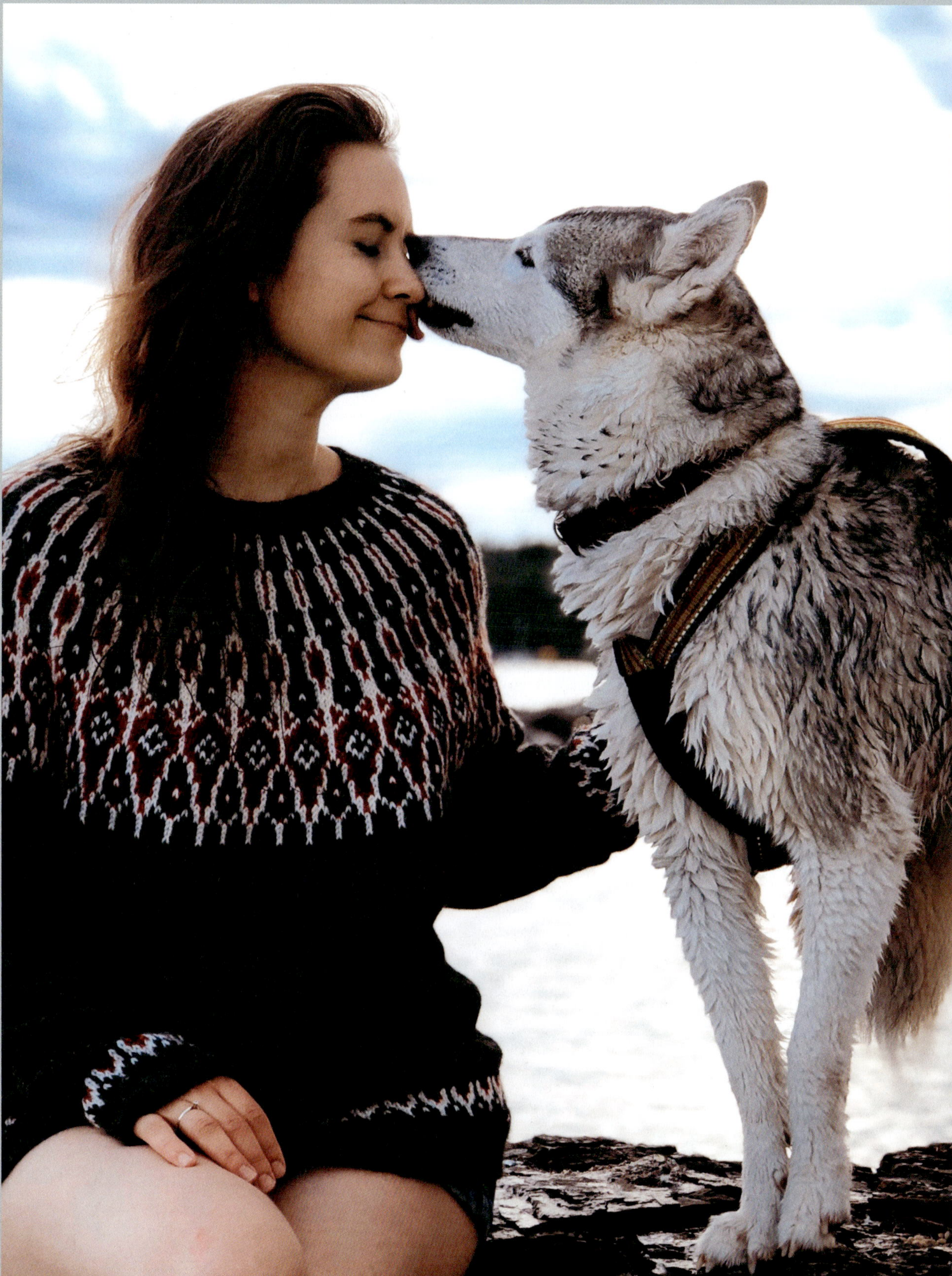

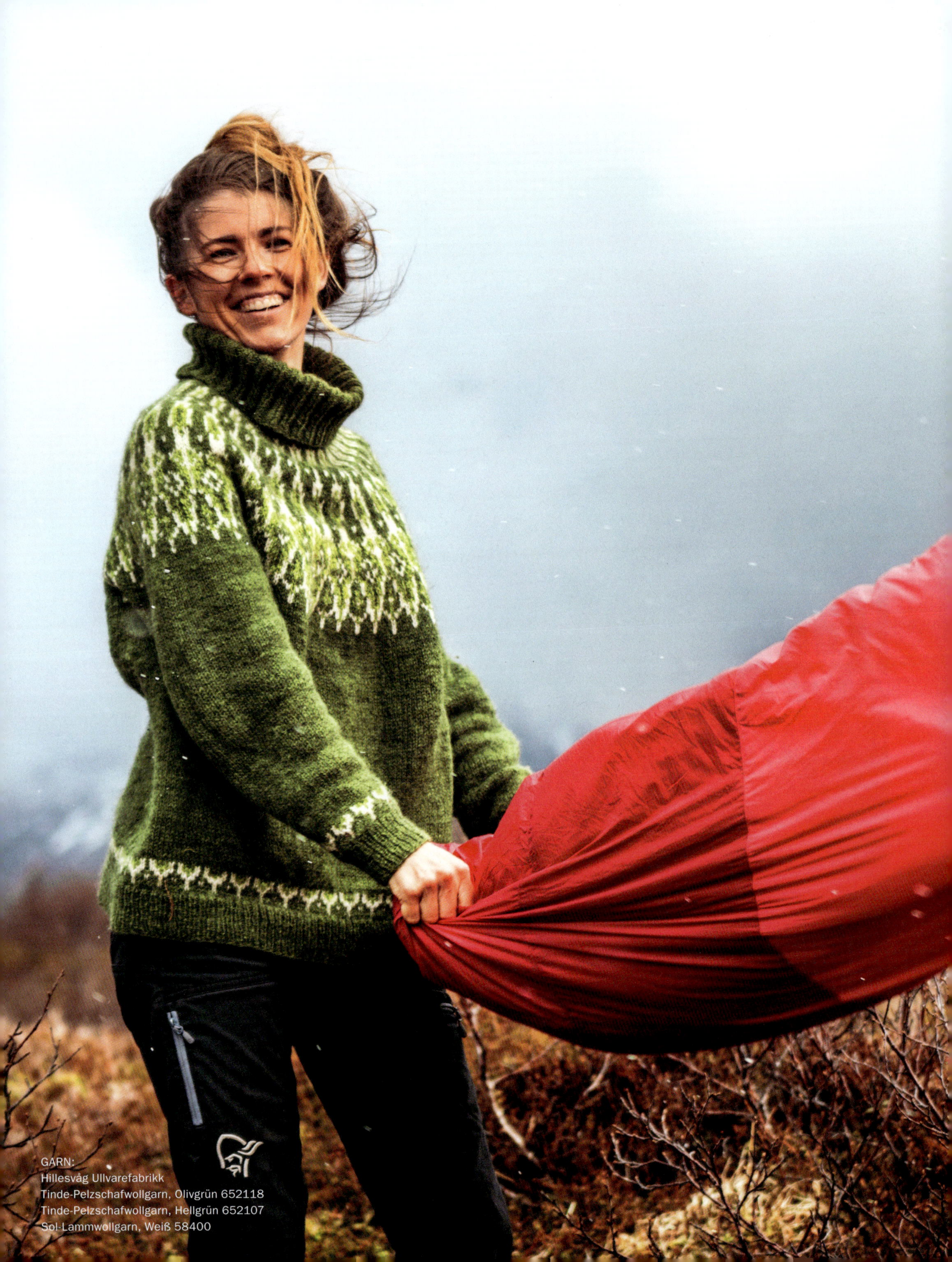

GARN:
Hillesvåg Ullvarefabrikk
Tinde-Pelzschafwollgarn, Olivgrün 652118
Tinde-Pelzschafwollgarn, Hellgrün 652107
Sol-Lammwollgarn, Weiß 58400

Tusseladd

Von allen Pullovern, die ich entworfen habe, liegt mir der Tusseladd-Pullover am meisten am Herzen. Er heißt nach dem Troll Tusseladd aus den Märchen, die ich als kleines Mädchen las.

Der Tusseladd-Pullover ist zeitaufwändig und ein bisschen schwierig zu stricken, aber es lohnt sich: Das Ergebnis ist ein weicher, fantastischer Pullover (oder eine weiche und fantastische Strickjacke, wenn du die lieber haben möchtest).

Meinen eigenen Tusseladd-Pullover hat meine gute Freundin Caroline für mich gestrickt. Es ist etwas ganz Besonderes, ein geliebtes Kleidungsstück zu tragen, das jemand für dich gestrickt hat.

Der Pullover wurde aus Tinde (Wollgarn vom Pelzschaf) von Hillesvåg Ullvarefabrikk gestrickt. Das Garn wird direkt auf die natürliche Wollfarbe Grau gefärbt, das gibt ihm eine hübsche und märchenhafte Optik. Möchtest du eine dickere Variante, ist Tusseladd Polar genau richtig für dich. Das Muster hier ist gegenüber der dünneren Version etwas vereinfacht.

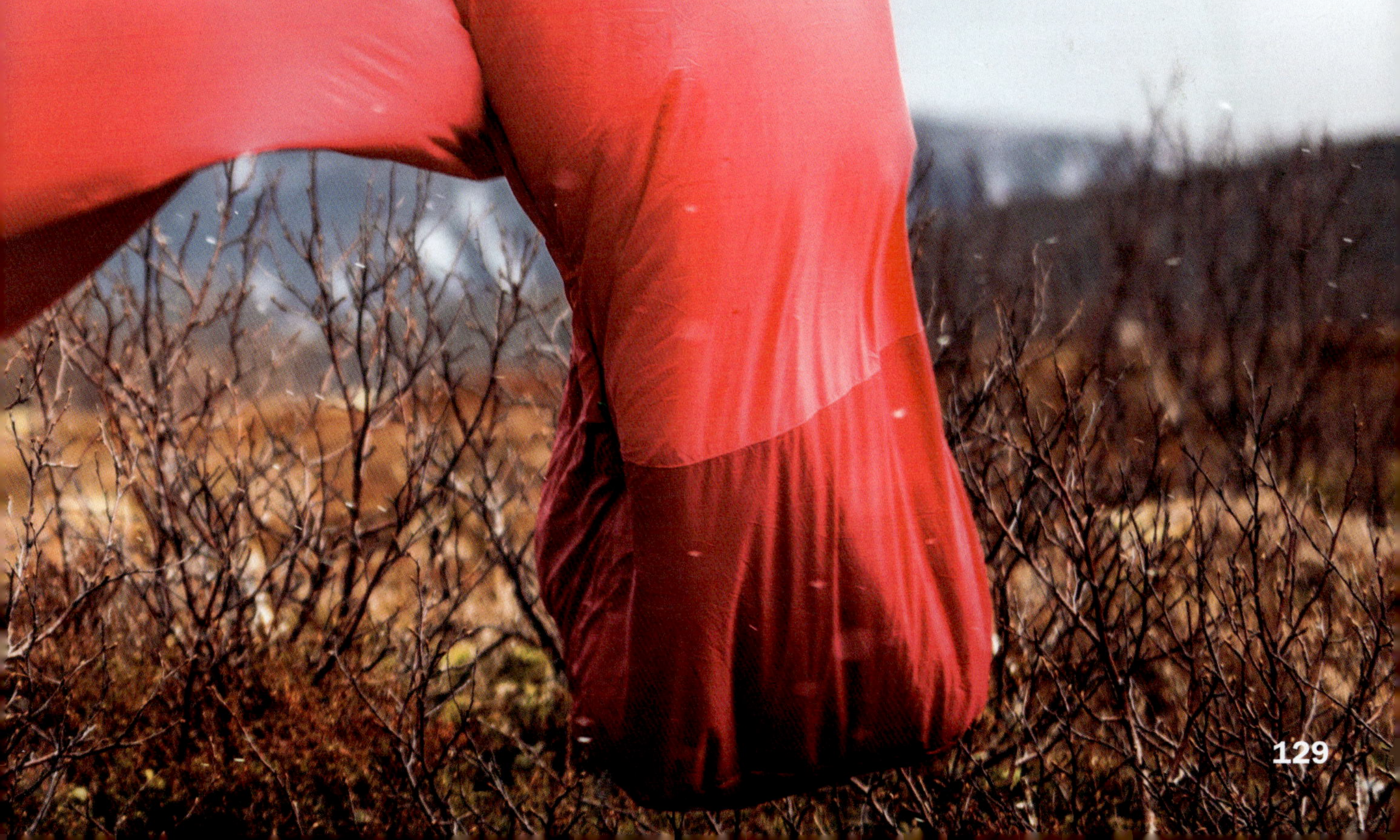

Tusseladd-Pullover

Größen
S (M) L (XL) XXL

Maschenprobe
22 M mit Nadel Nr. 3,5 = 10 cm

Garn
Tinde-Pelzschafwollgarn von Hillesvåg Ullvarefabrikk
Das Garn gibt es nicht in Weiß, dafür Sol-Lammwollgarn (Lauflänge 290 m/100 g) von Hillesvåg verwenden

Garnmenge
Tinde-Pelzschafwollgarn, Türkis (652106) = 400 (400) 500 (500) 500 g
Tinde-Pelzschafwollgarn, Hellbraun (652102) = 100 (100) 100 (100) 100 g
Sol-Lammwollgarn, ungebleichtes Weiß (58400) = 100 (100) 100 (100) 100 g
Rollkragen: 100 g zusätzlich in der Grundfarbe

Stricknadeln
Nadelspiel Nr. 3 und 3,5
Rundstricknadel Nr. 3 und 3,5, 40 cm lang
Rundstricknadel Nr. 3 und 3,5, 80 cm lang

Pullovermaße
Ärmellänge Damen: 46 (47) 48 (49) 50 cm
Ärmellänge Herren: 49 (50) 52 (53) 54 cm (oder die gewünschte Länge)
Brustumfang (Damen und Herren): 90 (98) 104 (111) 120 cm
Rumpflänge Damen: 38 (40) 42 (43) 44 cm
Rumpflänge Herren: 43 (44) 45 (46) 47 cm (oder die gewünschte Länge)

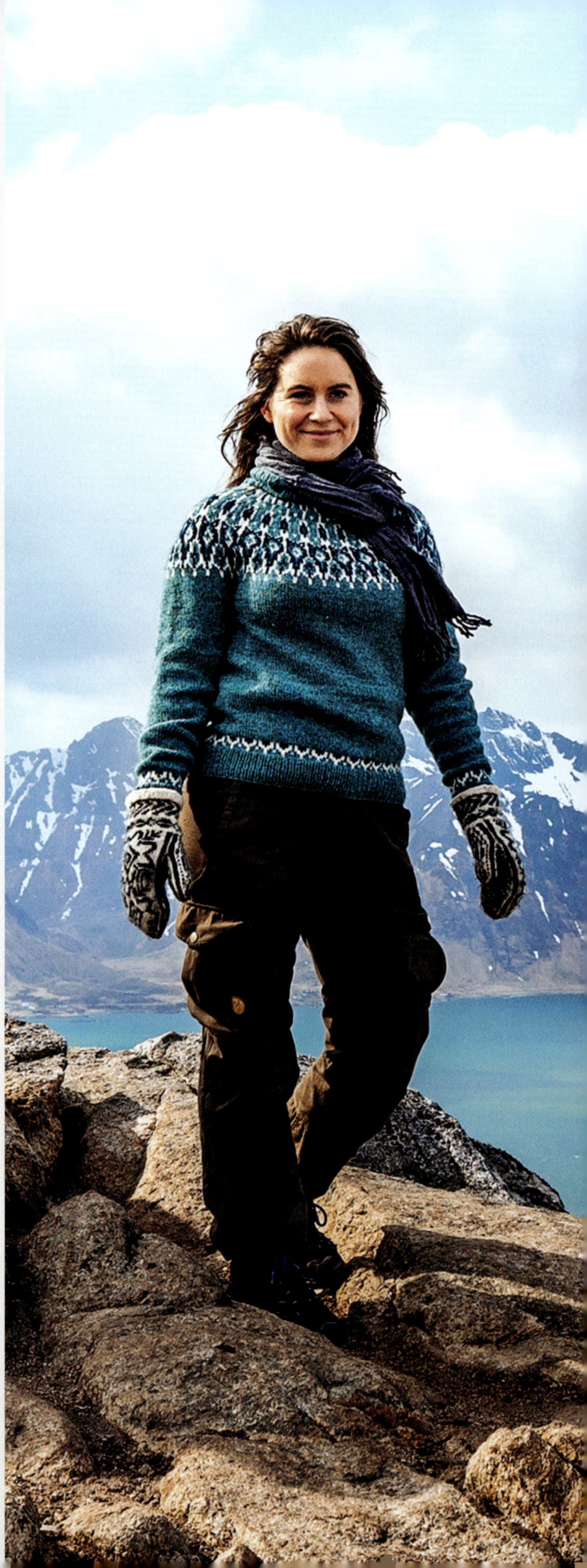

RUMPF

198 (216) 228 (246) 264 M in Türkis mit Rundstricknadel Nr. 3 anschlagen und für das Bündchen 6 cm im 1/1-Rippenmuster (= 1 M rechts, 1 M links im Wechsel) str. Zu Nadel Nr. 3,5 wechseln (ab jetzt wird glatt rechts gearbeitet) und nach Zählmuster A str (wer fest strickt, wählt für das Muster eine Nadelstärke größer). Am Rd-Beginn und nach 99 (108) 114 (123) 132 M einen M-Markierer setzen = Vorder- und Rückenteil. In Türkis glatt rechts weiterstr, bis die Arbeit 38 (40) 42 (43) 44 cm für Damen bzw. 43 (44) 45 (46) 47 cm für Herren misst (oder die gewünschte Länge hat). Für die Armausschnitte 11 M auf jeder Seite auf einem Faden oder M-Halter stilllegen (die markierte M und beidseitig davon 5 M). Die Arbeit beiseitelegen und die Ärmel str.

ÄRMEL

42 (48) 48 (54) 54 M in Türkis mit Nadelspiel Nr. 3 anschlagen und 6 cm im 1/1-Rippenmuster str. Zu Nadelspiel Nr. 3,5 wechseln (ab jetzt wird glatt rechts gearbeitet) und in der 1. Rd gleichmäßig verteilt 6 M zun = 48 (54) 54 (60) 60 M. Nach Zählmuster A str (evtl. die Nadelstärke wechseln). In Türkis weiterarbeiten. Die mittlere M unter dem Ärmel mit einem M-Markierer kennzeichnen (= Rd-Beginn) und alle 2 cm jeweils vor und nach der markierten Mittel-M 1 M bis auf insgesamt 74 (78) 82 (86) 86 M zun. Weiterstr, bis der Ärmel 46 (47) 48 (49) 50 cm für Damen bzw. 49 (50) 52 (53) 54 cm für Herren misst. Die mittleren 11 M unter dem Ärmel auf einem Faden oder M-Halter stilllegen (die markierte M und beidseitig davon 5 M).

Den zweiten Ärmel ebenso str.

RUNDPASSE

Die Ärmel-M auf die Rundstricknadel mit den Rumpf-M str = 302 (328) 348 (374) 392 M auf der Nadel. Dabei einen M-Markierer am ersten Übergang zwischen Ärmel und Rumpf setzen = Rd-Beginn. Nach Zählmuster B str (evtl. die Nadelstärke wechseln) und dabei wie gekennzeichnet abn.

HALSAUSSCHNITT

Rundhalsausschnitt: Es liegen 120 (132) 140 (148) 156 M auf der Nadel. 1 Rd in Türkis str, dabei gleichmäßig verteilt auf 120 (120) 124 (124) 128 M abn, dann locker abk.

Rollkragen: Es liegen 120 (132) 140 (148) 156 M auf der Nadel. 1 Rd in Türkis str, dabei gleichmäßig verteilt auf 120 (120) 124 (124) 128 M abn. Zu Nadel Nr. 3 wechseln und 20 cm im 2/2-Rippenmuster (= 2 M rechts, 2 M links im Wechsel) str. Dann alle M locker abk.

FERTIGSTELLEN

Siehe Seite 25.

Zählmuster A

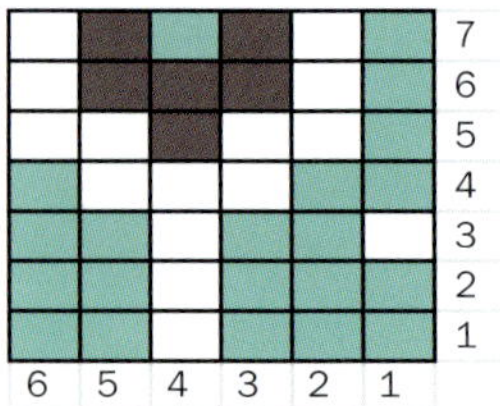

VV = 2 M rechts zusstr
V = 1 M

Zählmuster B (Rundpasse)

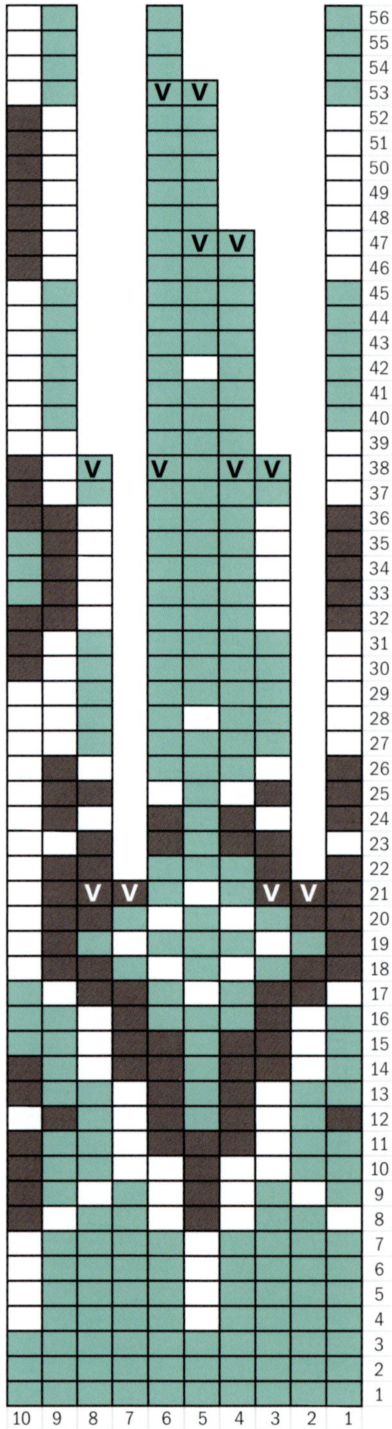

56 Siehe unter »Halsausschnitt«

53 In Türkis abn = 120 (132) 140 (148) 156 M

51 Für Größe S, M, L überspringen

50 Für Größe S, M, L überspringen

47 In Türkis abn = 150 (165) 175 (185) 195 M

45 Für Größe S, M überspringen

44 Für Größe S überspringen

41 Für Größe S überspringen

38 In Türkis abn = 180 (198) 210 (222) 234 M

21 In Hellbraun abn = 240 (264) 280 (296) 312 M

2 Die M-Zahl auf 300 (330) 350 (370) 390 M anpassen

1 302 (328) 348 (374) 392 M

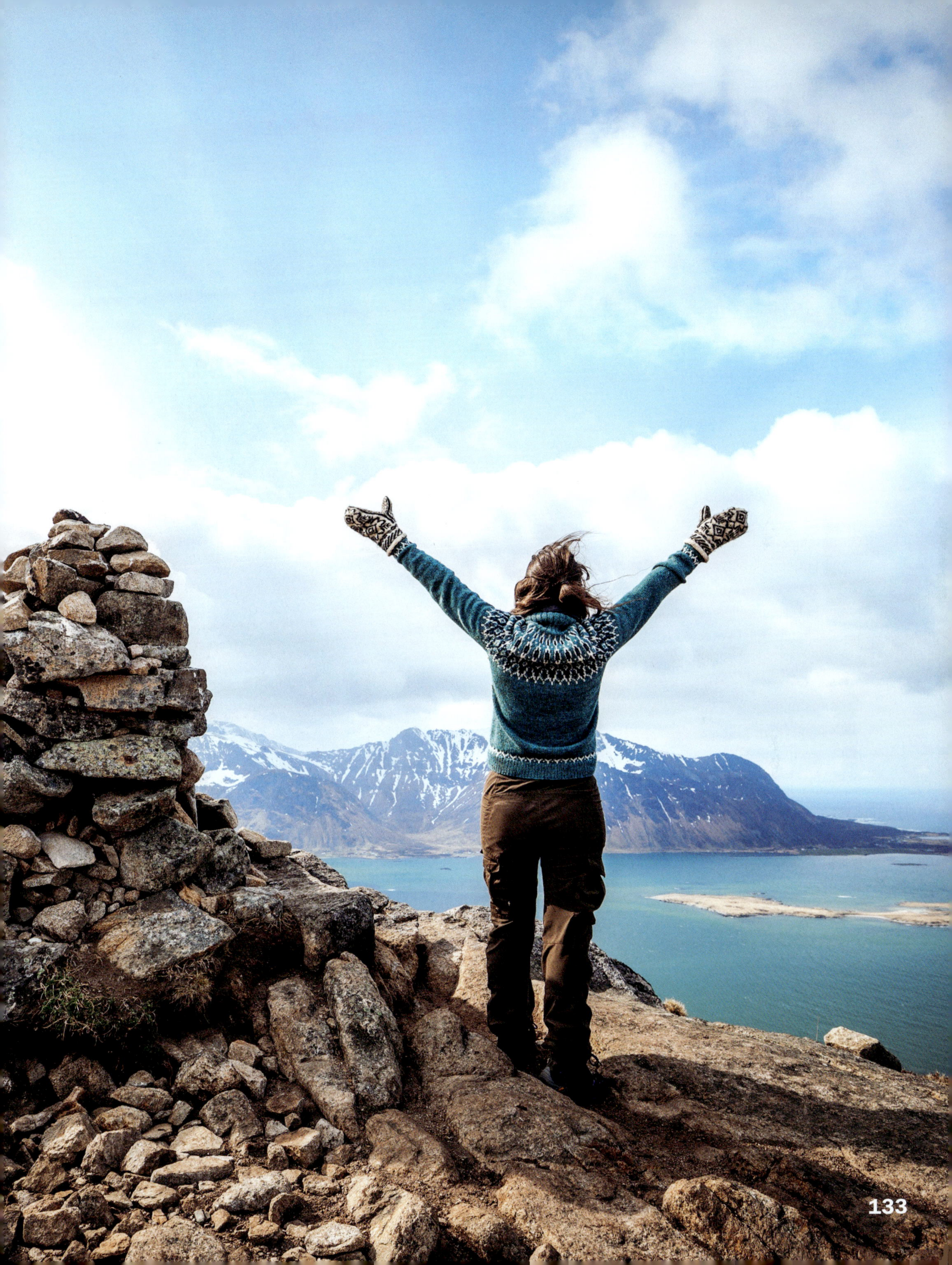

Tusseladd Polar

Größen
S (M) L (XL) XXL

Maschenprobe
13 M mit Nadel Nr. 6 = 10 cm

Garn
Blåne-Pelzschafwollgarn und Troll von Hillesvåg Ullvarefabrikk. Ich verwende sowohl Troll als auch Blåne, weil es Blåne nicht in Weiß gibt.

Garnmenge
Blåne-Pelzschafwollgarn, Marineblau (672133): 600 (700) 700 (800) 800 g
Blåne-Pelzschafwollgarn, Helltürkis (672130): 100 g
Troll, ungebleichtes Weiß (02702): 100 (200) 200 (200) 200 g

Stricknadeln
Nadelspiel Nr. 4,5 und 6
Rundstricknadel Nr. 4,5 und 6, 40 cm lang
Rundstricknadel Nr. 4,5 und 6, 80 cm lang

Pullovermaße
Ärmellänge Damen: 47 (48) 49 (50) 51 cm
Ärmellänge Herren: 50 (51) 52 (53) 54 cm (oder die gewünschte Länge)
Brustumfang (Damen und Herren): 93 (101) 110 (120) 129 cm
Rumpflänge Damen: 41 (42) 43 (44) 45 cm
Rumpflänge Herren: 43 (44) 45 (46) 47 cm (oder die gewünschte Länge)

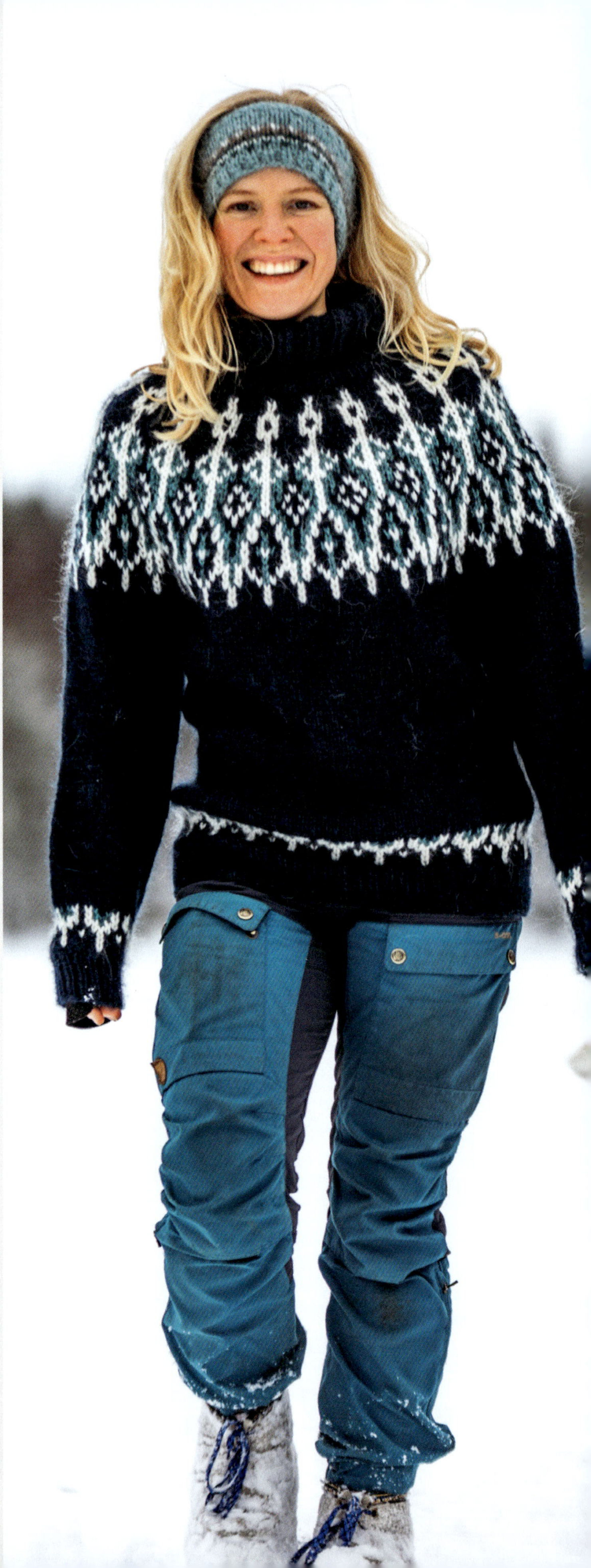

RUMPF

120 (132) 144 (156) 168 M in Marineblau mit Rundstricknadel Nr. 4,5 anschlagen und für das Bündchen 7 cm im 1/1-Rippenmuster (= 1 M rechts, 1 M links im Wechsel) str. Am Rd-Beginn einen M-Markierer setzen. Zu Nadel Nr. 6 wechseln (ab jetzt wird glatt rechts gearbeitet) und nach Zählmuster A str (wer fest strickt, wählt für das Muster eine Nadelstärke größer). Dann in Marineblau weiterstr, bis der Rumpf 41 (42) 43 (44) 45 cm für Damen bzw. 43 (44) 45 (46) 47 cm für Herren misst. Nach 60 (66) 72 (78) 84 M einen M-Markierer setzen = Vorder- und Rückenteil. Für die Armausschnitte 6 (7) 9 (12) 13 M auf jeder Seite auf einem Faden oder M-Halter stilllegen.
Die Arbeit beiseitelegen und die Ärmel str.

ÄRMEL

34 (36) 38 (42) 42 M in Marineblau mit Nadelspiel Nr. 4,5 anschlagen und 7 cm im 1/1-Rippenmuster str. Zu Nadelspiel Nr. 6 wechseln (ab jetzt wird glatt rechts gearbeitet) und in der 1. Rd gleichmäßig verteilt 2 (6) 4 (6) 6 M zun = 36 (42) 42 (48) 48 M. Nach Zählmuster A str (evtl. die Nadelstärke wechseln) und dann in Marineblau weiterarbeiten. Die mittlere M unter dem Ärmel mit einem M-Markierer kennzeichnen und in jeder 7. Rd jeweils vor und nach dieser markierten Mittel-M 1 M zun, bis 52 (54) 56 (60) 62 M vorhanden sind. Ohne Zun in Marineblau weiterstr, bis der Ärmel 47 (48) 49 (50) 51 cm für Damen bzw. 50 (51) 52 (53) 54 cm für Herren misst. Die mittleren 6 (8) 9 (11) 13 M unter dem Ärmel auf einem Faden oder M-Halter stilllegen.
Den zweiten Ärmel ebenso str.

RUNDPASSE

Die Ärmel-M auf die Rundstricknadel mit den Rumpf-M str. Dabei einen M-Markierer am ersten Übergang zwischen Ärmel und Rumpf setzen = Rd-Beginn. Es liegen nun 200 (210) 220 (230) 240 M auf der Nadel. Nach Zählmuster B für die Rundpasse str (evtl. die Nadelstärke wechseln) und dabei wie gekennzeichnet abn.

ROLLKRAGEN

Nachdem auf die im Zählmuster angegebene M-Zahl abgenommen wurde, zu Nadel Nr. 4,5 wechseln und 20 cm in Marineblau im 2/2-Rippenmuster (= 2 M rechts, 2 M links im Wechsel) str. Alle M locker abk.

FERTIGSTELLEN

Siehe Seite 25.

Zählmuster A

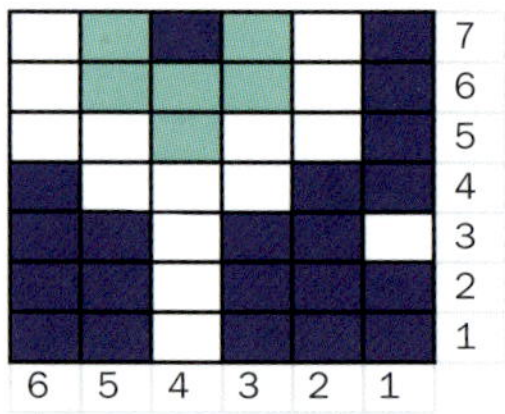

Zählmuster B (Rundpasse)

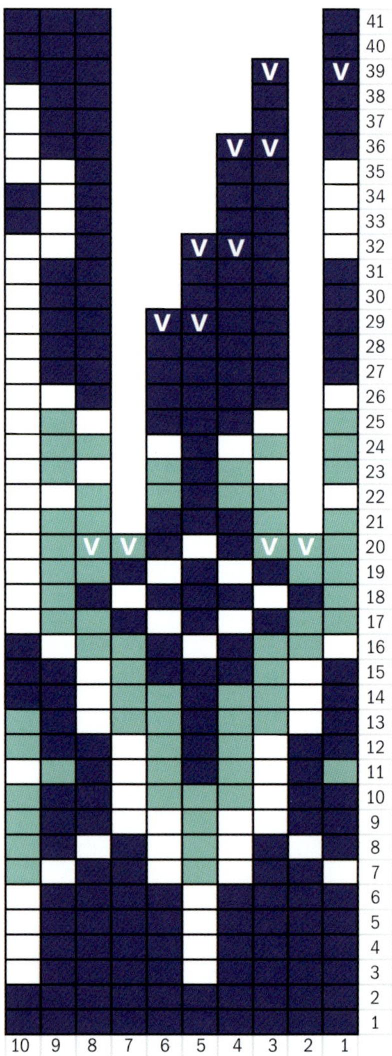

41 Gleichmäßig verteilt 8 (8) 8 (8) 12 M abn = 72 (76) 80 (84) 84 M

39 Wie gekennzeichnet abn = 80 (84) 88 (92) 96 M

38 Für Größe S überspringen

36 Wie gekennzeichnet abn = 100 (105) 110 (115) 120 M

34 Für Größe S überspringen

32 Wie gekennzeichnet abn = 120 (126) 132 (138) 144 M

29 Wie gekennzeichnet abn = 140 (147) 154 (161) 168 M

28 Für Größe S, M, L überspringen

27 Für Größe S, M, L überspringen

20 In Helltürkis abn = 160 (168) 176 (184) 192 M

14 Für Größe S, M, L überspringen

5 Für Größe S, M überspringen

4 Für Größe S überspringen

1 200 (210) 220 (230) 240 M

VV = 2 M rechts zusstr
V = 1 M

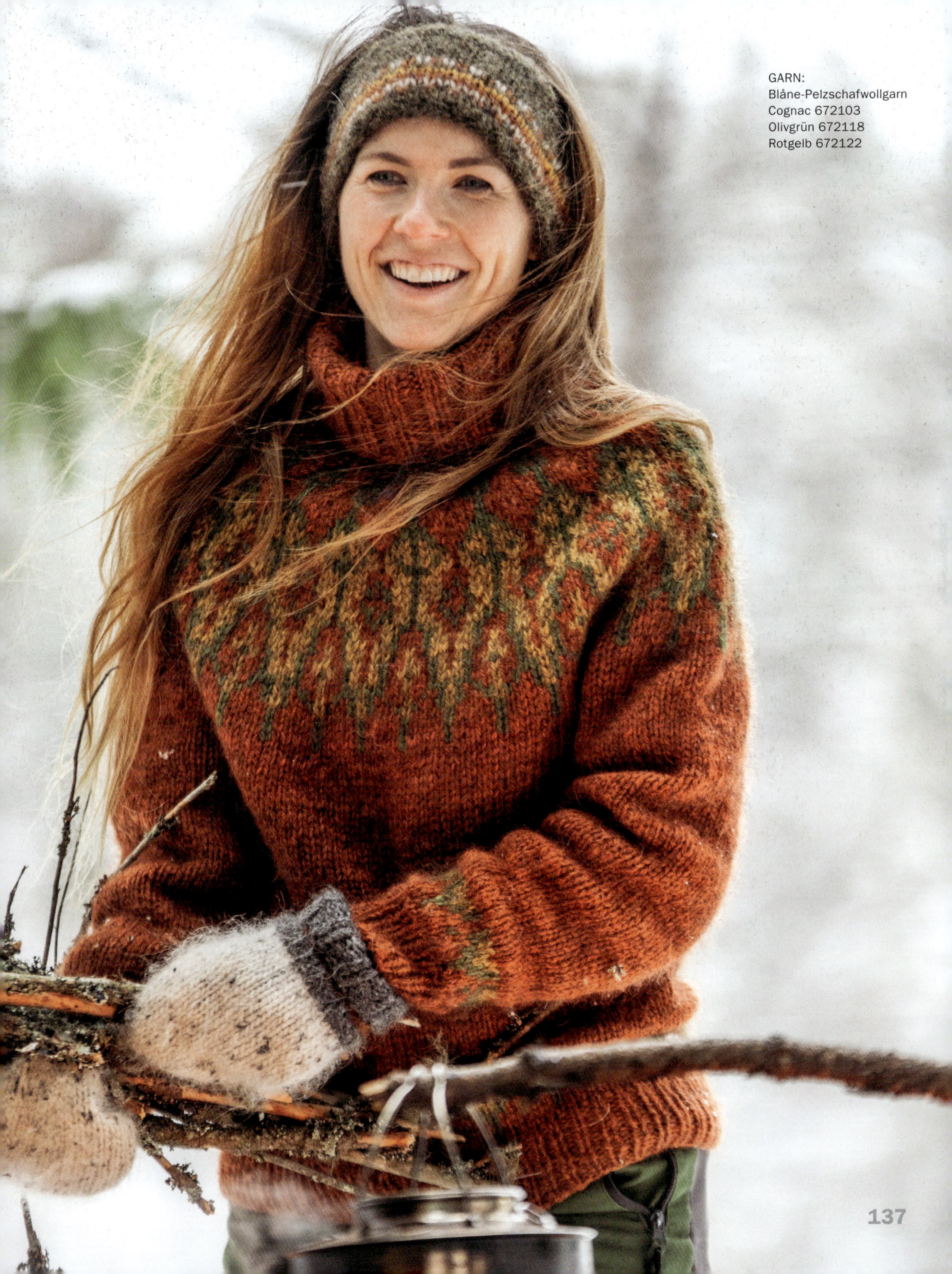

GARN:
Blåne-Pelzschafwollgarn
Cognac 672103
Olivgrün 672118
Rotgelb 672122

Tusseladd-Jacke

Größe
S (M) L (XL) XXL

Maschenprobe
22 M mit Nadel Nr. 3,5 = 10 cm

Garn
Tinde-Pelzschafwollgarn von Hillesvåg Ullvarefabrikk
Das Garn gibt es nicht in Weiß, dafür Sol-Lammwollgarn von Hillesvåg verwenden.

Garnmenge
Tinde-Pelzschafwollgarn, Türkis (652106): 500 (500) 500 (600) 600 g
Tinde-Pelzschafwollgarn, Hellbraun (652102): 100 g
Sol-Lammwollgarn, ungebleichtes Weiß (58400): 100 g

Knöpfe
7 (7) 8 (8) 8 Knöpfe aus Zinn (22 m)

Stricknadeln
Nadelspiel Nr. 3 und 3,5
Rundstricknadel Nr. 3 und 3,5, 40 cm lang
Rundstricknadel Nr. 3 und 3,5, 80 cm lang

Jackenmaße
Ärmellänge Damen: 46 (47) 48 (49) 50 cm
Ärmellänge Herren: 49 (50) 52 (53) 54 cm (oder die gewünschte Länge)
Brustumfang (Damen und Herrenr): 93 (101) 107 (114) 123 cm
Rumpflänge Damen: 38 (40) 42 (43) 44 cm
Rumpflänge Herren: 43 (44) 45 (46) 47 cm (oder die gewünschte Länge)

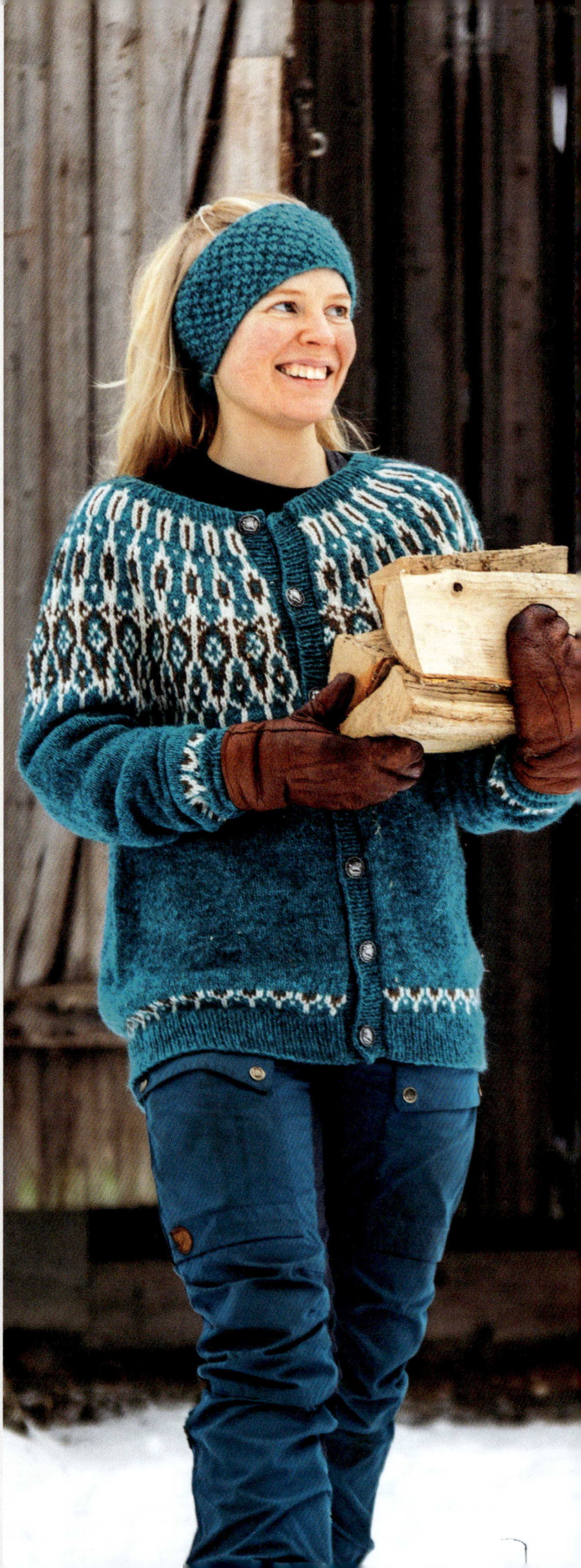

RUMPF

199 (217) 229 (247) 265 M in Türkis mit Rundstricknadel Nr. 3 anschlagen und für das Bündchen 6 cm im 1/1-Rippenmuster (= 1 M rechts, 1 M links im Wechsel) str. Die 1. Reihe ist eine Rückreihe, diese mit 1 M links beginnen, damit sie auf der Vorderseite der Jacke rechts erscheint. (Es ist wichtig, dass die äußersten M rechte M sind, denn aus ihnen werden später die M für die Knopfleisten aufgefasst.) Nach Abschluss des Bündchens für die Steek-M auf der rechten Nadel 5 M dazu anschlagen (siehe auch Seite 23). Diese M werden stets glatt links gestrickt und nicht mitgezählt. Ab jetzt wird in Rd glatt rechts gestrickt (außer über die Steek-M). Zu Rundstricknadel 3,5 wechseln und nach Zählmuster A str (wer fest strickt, wählt für das Muster eine Nadelstärke größer). Der Rapport besteht aus 6 M + 1 M, sodass das Muster auf beiden Seiten der Knopfleisten symmetrisch ist (das gilt auch für die Passe). Glatt rechts in Türkis weiterstr, bis die Arbeit 38 (40) 42 (43) 44 cm für Damen bzw. 43 (44) 45 (46) 47 cm für Herren misst. An beiden Seiten einen M-Markierer setzen: 101 (109) 115 (123) 133 M für das Rückenteil und jeweils 49 (54) 57 (62) 66 M für beide Vorderteile. Für die Armausschnitte 11 M auf jeder Seite auf einem Faden oder M-Halter stilllegen (die markierte M und beidseitig davon 5 M).
Die Arbeit beiseitelegen und die Ärmel str.

ÄRMEL

42 (48) 48 (54) 54 M in Türkis mit Nadelspiel Nr. 3 anschlagen und 6 cm im 1/1-Rippenmuster str. Zu Nadelspiel Nr. 3,5 wechseln (ab jetzt wird glatt rechts gearbeitet) und gleichmäßig verteilt 6 M zun = 48 (54) 54 (60) 60 M. Nach Zählmuster A str (evtl. die Nadelstärke wechseln) und dann in Türkis weiterarbeiten. Die mittlere M unter dem Ärmel mit einem M-Markierer kennzeichnen (= Rd-Beginn) und alle 2 cm jeweils vor und nach der markierten Mittel-M 1 M bis auf insgesamt 74 (78) 82 (86) 86 M zun. Weiterstr, bis der Ärmel 46 (47) 48 (49) 50 cm für Damen bzw. 49 (50) 52 (53) 54 cm für Herren misst (oder die gewünschte Länge hat). Die mittleren 11 M unter dem Ärmel auf einem Faden oder M-Halter stilllegen (die markierte M und beidseitig davon 5 M).
Den zweiten Ärmel ebenso str.

RUNDPASSE

Die Ärmel-M auf die Rundstricknadel mit den Rumpf-M str = 303 (329) 349 (375) 393 M auf der Nadel. Nach Zählmuster B für die Rundpasse str (evtl. die Nadelstärke wechseln) und dabei wie gekennzeichnet abn.

HALSAUSSCHNITT

Es liegen 121 (133) 141 (149) 157 M auf der Nadel (die Steek-M sind darin nicht enthalten). 1 Rd in Türkis str und gleichmäßig verteilt auf 121 (121) 125 (125) 129 M abn. Die Steek-M abk und zu Nadel Nr. 3 wechseln. In Reihen 3 cm im 1/1-Rippenmuster str, dann abk.

FERTIGSTELLEN

Fäden vernähen und die offenen Kanten unter den Ärmeln zusammen abk oder im M-Stich schließen. Mit der Nähmaschine rechts und links der gewünschten Schnittkante über die Steek-M nähen. Am besten dreimal darübernähen, damit die Naht sicher hält. Dann zwischen den beiden Nähten aufschneiden und die Knopfleisten arbeiten.

Rechte Vorderteilkante: Mit Nadel Nr. 3 in Türkis M entlang der rechten Vorderteilkante herausstricken. Dazu 3 M aus den Rand-M herausstricken, 1 M überspringen, 3 M herausstricken, 1 M überspringen usw. Die M-Zahl muss teilbar durch 2 + 1 sein, die erste und letzte M werden rechts gestrickt. 3 cm im 1/1-Rippenmuster str. Dann die M mustergemäß abk.

Linke Vorderteilkante: Wie bei der rechten Vorderteilkante str, dabei jedoch 7 (7) 8 (8) 8 Knopflöcher gleichmäßig verteilt einarbeiten. Das unterste Knopfloch ca. 2 cm vom unteren Rand und das oberste ca. 1 cm vom oberen Rand. Noch 1,5 cm im Rippenmuster str, dann mustergemäß abk.

Knopfloch: 2 M abk und in der folgenden Reihe wieder dazu anschlagen.

Belege: Jeweils auf der Rückseite der Knopfleisten (aus den M der 1. Reihe) M herausstricken. 5 Reihen glatt rechts str. Die Belege jeweils über die Schnittkanten legen und festnähen. Alternativ ein hübsches Band über die Schnittkanten nähen.

Die Jacke so lange in kaltes Wasser legen (max. 30 °C), bis keine Luft mehr darin ist. Flach liegend trocknen lassen und in Form ziehen. Keinesfalls zum Trocknen aufhängen, da sie sich sonst verzieht und ausleiert.

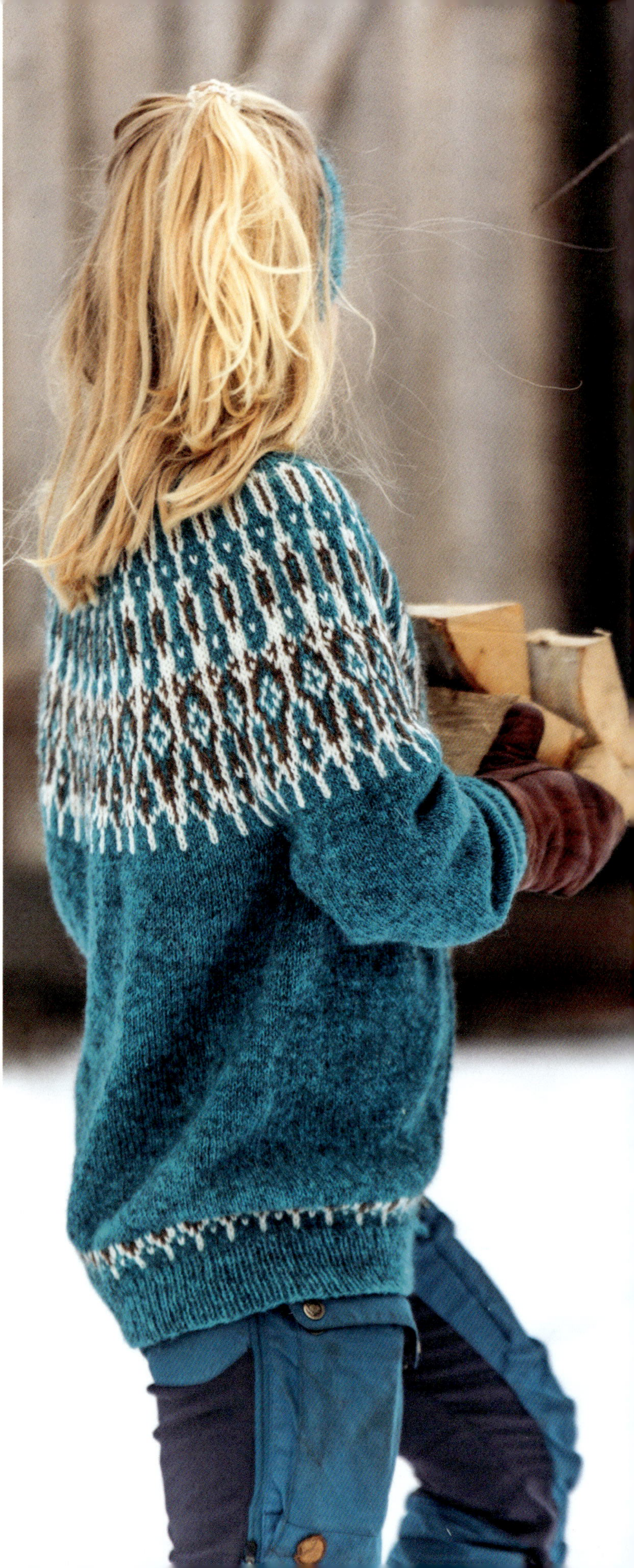

Zählmuster A

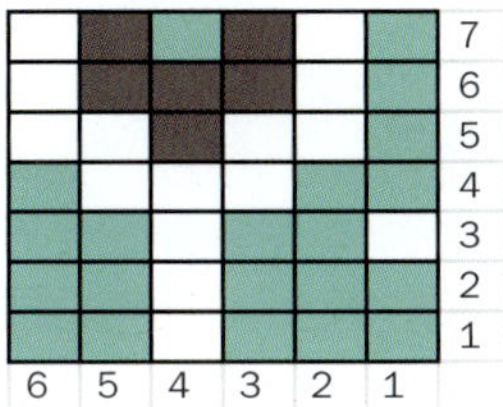

VV = 2 M rechts zusstr
V = 1 M

Zählmuster B (Rundpasse)

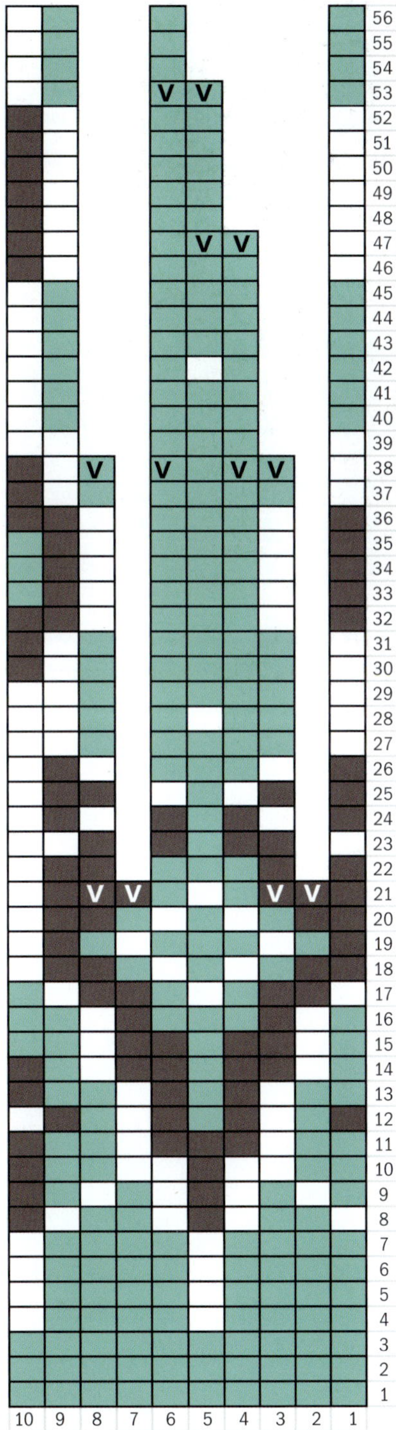

56 Siehe unter »Halsausschnitt«
53 In Türkis abn = 121 (133) 141 (149) 157 M
51 Für Größe S, M, L überspringen
50 Für Größe S, M, L überspringen
47 In Türkis abn = 151 (166) 176 (186) 196 M
45 Für Größe S, M überspringen
44 Für Größe S überspringen
41 Für Größe S überspringen
38 In Türkis abn = 181 (199) 211 (223) 235 M
21 In Hellbraun abn = 241 (265) 281 (297) 313 M
2 Die M-Zahl auf 301 (331) 351 (371) 391 M anpassen
1 303 (329) 349 (375) 393 M

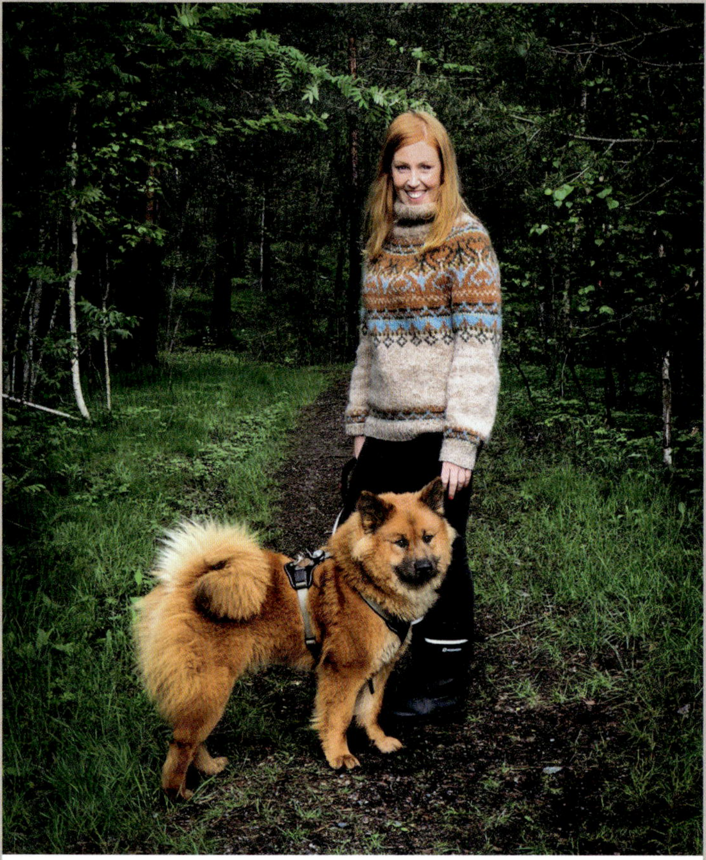

Bodil Dorothea Gilje / Turjente 2017 (Outdoorfrau 2017)

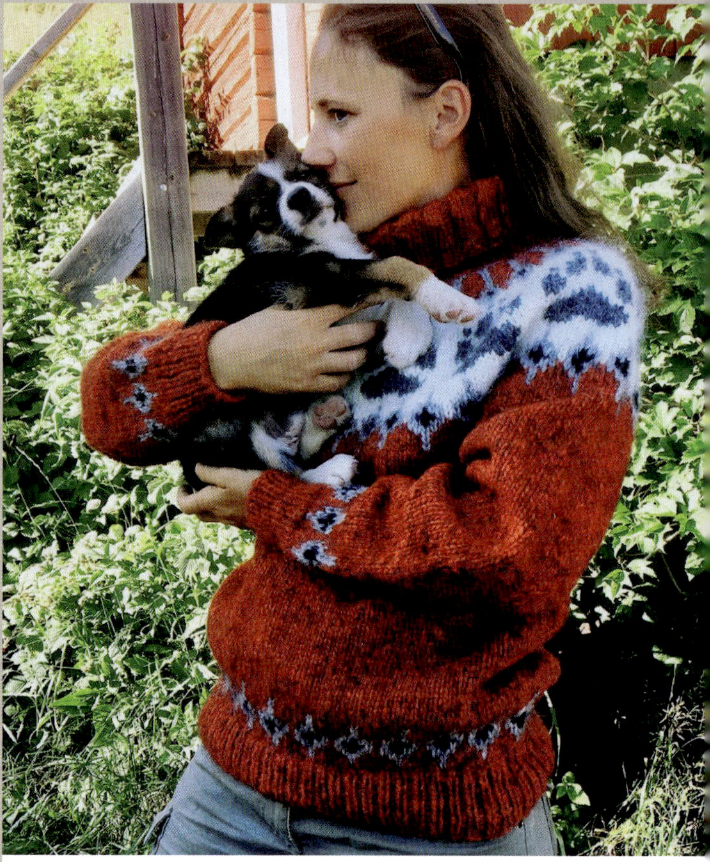

Vinterdans, Marit Beate Kasin / Hundeschlittenführerin

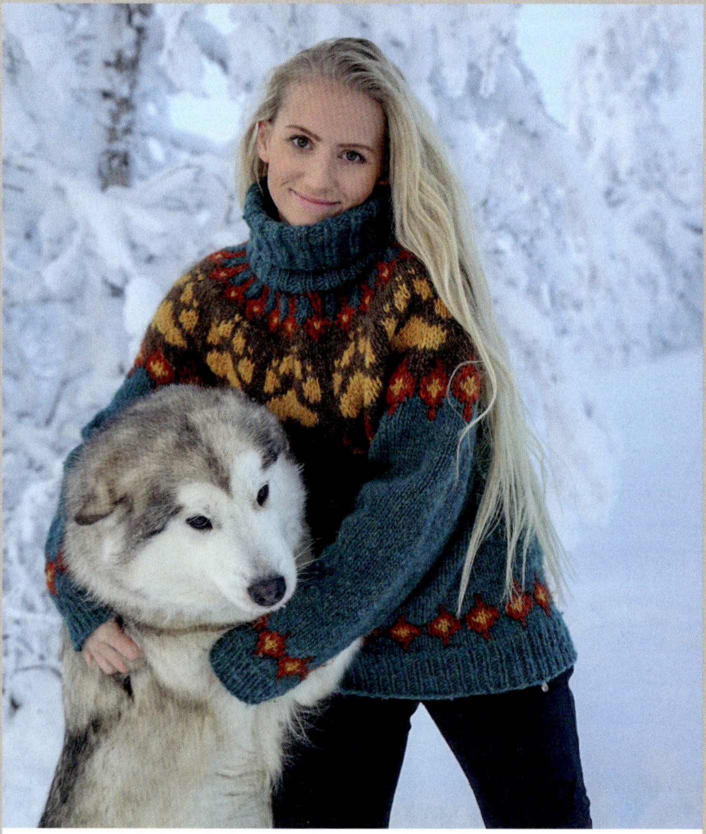

Tonje Blomseth / Abenteurerin

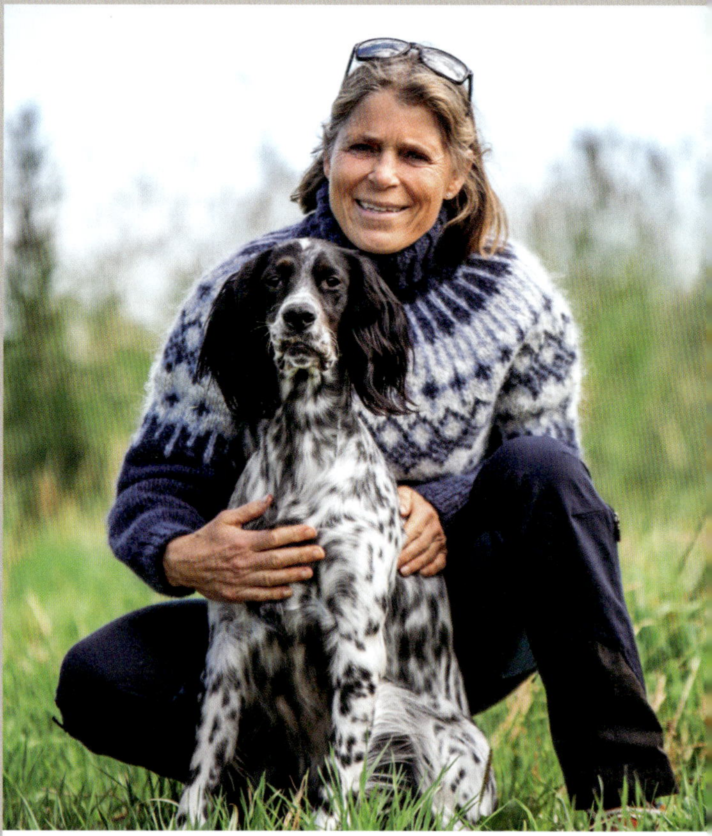

Sirikit Lockert & Føyka / Verlagsredakteurin und Jägerin

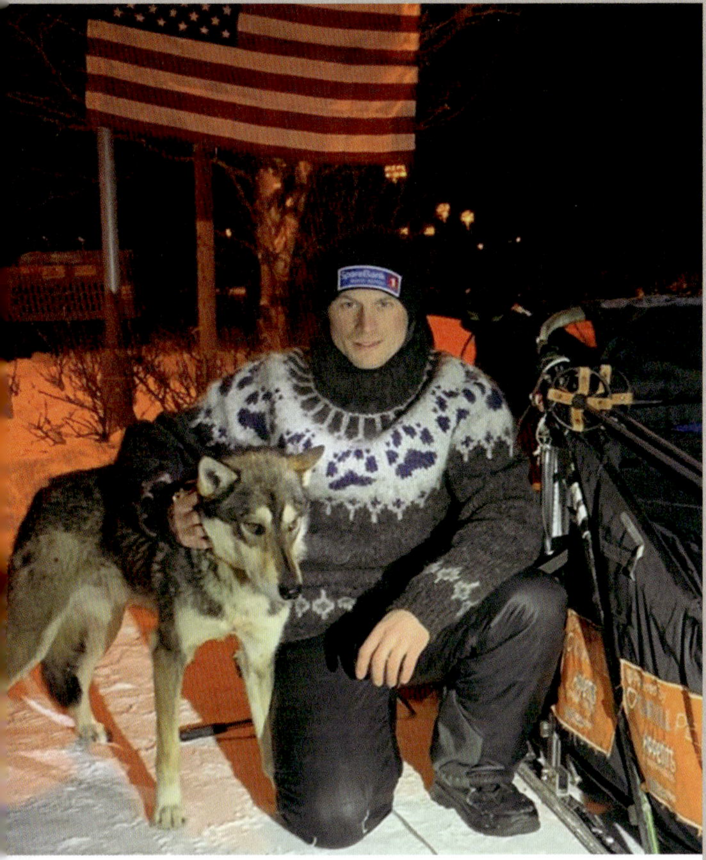

Dallas Seavey / Hundeschlittenführer, Finnmarkslauf

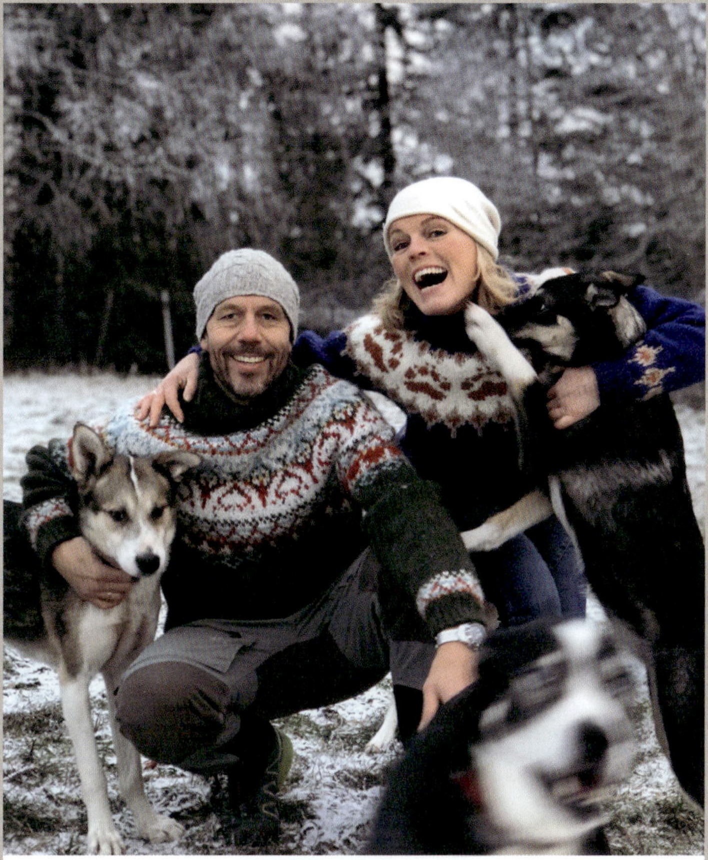

Nina Skramstad und Didrik Sand / Hundeschlittenführer

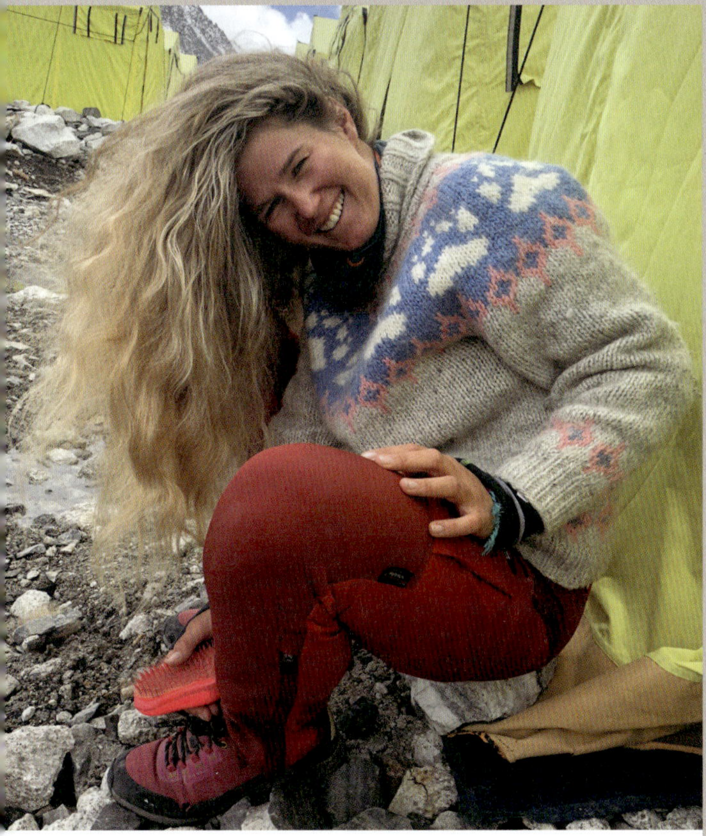

Moa Hundseid / Abenteurerin, Mount Everest

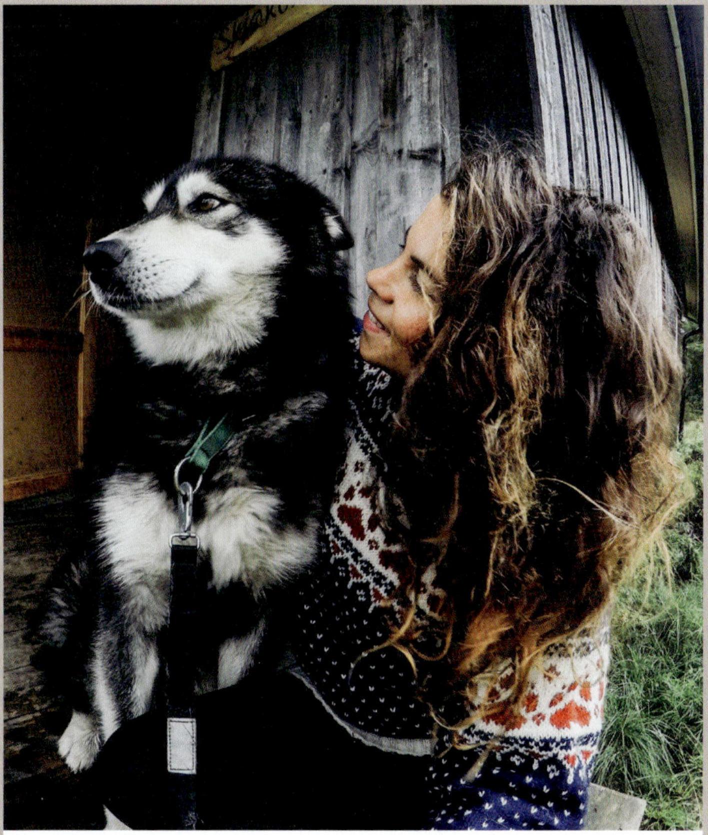

Åste Innleggen / quer durch Norwegen

Danke!

Vielen Dank den kurz geschorenen Schafen, den begabten Fotografen, den attraktiven Modellen, den fleißigen Teststrickerinnen und nicht zuletzt dem Team bei Aschehoug, das während des gesamten Prozesses an mich geglaubt hat. Ohne sie alle würde es dieses Buch, auf das ich unglaublich stolz bin, nicht geben.

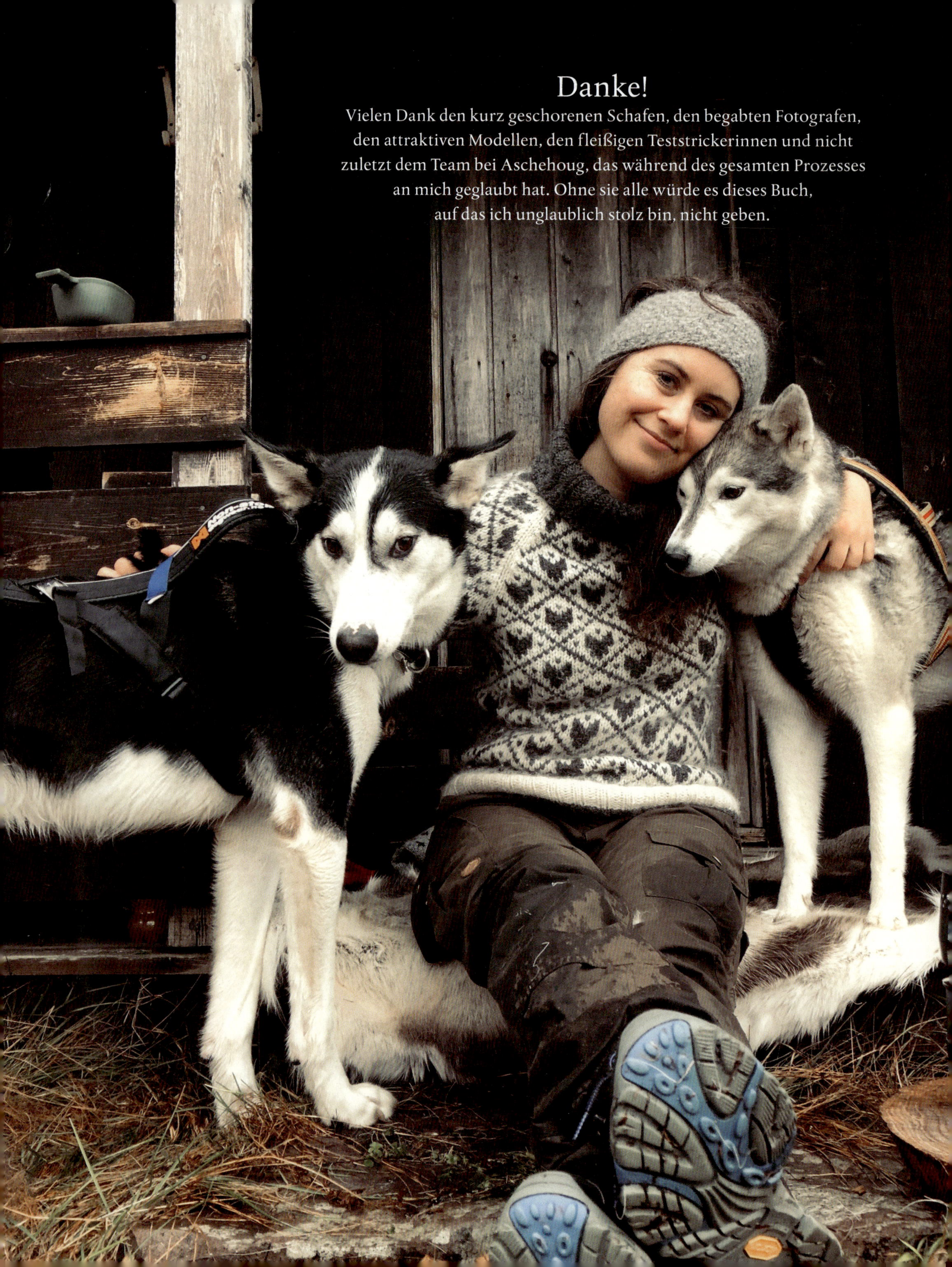